빅데이터 시대의 부의 대이동

부의 로드맵

빅데이터 시대의 부의 대이동

부의 로드맵

ⓒ 지브레인, 2022

초판 1쇄 인쇄일 2022년 9월 1일
초판 1쇄 발행일 2022년 9월 9일

글   푼 킹 왕 · 이효원 · 림 위 키아트 외 5인
옮긴이 김도형 · 최지민
펴낸이 김지영 펴낸곳 지브레인^{Gbrain}
편 집 김현주
마케팅 조명구 제작 김동영

출판등록 2001년 7월 3일 제2005 - 000022호
주소 04021 서울시 마포구 월드컵로7길 88 2층
전화 (02)2648-7224 팩스 (02)2654-7696

ISBN 978 - 89 - 5979 - 747 - 9(03320)

• 책값은 뒷표지에 있습니다.
• 잘못된 책은 교환해 드립니다.

빅데이터 시대의 부의 대이동
부의 로드맵

푼 킹 왕 · 이효원 · 림 위 키아트 외 5인 공저

김도형 · 최지민 옮김

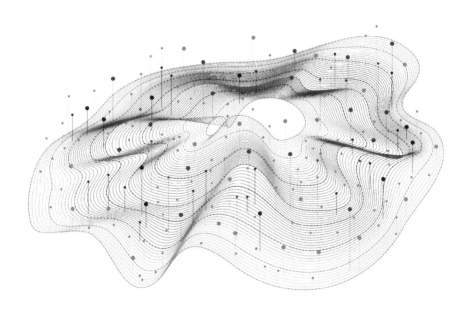

지브레인

옮긴이의 말

지금은 격변하는 세상이다. 그리고 그 중심에는 디지털 혁명이 있다. 20여 년 전만 해도 개인전화라는 개념이 낯설었는데, 이제는 옆자리에 앉은 사람과도 스마트폰으로 대화한다. 역자는 가속하는 세상만큼 개인의 가치관도 요동치고 있다고 생각한다.

《부의 로드맵》은 디지털 기술로 인해 직업, 교육, 헬스케어 분야의 미래가 어떻게 바뀔 것인지에 대하여 다루고 있다. 미래의 우리 사회가 디지털 기술의 발전으로 인해 얼마나 더 많은 혜택을 누릴 수 있는가에 대해 논하고, 그와 동시에 세대간 간극이나 사회적 갈등의 문제에 대해서도 주의 깊게 살펴야 한다고 주장한다.

이 책은 미래 사회에서 간과해서는 안 될 부분들을 다루고 있다. 국제 사회에서도 디지털 기술이 사회에 미치는 영향에 대해 일찍부터 관심을 갖고 있다. 세계은행이 2016년 발간한 보고서 〈Digital Dividends〉에서도 디지털로 인한 정보 격차^{Digital Divide} 문제와 혜택^{Digital Dividends}에 대해 다루며 정보의 불균형으로 생기는 사회적 문제 해결과 공익 증진의 중요성에 대해 언급하고 있다.

그렇다면 디지털 기술로 인한 사회 문제를 어떻게 해소해야 할까? 저자는 이 책의 곳곳에서 기술의 '주체적 수용'과 '협력 및 소통'의 중요성에 대해 언급한다. 즉 정보란, 개인들이 선별하여 받아들여야 하는 것이며, 지역사회 내에서 선순환되면서 사회 전반에 긍정적인 효과를 낳도록 활용되어야 한다는 주장이다. 역자는 이 의견에 전적으로 동의한다. 디지털 시대가 황폐해지지 않으려면, 인간미를 고려해야 한다. 그렇기에 지식을 전달하는 것보다 교감하는 것에 중요성을 두어야 한다.

서울대학교의 황준석 교수님이 집필하신《DIGITALOGY》에서 언급했듯이 '스마트한 시대를 살아가고 있는 우리가 진정으로 스마트하려면, 스마트한 시대에 필요한 가치와 본질을 알아가는 것이 중요하다.'

역자는 결국 세상이 격변하더라도 본질은 변하지 않는다고 믿기에 이 책을 읽으며 여러분이 앞으로 더욱 가속할 디지털 시대에 올바른 자아정체성을 확립할 수 있기를 희망한다.

> 언젠가부턴가 세상은 점점 빨리 변해만 가네
>
> 나의 마음도 조급해지지만 우리가 찾는 소중함들은 항상 변하지 않아.
>
> 가까운 곳에서 우리를 기다릴 뿐
>
> 신해철 〈나에게 쓰는 편지〉 중에서…

목차

4 직업의 미래

5 교육의 미래

6 · 헬스케어의 미래

7 결론: 확장 가능한 도시

237

페르소나와 발명품 리스트

	2020	2030	2040
자즈의 조부모	70대 후반	80대 후반	90대 후반
	은퇴한 할머니 & 할아버지 폐기물 수집가* 발명품: 재활용 재설계 (p.118)	디지털 또래 수업을 받음 발명품: 슈퍼케어/공감슈트 (p.223)	디지털 또래교사 발명품: 자즈퍼 (p.235)
후안	40대 후반	50대 후반	60대 후반
	부모 자원봉사자 발명품: 수업 설계 지도 (p.167)	재활용 재설계자 발명품: 재활용 재설계 (p.118)	세계를 여행하며 각지의 학생들에게 멘토링 (자즈의 아이를 돌보지 않 을 때)
킴	40 대 후반 & 50대 후반		
	직무 인계 전문가 발명품: 직무 인계 체계 (p.109)		
자즈	10대 후반	20대	30대
	학생 아버지를 돕기 위해 '자원' 발명품: 수업 설계 지도 (p.167)	디자이너 발명품: 에듀방(p.129) 컴퓨터-인간 상호작 용 2.0(p.117)	위험 투자 설계자 발명품: 나타 양육 턱받이 (p.229)
자즈의 아이			신생아
			엄마의 어린 아이

11

머리말

'미래에 대한 거창한 말들은 더 이상 싫어요'

'그래서 우리는 무엇을 해야 하나요?'

'우리는 희망이 필요해요'

이 책은 향후 디지털 기술이 직업, 교육, 헬스케어에 미칠 영향과 이와 같은 변화에 우리가 어떻게 대응해야 하는지에 대해 다루고 있다. 이 책을 집필하면서, 저자들은 인터뷰와 워크숍 등에 참여했던 사람들에게 디지털 기술이 가져올 미래에 대해 무엇이 알고 싶은지 물어보았다.

응답자들은 단순한 신종 유행어 이상의 것을 원하고 있었다. 다가올 미래에 대해 무엇을 어떻게 준비해야 하는지 알 수 있는 실질적인 단계별 대응 방안을 원했다. 또한 희망이 필요하다고 답했다. 이들은 디지털의 미래가 반이상향으로 가는 것을 막을 수 있으며, 오히려 사회와 기업, 도시 그리고 국가까지도 긍정적으로 변화시킬 수 있는 기회를 맞이하게 될 것이라고 믿기를 원했다

이러한 사람들의 바람은 저자들의 연구 방향 설정과 발표 방식에 영향을 주었다. 독자 여러분은 이 책에서 이를 쉽게 발견할 수 있을 것이다.

《부의 로드맵》은 다가올 미래에 대한 사람들의 희망과 두려움을 담고 있다. 또한 실용적인 아이디어들과 학문적 엄격함을 담고 있다. 저자들은 가능한 복잡한 표현을 자제하고 쉽게 풀어쓰고자 했으며 시각자료와 다양한 사례들을 통해 독자들에게 보다 쉽게 다가가기 위해 노력했다. 우리는 더 많은 사람들이 디지털 기술의 경제적·사회적 효과를 이해하게 된다면, 다가올 미래를 보다 잘 준비할 수 있을 것이라고 믿고 있다.

저자들은 다가올 미래를 준비하기 위한 주요 분야로 직업, 교육 그리고 헬스케어를 꼽았다.

1장에서는 그 이유를 설명했다.

위에 언급한 세 분야는 우리가 일상생활 혹은 중대한 기로에 놓였을 때 직면하게 되는 인간관계, 경제개념, 사회제도 등과 연관이

있다. 이러한 것들에 디지털의 영향력을 접하는 일은 개인 혹은 집단의 미래를 크게 결정짓는 요인이 될 수 있다.

2장에서는 인간이 미래와 기술을 이해할 때 어떠한 정의와 또 어느 정도의 깊이와 다양성을 가지고 접근해야 하는지에 대해 정리했다. 또한 다양한 방법론을 소개하고, 여러 사람들과의 협업을 통해 얻게 된 다양한 시각적 결과들을 정리했다.

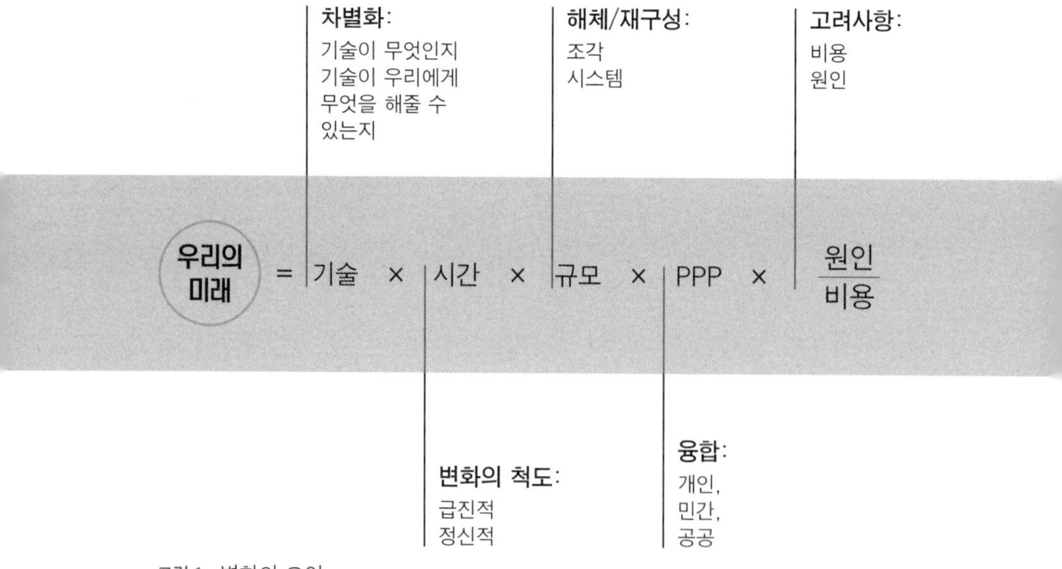

차별화:
기술이 무엇인지
기술이 우리에게
무엇을 해줄 수
있는지

해체/재구성:
조각
시스템

고려사항:
비용
원인

$$\text{우리의 미래} = \text{기술} \times \text{시간} \times \text{규모} \times \text{PPP} \times \frac{\text{원인}}{\text{비용}}$$

변화의 척도:
급진적
정신적

융합:
개인,
민간,
공공

그림 1 변화의 요인

3장에서는 2장에서 얻은 다양한 결과들을 다섯 가지 변화의 요인에 따라 분류했다. 이 분류체계는 기술이 어떻게 기존의 체계를 변화시키고, 또 기존의 체계는 어떻게 기술을 변화시키는지에 대한 이해를 돕는다. 이어지는 장에서는 이 분류체계에 따라 미래 직업, 교육, 헬스케어 분야에서 생성될 수 있는 시나리오, 권고사항 그리고 미래에 대해 다루었다.

4장부터 6장까지는 앞 장에서 설정한 미래에 대해 보다 자세하게 다루었다. 저자들은 각 세 개의 기술 분야와 관련하여 다섯 가지 변화의 요인이 사분면상에 어떻게 맵핑될 수 있는지에 대해 설명했다.

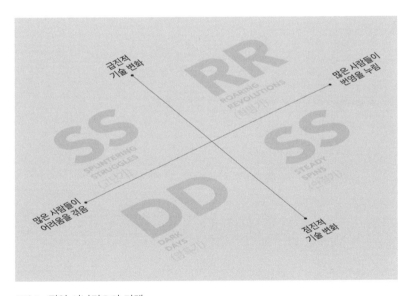

그림 2   직업 시나리오의 미래

그림 3 교육 시나리오의 미래

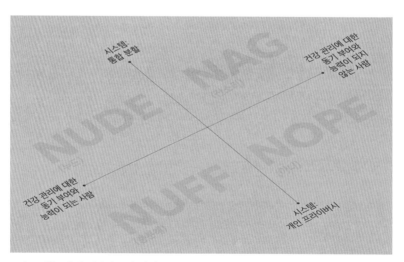

그림 4 헬스케어 시나리오의 미래

그 다음으로는 앞서 언급한 세 가지 분야에 대한 권고사항을 제안했다. 이 권고사항들은 다양한 범위와 여러 종류의 상호작용을 요한다. 예를 들면 다음과 같다.

- 미래 직업에 대한 권고사항은 도시, 기업 그리고 시민과 관련된 범주의 아이디어를 탐구하는 것이다.
- 미래 교육과 관련된 권고사항은 교사와 학생들의 역량을 도시간 또는 국제 범주의 네트워크와 자원을 통해 향상시켜 각 개인의 자가 발전이 가능토록 하는 것이다.
- 헬스케어의 미래와 관련된 권고사항은 개인에 권한을 부여하고, 사회 그리고 자치단체를 활성화시키며, 환자 및 의사와 기술 간의 상호작용을 고양시키는 것이다.

저자들은 각 장에서 분야별 권고사항을 성공적으로 이행할 경우 기대할 수 있는 미래의 직업, 교육, 헬스케어의 모습이 어떤 것인지에 대해서 간략하게 설명했다.

7장에서는 개인과 기업 그리고 도시 단위에 대한 저자들의 바람을 담았다. 디지털 혁명은 사회기반시설과 국경 등의 물리적 한계를 넘어설 수 있는 기회를 제공한다. 우리는 디지털 기술을 통해 더 많은 것을 제공할 수도 있으며, 더 많은 일들을 협업하여 해넬 수도 있다. 즉, 개인 간의 협업을 통해 서로의 번영에 일조할 수 있다.

《부의 로드맵》은 디지털 기술이 우리 사회와 경제, 특히 직업과 교육 그리고 헬스케어의 사회적 기관에 미치는 영향을 탐구할 수 있는 지침서이다.

이 책은 미래를 위해 지금 우리가 준비해 나갈 수 있는 실질적인 아이디어를 담고 있다. 또한 디지털 붕괴를 막고 개인과 기업 그리고 도시가 지속 가능하도록 하는 것에 초점을 맞추고 있다.

이 책이 독자 여러분에게 미래에 대한 희망을 선사해주기를 바란다.

1

물리적 한계를 넘어:
디지털 시대의 도시

Beyond Physical: Cities Living Digital

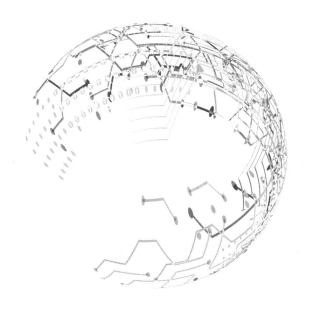

1.1 우리의 미래

몽고의 울란바토르, 인도의 트리치(티루치라팔리), 싱가포르의 초아추 칸, 미국의 로스엔젤레스.

이제부터 한 소년의 생활을 통해 디지털 혁명을 수용한 위의 네 도시들의 미래에 대해 살펴보도록 하겠다.

아디는 7살의 어린아이로, 싱가포르 서쪽 부근에 저소득층이 모여 사는 공영 주택에 살고 있다. 그는 몽고의 울란바토르에서 개최되는 2016년 아시안 유스 체스 챔피언십에 싱가포르 대표단의 최연소 선수로 참여하게 되었다.

아디는 체스를 사랑한다. 체스에 대해 이야기할 때의 그의 눈은 반짝거리고 목소리에 생기가 돈다. 그가 체스의 전략과 말들의 움직임에 대해 설명하는 것을 듣게 된다면, 아디가 이미 1년 전에 주니어 국가대표팀에 발탁되었다는 사실이 그리 놀랍지 않을 것이다. 아디는 체스를 시작한지 고작 2년 정도밖에 되지 않았다. 로스엔젤레스에 살고 있는 가족의 지인이 아디에게 체스 세트를 선물한 일이 계기가 되었다.

아디는 어떻게 체스를 둘까? 그에게는 '비밀무기'가 있다. 바로 인터넷이다. 아디는 인터넷을 통해 세계 각국의 체스 강자들과 대국을 한다. 대부분의 상대는 아디보다 나이가 많은 사람들이다. 또한 아디는 상급 알고리즘으로 무장한 컴퓨터와 대국을 통해 실력을 키우기도 했다. 이렇게 하여 아디는 국가대표팀에 들어갈 만한 실력을 키우게 된 것이다.

아디에게는 또 다른 '비밀무기'가 있다. 바로 온라인 코치이다. 아디는 그의 온라인 코치인 프랩을 매우 좋아한다. 아디는 프랩을 알기 전에 개인 교습을 받아보았지만 그다지 잘 맞지 않았었다. 그런데 검색 엔진을 통해 우연히 알게 된 프랩과는 매우 잘 맞았다. 디지털 케미가 매우 좋았다고 표현해야 할까? 프랩의 코칭은 아디의 실력을 향상시키는 데 크게 일조했다.

2005년부터 온라인으로 체스 교습을 진행해온 프랩 코치는 인도의 트리치에 살고 있다. 그는 신부전증을 앓고 있기 때문에 감염 위험에 노출되는 것을 꺼려해서, 치료 목적 이외에는 칩거 중이었다. 그래서 온라인상에서 개인 교습을 시작해 현재 8개국 이상의 학생들을 가르치고 있는 중이다.

아디가 플레이하는 온라인 게임은 자동으로 저장되어 프랩 코치가 검토할 수 있게 되어 있다. 프랩 코치는 아디의 게임을 검토해 잘한 부분과 못한 부분을 살펴보고 아디의 온라인 게임을 실시간으로 지켜보면서 스카이프 등을 통해 다음 말의 움직임에 대해 조언하거나 온라인 인공지능 분석 프로그램을 사용해 피드백을 해준다.

아디는 코치 프랩의 조언을 통해 좀 더 깊은 통찰력을 갖게 된 점과 많은 것을 배울 수 있음에 감사하고 있으며 프랩 코치가 그랜드마스터의 경기를 다운받아 설명해주는 세션을 매우 좋아한다. 아디는 언제간 자신도 그랜드마스터가 될 수 있다고 믿고 있다.

아디의 부모는 어떻게 이런 일들이 가능한지 그저 놀라울 뿐이다. 사실 아디의 부모는 체스를 두는 법도 모르지만 아디가 해낸 일을 매우 자랑스러워하며, 코치 프랩에게도 무척 감사하고 있다. 그중에서도 특히 부끄럼이 많고 수줍음을 타던 아디가 체스를 통해 자신감이 넘치고 감정표현도 분명하게 할 줄 아는 성격으로 변화하게 되었고, 다른 많은 체스 플레이어들과 친구가 되었다는 점에 감사하고 있다.

싱가포르에 사는 소년. 트리치에 사는 코치. 울란바토르에서 열리는 국제대회. 로스엔젤레스에 살고 있는 지인.

흥미로 시작되었고, 사람들에 의해 지속되며, 디지털로 가속도를 얻게 된 이 사례는 디지털 2040 시대의 도시와 시민들의 삶에 대해 보여주고 있다.

1.2 디지털 2040 시대의
   우리 삶은 어떻게 바뀔까?

인류 역사상 최초로 사람들은 사적이며, 만연하며, 강력함까지 두루 갖춘 다양한 범주의 디지털 기술을 접할 수 있게 되었다. 이와 같은 기술들은 미래 도시에 어떤 영향을 미치게 될까? 또한 이 도시의 시민들에게는 어떤 미래가 펼쳐질까?

왜 디지털 시대에 살아야 하는가?

우리는 디지털 시대에 살고 있다. 1980년에 MIT 미디어랩을 세웠던 니콜라스 네그로폰테는 '전산이란 더 이상 컴퓨터만의 일이 아니다. 이것은 바로 삶 그 자체라고 할 수 있다.'[1]고 말했다.

우리는 스마트시티를 통해 이를 실감하고 있다. 예를 들어 싱가포르의 리셴룽 총리는 Smart Nation이라는 국가 정책을 시행하고 기술을 통해 개인의 삶과 개인 간의 연결성을 향상시킬 것을 천명했다.[2]

우리가 아직 보지 못한 것은 이러한 기술들이 어떻게 우리를 변화시킬 것인가이다.

우리는 디지털 시대에 살게 될 것임을 알고 있다. 다만 디지털 기술들이 어떻게 우리를 변화시킬 것인지에 대해 알지 못할 뿐이다.

MIT의 셰리 터클^{Sherry Turkle} 교수는 다음과 같이 말했다.

> 말로 하지 않은 질문은 사실 현재 우리가 집착하고 있는 기술의 미래 뒤에 숨어 있다. 사실 우리가 질문해야 하는 사항은 미래에 기술이 어떻게 될지가 아니다. 중요한 것은 미래 그 자체가 어떻게 될지이다.[3]

왜 디지털인가?

멕킨지 사에 따르면 '오늘날 수십억에 달하는 사람들이 디지털 플랫폼을 이용하여 지식을 습득하고, 직업을 찾고, 자신의 재능을 표출하며, 개인적인 네트워크를 구성하고 있다'[4]고 한다. 한때 도시와 기업의 발전을 위해 '제한적으로 이용되었던' 기술이 이제는 개인들이 사용할 수 있는 기술이 되었다.

디지털 기술의 개인화는 도시 혁신을 크게 바꾸었다. 과거에는 도시 혹은 기업만이 고급 기술들을 접할 수 있었다. 도시와 기업들은 이러한 기술들을 활용하여 현대 문제 해결에 혁신적인 해답을 제공했다. 이에 반해 개인들의 참여는 제한적이었다.

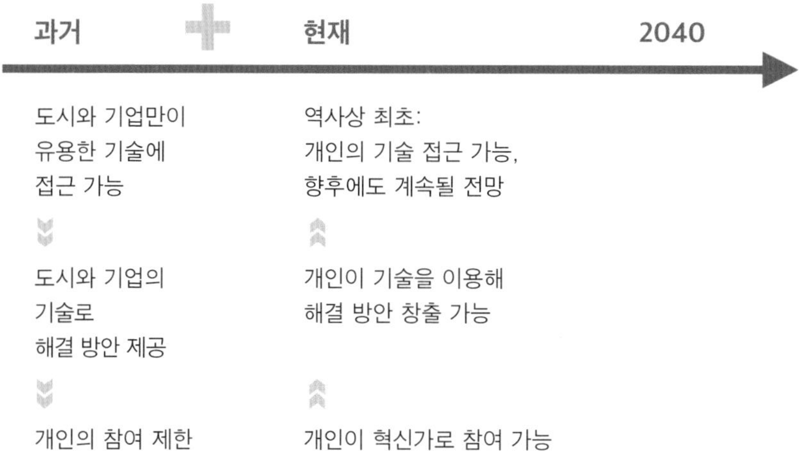

과거	현재	2040
도시와 기업만이 유용한 기술에 접근 가능	역사상 최초: 개인의 기술 접근 가능, 향후에도 계속될 전망	
도시와 기업의 기술로 해결 방안 제공	개인이 기술을 이용해 해결 방안 창출 가능	
개인의 참여 제한	개인이 혁신가로 참여 가능	

그림 1.2.1 디지털 기술은 어떻게 도시 혁신을 변화시켰을까?

디지털 기술의 개인화, 만연화, 고도화는 이러한 체계를 바꾸었다. 오늘날에는 개인들도 최신 기술에 접근이 가능하다. 개인들이 혁신적인 해결 방안을 내놓는 것도 가능하다. 이제 개인들은 혁신가로 참여가 가능해진 것이다.

더 이상은 도시가 개인에게 무엇을 해줄 수 있는지가 전부가 아니라 개인들도 도시에게 무엇을 해줄 수 있는지도 중요해졌다. 이

제는 도시와 개인이 상호 협력을 통해 어떻게 혁신을 이루어나가
는지가 중요해진 시대가 된 것이다.

스마트시티는 이와 같은 협력의 좋은 예이다. 그러나 현재의 관
심사의 대부분은 기존의 기술을 보다 효율적으로 만드는 데 중점
을 두고 있다. 현재 스마트 도시는 색다른 것을 시도하는 것보다는
기존의 것을 개선하는 데 관심이 있는 것처럼 보인다.[5]

우리는 색다른 것을 시도하면서 개선도 이루어낼 수 있다. 그렇
기 때문에 어떻게 하면 도시와 개인이 더 나은 혁신을 이룩할 수
있는지에 대해 살펴볼 것이다. 또한 도시와 개인이 어떻게 차별화
된 혁신을 이뤄낼 수 있는지에 대해서도 살펴볼 것이다.

창조 2040

만약에 우리가 다르면서도 더 나은 것을 했다면 어땠을까? 작가
이자 시민운동가인 제인 제이콥스는 저서 《미국 대도시의 죽음과
삶(1961년)》에서 무한한 가능성에 대해 언급했다.

'모두가 참여해서 도시를 만들었다면, 그 도시에는 모두를 위해
어떤 것을 제공할 기반이 갖춰져 있다.'[6]

지난 50여 년간 디지털 기술을 거치면서 도시는 이러한 기반을 갖추었으며, 모두가 이런 기반을 형성하는 데 일조할 수 있게 되었다. 도시와 개인은 협력하여 지금과는 매우 다른 미래를 만들어 갈 수 있을 것이다. 바로 이런 미래가 《부의 로드맵》에서 다루고자 하는 내용이다.

1.3 왜 미래 직업과 교육, 그리고 헬스케어인가?

우리가 도시라는 개념을 생각할 때, 일반적으로 물리적인 위치나 장소, 공간 등을 떠올리게 마련이다. 이와 같은 요건은 물질적이고, 가시적이며 종종 많은 비용을 요구하기도 한다. 또한 우리의 시선을 사로잡으며 상상력을 필요로 할 때도 있다.

그러나 디지털이 가진 가능성은 보다 넓은 범위의 사고력을 요구한다.

영국 UCL의 마이클 배티 교수는 최근 저서 《도시의 새로운 과학》에서 도시를 더 이상 장소에 국한해 이해해서는 안 된다'[7]고 주장했다. 또한 디지털 기술이 도시 및 전 세

> 디지털 기술은 도시와 전 세계에 걸쳐 새로운 상호작용과 연결성을 부여했다. 디지털 시대에 산다는 것은 물리적인 제약을 넘어서 상호작용에도 초점을 두어야 하며, 지역적·세계적으로 새로운 가능성을 탐험할 수 있음을 의미한다.

계에 새로운 상호작용과 연결성을 부여함에 따라 다음과 같이 말했다.

'우리가 상호 간에 어떤 관계를 가지는지에 대한 이론을 확실히 할 필요가 있으며, 관점을 장소에서 상호작용으로 옮겨야 할 필요가 있다.'[7]

디지털 시대에 산다는 의미는 우리가 물리적 제약을 넘어 상호작용에 집중해야 함을 뜻한다. 우리에게는 사회성이 필요하다. 그렇기 때문에 직업, 교육 그리고 헬스케어에 초점을 맞추어야 한다. 각 분야는 대부분의 상호작용과 연결성이 생성되는 사회 체계이기 때문이다.

모든 개인은 매일 혹은 삶의 중요한 기로에서 이와 같은 체계를 마주한다. 이 분야들은 '우리가 서로 어떻게 연관이 있는지' 그리고 어떻게 물리적 한계를 넘을 수 있을지에 대한 아이디어들을 검토할 수 있도록 해준다.[7]

물리적 범위를 넘어 생각하고 사회적 연결성에 초점을 맞추는 일은 지역 및 세계적으로 새로운 가능성을 찾는 것을 의미한다. 미국 콜럼비아 대학교의 사스키아 사센Saskia Sassen 교수는 저서 《세계 경제 내의 도시》에서 우리가 연관된 경제적·사회적 프로세스 및 활동내용에 따라 '특정 도시 그룹을 연결하는 다양한 초국가적 지형도'를 규정할 수 있다고 언급했다.[8] 그녀는 도시가 네트워크와 경제활동, 자원, 문화 그리고 사람의 흐름을 이해하는 데 또 다른 방법을 제공한다고 보았다. 그리고 이와 같은 '도시 간의 네트워크의 확산'으로 인해, 하나로 된 글로벌 도시라는 개체는 존재할 수 없다고 보았다.[8]

직업, 교육 그리고 헬스케어는 오른쪽의 다이어그램과 같이 인적 자원의 역량을 창조해낸다.

인적 자원의 역량은 매우 중요한 요소이다: 만약 도시가 제한적인 자원을 가지고, 장기적으로 무엇에 투자해야 할지를 결정해야 한다면, 단언컨대 인간의 역량을 향상시키는 것이 가장 좋은 선택일 것이다.[10-19]

디지털 기술은 직업, 교육, 헬스케어와 관련해 긴급한 문제들을 만들어낸다. 개인이 이에 얼마나 잘 대처하는지 여부가 향후 도시의 번영과 몰락을 결정짓게 될 것이다.

그러나 디지털 기술은 직업, 교육, 헬스케어와 관련해 긴급한 문제들을 만들어낸다.

일자리를 새로 만들어낼 것인가 혹은 없앨 것인가?

기술은 미래 교육과 헬스케어를 혼란스럽게 만들까? 기술과 직업, 교육, 헬스케어는 빈부격차를 줄일 것인가 반대로 더 커질 것인가?

개인이 더 낳은 미래를 창조할 역량을 갖추어야만 위와 같은 질문들에 도시가 어떠한 해답을 내놓을지 결정할 수 있다.

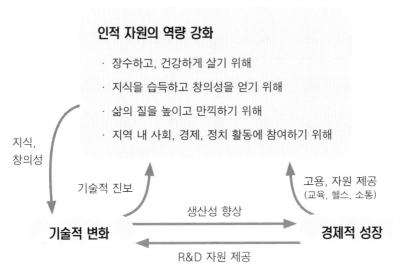

그림 1.3.1 기술로 인한 직업, 교육, 헬스케어의 증진 – 도시 내 인간적 능력의 배양

우리가 직업, 교육 그리고 헬스케어에 집중하는 세 번째 이유는 다음과 같다: 이들은 우리가 누구인지 그리고 무엇을 하는지를 결정하는 요인이다.

직업은 개인과 가족을 위한 소득을 제공한다. 일부의 경우, 노동으로 인한 자존감을 주기도 한다.

교육은 직업과 인생을 준비할 수 있도록 돕는다. 교육은 지식을 습득하고, 흥미를 키우고, 가치를 배양하고, 인격을 형성하며, 기술을 연마할 수 있게 해준다.

헬스케어는 우리의 삶에 활기를 불어 넣어준다. 헬스케어는 우리가 삶을 영위하는 데 필요한 에너지와 필요 요소들을 가질 수 있도록 해준다.

　개인이 직업과, 교육 그리고 헬스케어를 얼마나 잘 대처하는가의 여부는 도시의 번영과 몰락을 결정짓는다. 그러므로 직업, 교육 그리고 헬스케어의 미래는 개인과 도시의 미래와 직결된다고 할 수 있다.

디지털 기술은 '왜' 그리고 '어떻게' 우리의 삶을 바꾸는가?

2

How and Why

제4차 산업시대를 이해하기 위한 다양한 방법, 다양한 분야

세계를 관찰하고 분석하는 데는 여러 가지 방법이 있다. 우리는 심층 인터뷰, 참여관찰 연구, 집단 토론, 서면 검토 등 다양한 방법으로 문제에 접근했다. 또한 다양한 분야의 공동 연구자들과 협업하여(책 뒤쪽에 감사의 글 참조) 다양한 세계관과 시각을 이해해보고자 했다(첨부 A 참조).

뿐만 아니라 디자인, 사회학, 인간-컴퓨터 상호작용, 인간-로봇 상호작용, 분석, 웨어러블, IT, 조직문화, 패션 디자인, 산업 디자인, 통신, 은행, 화장품, 공공정책 등 다양한 경험과 전문지식을 가진 개인들로 이루어진 팀을 구성했다.

사람들의 바람 그리고 선택

만약 디지털 시대에 대한 보고서의 중심이 사람이 아니라면, 그것은 아마도 무의미한 보고서일 것이다. 하버드 대학의 인지 과학자이자 교수인 스티븐 핑커는 다음과 같이 말했다.

우리는 사회생활을 '힘', '압력', '프로세스', '개발' 등으로 이해하는 데 익숙해져버렸다. '힘'이란 수백만의 개인이 원하는 것을 쫓기 위해 자신의 신념대로 행동하는 행위의 통계적 집약체이다. 개인을 관념 속에 감추는 습관은 과학을 잘못된 길로 인도할 수 있을 뿐만 아니라 인간의 존엄성에도 해를 끼칠 수 있다.[1]

이것이 바로 저자가 많은 이들에게 차근차근히 이야기하는 이유이다. 사람들의 목소리는 저자들로 하여금 보다 확실하고 추상적이지 않게 사물을 볼 수 있게 해주며, 그들의 말 속에 담긴 깊은 의미를 반향하고 그들의 세계관과 두려움, 열망 등을 정제할 수 있게 해준다. 우리는 그들이 원하는 선택과 그들의 도시가 원하는 선택에 대해 들어 보았다.

우리는 이 깊고 풍성한 상호작용들을 시나리오와 인격 그리고 인공물로 바꾸어 보았다. 이러한 과정은 목소리에 도시와 기업 그리고 개인이 내릴 수 있는 선택을 부여했다.

시나리오는 우리가 직면해야 하는 트레이드오프를 강조했다. 인격은 '욕망을 찾아 자신의 신념대로 행동

많은 사람들과의 대화를 통해 우리는 추상적인 것에서 벗어나 사물을 보다 확실하게 볼 수 있게 되었다. 우리는 이러한 사람들의 목소리를 시나리오, 인공물 그리고 인격으로 바꾸었다; 이러한 작업은 어떻게 기술이 전통을 바꾸고, 또 전통이 어떻게 기술을 바꾸는지를 보여주었다.

하는 사람들'[1]을 나타낸다. 위의 두 요소와 인공물까지 포함한 세 가지 요소는 잠재된 미래를 보고 느낄 수 있게 해준다. 전 대영박물관 관장이었던 닐 맥그리거는 다음과 같이 말했다.

인간이 '인공물을 만들고, 또 인공물'에 의존하게 되는 일은 우리를 다른 동물들과 차별화될 수 있게 해주었으며, 궁극적으로 오늘날 인류의 모습을 만들었다.[2]

사물. 인공물. 인격. 시나리오. 인간과 삶 그리고 디지털을 연구하면서, 이 요소들은 어떻게 기술이 전통을 바꾸고, 또 전통이 어떻게 기술을 바꾸는지를 보여주었다.[3-13]

디지털 트렌드의 시각화

우리는 이 보고서를 통합적, 시각적으로 작성하면서 무엇이 실제로 중요한지를 밝히는 데 많은 시간을 투자했다. 먼저 주요한 트렌드를 단순 열거하는 것보다, 이들을 다섯 가지 변화의 요인으로 구분하는 편이 나을 것으로 보았다. 그리고 다섯 가지 변화 요인을 다시 세 가지의 시나리오로 구분하고, 각 시나리오 별로 두 가지 주요 요인을 분석한 후 다시 이들의 중심에 한 가지 통합된 이념이 있도록 정리했다. 또한 발견한 사실들을 권고사항과 직접적으로 연결했다.

우리는 다른 저서들에서 충분히 다룬 주제(예를 들면 빅데이터나 혹은 AI의 최근 동향 등)들을 중복해서 다루지 않았다. 디지털 시대에서는 이와 같은 정보들을 인터넷에서 손쉽게 찾아볼 수 있기 때문이다(물론 우리는 참고할 만한 자료를 본 저서의 레퍼런스로 제공했다).

마지막으로, 이 책의 몇 섹션은 시나리오, 인격, 인공물들을 서술적인 색조로 표현하여 독자들이 이미지를 상상할 수 있도록 시각화했다. 어떤 것은 직접 이미지화해서 표현하기도 했다.

표현을 시각화하는 일은 독자들이 새로운 아이디어를 이해하는 데 도움을 주며, 또 독자들이 원할 경우 보다 깊게 탐구할 수 있도록 선택권을 부여한다.

3 변화의 요인

Drivers of Change

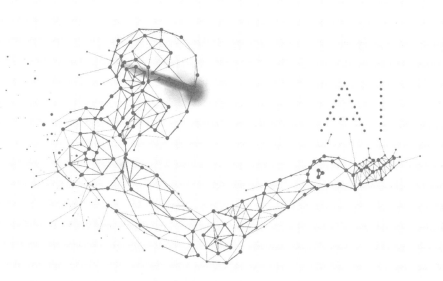

기술의 트렌드와 사회와 경제에 미치는 기술의 잠재적 영향력은 많은 책에서 찾아볼 수 있다. 우리는 이런 이유에서 '6대 기하급수 기술'[1][2] '제5의 콘드라티예프 혁신의 물결'[3-5] '제4차 산업혁명'[6][7] '제3차 산업혁명'[8][9] '제2의 기계시대'[10]에 포함되는 내용은 중복해서 다루지 않기로 했다.

그 대신 이러한 아이디어들이 수렴하고 나뉘는 부분에 대해 보다 깊게 탐구해 정제한 후 하나의 공식으로 개념화하여 향후 우리의 미래를 만들어갈 변화의 요인으로 정리했다:

$$\text{우리의 미래} = 기술 \times 시간 \times 규모 \times PPP \times \frac{원인}{비용}$$

그림 3.1 변화 요인의 개념공식(축약본)

기술: 기술과 그 기술이 우리에게 무엇을 해줄지 구분하는 일

우리가 빅데이터에 관심을 갖는 이유는 이것의 규모나 혹은 데이터 그 자체 때문이 아니다. 우리가 빅데이터에 관심을 갖는 이유는 빅데이터가 의사 결정, 최적화, 운영, 문제 예측 등에 도움을 줄 수 있기 때문이다.

마찬가지로 우리가 로봇에 관심을 갖는 이유는 로봇이 기계이기 때문이 아니다. 우리가 로봇에 관심을 갖는 이유는 로봇이 인간에게는 위험하고 지루하고 더러운 일들을 해줄 수 있기 때문이다.

그렇기 때문에 미래를 공부하는 일에 있어서 미래의 기술이 무엇인지(주요 기술에 대한 예측과 발전방향 등과 관련한 의견은 부록 B 참조) 뿐만 아니라 미래의 기술이 우리에게 무엇을 해줄 수 있느냐를 아는 것이 중요하다.

디지털 기술이 우리에게 무엇을 해줄 수 있는가? 디지털 기술은 다음과 같이 우리에게 새롭고, 더 나은 다른 방식을 제공할 수 있다:[11-25]

	현재의 예
삶, 사랑, 배움, 소득	디지털 신원, 디지털 헬스, 소셜 데이팅, 게이밍, 프리랜싱, 온라인 수업수강
시각, 감각, 경험, 공감	증강/가상현실, 3D 오디오, 히어러블, IoT, 스마트 섬유, 웨어러블, 디지털 모델, 생체인증 및 환경 센서
창조, 소통, 협동	3D 프린터, 디지털 미술과 디자인, 소셜미디어, 웹 번역, 사람-기계 상호작용, 유저가 만드는 컨텐츠, 크라우드소싱
자동화, 증강, 분석	로봇, 자율주행 차량, 유전체학(그 외 다른 체학^{omics}), AI, 알고리즘, 예측 분석, 데이터 시각화, 의사 결정 지원
교환 및 거래	온라인 쇼핑/e-commerce, 개방형 데이터, 공유경제 프리미엄^{Freemium}, 광고 지원$^{ad-supported}$, 결제시스템
보안	감시, 가상-물리 보안체계, 자동화 사이버보안, 비트코인/블록체인, 크리에이티브 커먼즈, 사생활 보호, 접근 제한, 양자^{quantum} 통신

기술이 우리에게 무엇을 해줄 수 있는지를 이해하는 일은 우리가 관련 기술로 무엇을 할 수 있는지에 대해 깊게 생각하도록 해준다. 예를 들어 감시와 관련된 기술은 우리를 보호해줄 수 있다. 그러나 감시 기술은 우리가 무엇을 하는지를 관찰하는 데 사용할 수 있으며, 사생활 침해 문제로 이어질 수 있다.

디지털 신원은 우리에게 다른 목적의 삶을 부여할 수 있다(예를 들면 10대들이 소셜 미디어를 이용하는 방법). 또한 경제활동에서 교환 및 거래 등을 쉽게 해준다는 장점이 있다(예를 들면 세계은행에 Development Initiative를 위한 신원검사 등).

우리가 기술로 무엇을 할 수 있는지, 또 기술이 우리에게 무엇을 해줄 수 있는지를 이해할 때만이 비로소 해당 기술에 필요한 정책과 규제 등의 결정을 시작하고, 삶의 질을 개선하기 위해 어떻게 기술을 이용해야 하는지 등에 대해 알 수 있다.

중요한 점은 우리가 기술로 무엇을 할 수 있는지를 이해할 때만이 비로소 해당 기술에 필요한 정책과 규제 등의 결정을 시작할 수 있다는 것이다. 또한 기술의 진보가 가속화되면서 우리가 현재 기술로 하고 있는 일과 할 수 있는 일의 간극이 커지고 있다(예를 들어 아직도 많은 학교의 수업에서 OER^{Open Education Resource}을 제대로 활용하지 못하고 있다).[11]

우리는 이러한 간극을 줄이기 위해서 창의적일 필요가 있다. 우리가 기술을 단순히 그 자체로 받아들이지 않고, 우리에게 무엇을 해줄 수 있는지에 대해 고민하는 일은 우리의 창의력을 향상시키고 나아가 삶의 질도 개선할 수 있다.

시간 : 붕괴는 하루아침에 일어나는 것이 아니다

붕괴는 하루아침에 일어나는 것이 아니라 시간을 두고 나타난다.[26-33] 지난 2015년, 세계 경제포럼[WEF]에서는 시장의 판도를 바꿀 만한 디지털 기술에 대한 설문조사를 실시했다.[34] 약 800명이 응답한 설문조사 결과에 따르면 관련된 21개 기술의 티핑 포인트들은 다음과 같다.

거래:

무료로 무제한 용량이나 광고가 포함된 형태로 인구 90%에게 제공

시각, 감각, 경험, 공감:

온라인-1조개 센서; 인구 10% 정도의 의복

창조:

최초로 3D 프린트기기로 제작된 자동차 생산

삶, 사랑, 배움, 소득:

인구 90%가 인터넷 사용; 50%가 집에서 인터넷 연결

창조:

3D 프린팅으로 만든 간 최초 이식

자동화:

미국 차량 10% 무인운전; 최초로 신호등이 없는 인구수 5만 이상 도시 탄생

협동:

기업 이사회에서 AI 등장

2018~2021	2022~2023	2024~2025	2026~2027

자동화:

미국에서 최초로 로봇약사 등장

소통:

이식 가능 모바일 폰 등장

자동화, 증강, 분석:

인구조사 빅데이터 자료로 대체; 인구 90%가 스마트폰 사용

경험, 공감:

온라인-전체 안경 중 10%

삶, 사랑, 배움, 소득:

인구 80%가 온라인 상태

거래:

블록체인을 이용한 세금 징수

창조:

5%의 소비재가 3D 프린팅으로 생산

자동화:

30% 회계정산 AI가 실시

거래:

전 세계-개인소유 차보다 공유차량이 더 많아짐

보안:

전 세계 GDP의 10%가 블록체인/비트코인으로 저장

그림 3.2 세계 경제포럼(WEF)이 분석한 판도를 뒤엎을 디지털 기술의 티핑 포인트.

– 〈Future of Software & Society 2015〉 보고서에서 발췌.

– (설명) 기술별 티핑 포인트 및 사회적 효과(2015년 기준)를 나타내며, 모든 디지털 기술 중 일부만 예시로 제시함.

티핑 포인트는 2018년에서 2027년 사이이다: 디지털 붕괴는 갑자기 일어나지 않는다. 붕괴에 도달하기까지는 여러 가지 단계가 필요하다. 기술의 성숙도도 필요하다(부록 B 참조). 유저도 확인되어야 한다. 비즈니스 모델도 이해하기 쉬워야 한다. 행동방식도 변화해야 한다. 이에 따라 규제도 변화해야 한다. 또한 이들 모두 규모가 갖춰져야 한다.

이 모든 것들이 얼마나 빠르게 일어나느냐에 따라 디지털 붕괴 또한 빠르게 혹은 점진적으로 나타날 수 있다.

급진적이든 점진적이든 간에, 중요한 점은 우리가 붕괴현상을 구별할 수 있는 선견지명을 갖추었느냐이다. 또한 선견지명을 바탕으로 실행에 옮길 추진력과 지혜도 갖추었느냐 역시 중요하다.

> 디지털 붕괴는 하루아침에 일어나지 않는다. 디지털 붕괴는 시간을 두고 일어난다.

만약 우리가 이를 모두 갖추었다면, 이에 대응할 충분한 시간이 있을 것이다.

만약 우리가 이를 모두 갖추지 못했다면, 무한의 시간이 있다고 해도 이에 대응하지 못할 것이다.

규모 : 조각과 시스템으로의 해체와 재구성

디지털 기술이 나노 단위의 마이크로칩을 글로벌 규모의 인터넷으로 바꾸어 놓았듯, 우리는 기술을 조각 단위로 해체했다가 시스템 단위로 재구성할 수 있다.

모든 종류의 일은 복잡하든 간단하든 간에 상관없이 최소 단위의 업무로 잘게 나눌 수 있다.[35-48] 이 업무 조각들은 자동화 처리되거나 혹은 외부에 수주를 주는 형태로 처리될 수 있다. 또한 이조각들은 다른 조각들과 합쳐져 커다란 시스템을 이룰 수도 있다.

BIM^{Business Information Modelling}과 같은 디지털 모델은 대규모 프로젝트를 작은 단위의 업무들로 쪼갤 수 있게 해준다. 이 업무들은 각각의 전문가 혹은 기술들에게 배정될 뿐만 아니라, 병합하여 새롭고, 크고, 차별화된 프로젝트를 구성할 수도 있다.

최근 들어 이와 같은 아이디어는 '공유'경제와 연관지어져 왔다. 그러나 이것은 부적절한 명칭이다. 최근의 플랫폼들은 '공유' 문제를 적게 다루는 반면, 조각들과 시스템의 수요와 공급을 연결하는데 주안점을 두고 있다.

우리는 교육과 의료 문제에도 같은 규모의 아이디어를 접할 수 있으며, 이 아이디어들은 업무에만 국한되지 않는다. 여기에는 이익, 자원, 원인, 장치, 데이터 그리고 시간 등 다른 차원의 문제도 존재한다.

우리는 직업, 교육, 의료 문제에 있어서 업무, 이익, 자원, 원인, 장치, 데이터 심지어 시간까지 같은 규모의 아이디어를 접할 수 있다.

예를 들어 어떠한 이익도 너무 작거나 크다고 할 수 없다. 우리는 항상 틈새 이익 단체나 온라인 자원을 찾을 수 있으며, 혹은 거대한 국제적 흐름에 편승할 수도 있다. 교육은 이제 나노 디그리,[49] 마이크로 마스터 과정[50] 개방형 온라인 강좌까지 포괄하고 있다.

우리의 유전체는 작은 토막들로 나눠졌다가 다시 이어질 수 있다. 우리는 센서, 통신, IT 장비, 소셜 네트워크, 유전학 그리고 AI

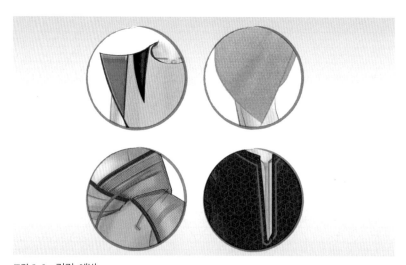

그림 3. 3   건강 예방
미래에는 센서, 데이터 분석, 모바일 연계 등의 기능을 장착한 스마트 섬유와 같은 혁신들이 우리의 생리적 상태를 감지 및 점검하고, 질병을 막아주는 역할을 하게 될 것이다.
(6.3장의 미래에서 온 인공물: 슈퍼케어/엠파시 슈트 참조)

등을 이용하여 예방 목적의 디지털 헬스 시스템을 구현할 수 있다. 우리는 생물학적 신호를 마이크로초 단위까지 측정할 수 있으며 심지어 우리의 유전자를 해독하여 천 년 전 과거의 이력을 들여다 보거나, 혹은 향후 십여 년 뒤에 발생할 질병에 대해 미리 예측할 수 있다.[51]

PPP: 공공 Public, 민간 Private, 사람 People의 융화

일단 우리가 규모와 도시, 기업과 관련된 분야의 해체 및 재구성을 할 수 있게 되면, 사람들은 자신과 서로를 위해 더 많은 것들을 할 수 있게 된다.

예를 들어 헬스케어에 있어서 공공분야에서 얼마나 많은 것들이 제공되어야 하는가? 그리고 이 중에 개인의 의무는 얼마나 되는 가? 기업들이 우리의 의료 정보에 접근 권한을 가지는 것이 타당한가? 아니면 우리의 의료 정보는 개인 정보로서 접근이 제한되어야 하는가? 아니면 이와 같은 정보들이 공중보건이라는 명목 하에 공공분야의 권한 아래 두어야 하는가? 등이 있으며 이외에도 책임과 의무에 대한 질문들 역시 매우 중요하다.

이와 같이 전례 없는 공공, 민간 그리고 사람의 영역들의 융합은 조사가 필요하다.

직장과 교육에서도 같은 현상이 일어난다. 교사는 학교가 사회의 축소 공간이라는 관점을 공유한다. 교실은 단순히 학생들에게 지식을 전달하는 기능 외에도 공유되는 사회적 가치를 배양해주는 곳이다. 교장은 개인의 기호에 따라 학생들의 학습이 개인화가 되면서, 또 사기업이 교육 분야에 보다 깊게 관여하게 되면서 공익이라는 개념이 어떻게 접목되어야 하는지에 대해 생각할 수 있도록 독려한다.

만약 우리가 민-관 파트너쉽을 넘어, 공공, 민간 그리고 사람과 관련하여 도시 및 전 세계적인 규모에서 동등하게 협력할 수 있는 새로운 방법을 찾을 수 있다면, 미래에 강력한 성장 동력이 될 수 있을 것이다.

우리의 선택은 학생들의 경험을 형성하는 데 직접적인 영향을 미친다. 이들의 성장은 미래에 노동인구, 시민체 그리고 도시가 어떤 모습을 띠게 되는가와 직접적인 연관이 있다.

이와 동시에 만약 우리가 공공, 민간 그리고 사람 분야에 협업할 수 있는 방안을 찾아낸다면, 이는 단순히 민-관 협력을 뛰어넘어 미래의 매우 강력한 성장 동력이 될 수 있다.

예를 들어 도시와 기업 그리고 시민들은 최근의 위기 극복을 위해 어떻게 서로 협력하는지를 살펴보아야 한다. 이를 통해 도시 또는 나아가 세계 문제를 해결하는 데 있어 공공, 민간 그리고 사람들이 동등한 관계에서 협업하는 새로운 협력모델을 찾을 수 있을 것이다.

원인/비용: 디지털 테일러리즘 그리고 인간미

기술은 정량화를 쉽게 할 수 있도록 해주었다. 만약 어떤 것을 수량화할 수 있다면, 이에 대한 비용도 책정될 수 있다. 그러나 문제는 '고려해야 할 모든 것을 수량화할 수 없다'는 점이다.

1900년 초반, 테일러리즘 혹은 과학적 경영 관리법을 통해 복잡한 업무를 간단한 업무로 쪼개어 근로자가 무엇을 했는지에 대해 측정했다. 그러나 이와 같은 관리법은 이익만을 추구하다 보니 비인간적이라는 비평을 듣게 되었다. 그리고 백여 년이 지난 지금도 같은 일이 되풀이되고 있다.

이코노미스트에서는 최근 '디지털 테일러리즘'이라는 사설을 게재했다.[65] 이 사설에서는 직장 내에서 기술의 측정이 진보함에 따라 '현대판 과학적 경영 관리법'이 직장을 비인간적으로 만들고 있다고 우려했다. 이와 같은 테일러리즘에서 결여된 부분은 바로 인적 원인을 고려하는 부분이었다.

그렇다면 인적 원인이란 무엇인가? 이와 관련해서는 우리가 의료 및 교육 분야의 전문가들을 인터뷰한 내용이 좋은 예시가 될 수 있다. 물론 여러분은 온라인상에서도 격려의 말을 접할 수 있겠지만, 자상한 교사가 여러분의 등을 쓰다듬으며 건넨 격려의 말만큼 고무적인 것은 없을 것이다. 또한 사람들은 건강과 관련되어 어떤 책이든 읽을 수 있겠지만, 의사나 간호사 혹은 영양사가 직접 안심시켜주는 것만큼 효과적이지는 않을 것이다.

교사들이 공유하기를 '가장 신비로운 일은 지식의 전달이 아니라 바로 교사와 학생 간의 교감이다'라고 했다. 의사들과 간호사들이 검진을 돌 때면, 환자들의 눈은 밝게 빛난다. 수간호사들은 위급한 상황이 닥칠 때, 환자들의 기운을 북돋을 수 있는 방법은 기술이 아니라 모든 이들이 모여 환자를 독려하는 것이라고 강조했다. 다른 이는 간호사직을 그만 두더라도 간호사로 불리기를 희망한다며 자부심을 표현했다. 그녀는 '한 번 간호사는 영원히 간호사이다'라고 말했다.

이와 같은 현상은 때때로 인간미라고 불린다. 저자들은 인터뷰를 통해 인간미를 인적 원인으로 이해하는 것이 낫다는 것을 깨닫게 되었다. 왜냐하면 사람들은 종종 인적 원인에 큰 의미를 두고 있으며, 이를 두고 싸우기도 하기 때문이다. 인적 원인은 사람과의 관계, 연민, 대화, 사회, 신념의 근간이 된다.

우리는 이와 같이 종종 간과되는 개념들을 고려할 필요가 있다. 저자는 인터뷰에서 기관의 장들이 다양한 분야의 부서들이 투자수익률(ROI)과 비용편익분석에 기반을 두고 기술을 선택한다고 이야기하는 것을 들었다.

그러나 우리가 기관장에게 그들이 간과할 수 있는 요인들(예를 들면 인적 원인 등)에 대해 물어보자, 그들은 깜짝 놀라며 우리가 제대로 지적했

> 고려해야 할 모든 것을 고려하지 않고, 셀 수 있는 것만을 고려하는 일은 대가가 매우 클 수 있다. 우리는 인적요인도 고려해야 할 대상임을 명심해야 한다.

으며, 그들이 해당 문제에 대해 간과하였음을 인정했다.

다가올 디지털 미래에서 고려해야 할 모든 것을 고려하지 않고, 셀 수 있는 것만을 고려하는 일은 대가가 매우 클 수 있다. 우리는 비용과 원인 모두를 고려해야 한다. 그중에서도 특히 인적요인은 반드시 고려해야 한다.

디지털 상황 속 변화의 요인

여태까지 우리가 다루었던 다섯 가지 변화의 요인들은 때에 따라 특정한 상황에 놓이게 될 수 있음을 이해하는 것이 매우 중요하다. 이 요인들은 직업, 교육 그리고 헬스 분야가 기술에 의해 변화해오고 또 앞으로 변해가게 될 역사의 흐름 중 한 부분들이다.

아쉽게도 이와 같은 흐름을 유의 깊게 살펴보는 일은 이 책의 영역 밖이다. 대신에 우리는 독자를 위해 이 부분을 정리해 두었다 (55쪽 다이어그램 참조). 이 내용은 대부분 MIT 교수 대런 애쓰모글

루가 집필한 〈우리의 자손들이 물려받게 될 세상: 권리 혁명 그리고 그 너머〉의 내용에 우리들의 연구 결과를 덧붙여 정리한 것이다.[51] 사실, 이 중 일부는 100여 년을 거슬러 산업혁명 시기까지 올라간다.

이 정리 결과는 어떻게 다른 흐름들과 트렌드들이 서로 '연관'되어 있는지를 보여준다.[55] 또한 여기에는 우리의 미래를 결정지을 수 있는 선택에 대해서도 표현되어 있다.

그림 3. 4 상황맥락으로 본 변화의 요인 ⇨

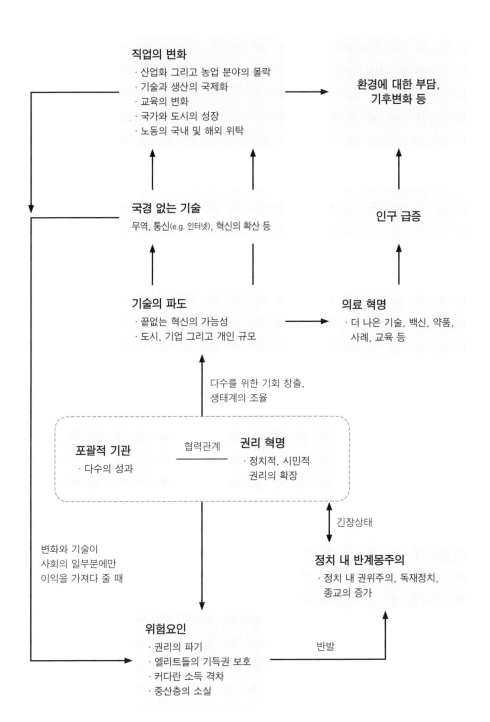

트렌드의 가치

변화의 요인에 대한 다음 공식은 적정한 트렌드들을 정제하여, 상황 속에 놓은 후, 미래에 대한 시나리오를 단계 설정한 것이다. 이와 같은 요인들을 적절하게 해결하면 우리가 만들 수 있는 미래의 범주를 증폭시킬 수 있다.

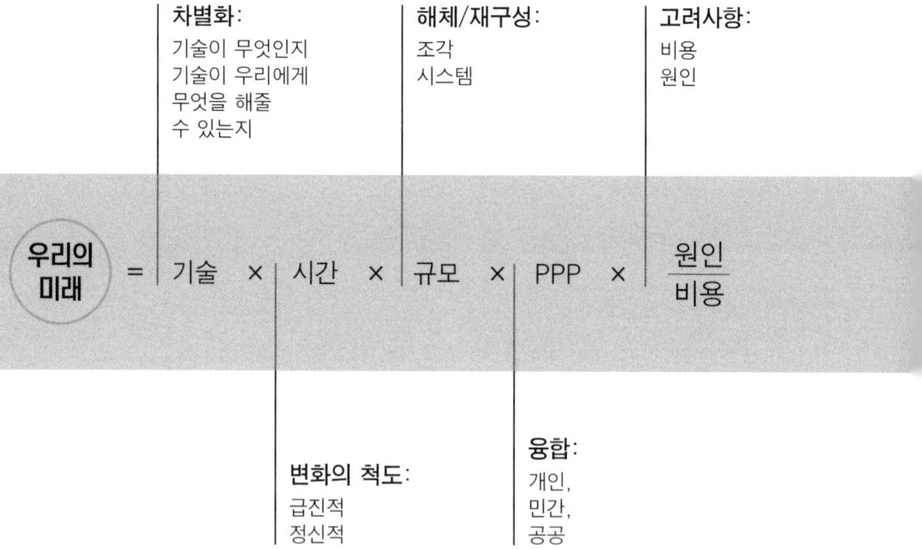

차별화:
기술이 무엇인지
기술이 우리에게
무엇을 해줄
수 있는지

해체/재구성:
조각
시스템

고려사항:
비용
원인

$$\text{우리의 미래} = \text{기술} \times \text{시간} \times \text{규모} \times \text{PPP} \times \frac{\text{원인}}{\text{비용}}$$

변화의 척도:
급진적
정신적

융합:
개인,
민간,
공공

그림 3.5 변화의 요인 개념공식 (상세본)

직업의 미래

Future of Work

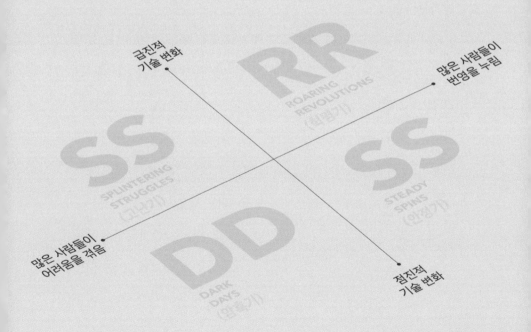

그림 4.1.1 직업의 미래 시나리오

4.1 미래 직업과 시나리오 [1-44]

유토피아, 디스토피아, 낙관론자, 비관주의자, 인간, 기계.

기술의 발전이 근로자들의 일자리를 위협할 것인가? 혹은 도시의 혁신을 일으킬 것인가? 혹은 기술이 일자리를 더 창출할 것인가? 더 나아가 부를 안겨줄 것인가? 이에 관한 담론들은 끊임없이 재기된다.

일반적으로는 지적인 사람들의 주장에 동의하는 편이 쉽다. 실제로 대부분의 사람들이 그렇게 한다. 일부는 양쪽의 좋은 점만을 골라 듣기도 한다.

예를 들어 기계낙관론자Utopimachs는 다양한 기계들이 사람들의 업무를 줄여주므로 인간의 삶을 윤택하게 해줄 것이라고 믿는다.

이들에게 중요한 것은 오직 한 가지 질문뿐이다: 기술 혁신이 직업에 미치는 영향에 어떻게 대처할 것인가?

유토-디스토 기계비관론자Uto-Dystopessimachs들은 기계낙관론자들과 유사한 신념을 가지고 있지만, 커다란 차이가 한 가지 있다. 이들은 인간에게 너무 많은 기쁨과 여가가 주어지면 쾌락주의자가 될 수 있으며, 이는 결국 재앙으로 이어질 것이라고 믿는다.

그리고 가장 낙관적인 전망을 내놓은 것은 기술로 인해 무너진 디스토피아적 사회의 디스토피아 낙관론자^{Dystoptiman} 들이었다. 이들은 인간이 도시를 재건하고 기술을 통제할 수 있어야만 더 나은 미래에 대한 희망이 존재한다고 믿는다.

이는 자극적이고 즐거운 일이다. 그러나 세계 각국의 고위급 공무원들과 기업의 CEO들은 우선적으로 추구하는 대상이 즐거움이 아니다. 이들에게 있어 '경제의 압력'에서 벗어나 모두가 여가를 즐길 수 있는 이상향적인 미래에 의존하는 일은 현명한 일이 아니다. 이들에게 중요한 질문은 오직 하나다. 기술 혁신이 직업에 미치는 영향에 어떻게 대처해야 할 것인가?

이에 대해 내놓는 해결책은 그들이 속한 도시와 기업 그리고 시민들의 성공과 실패를 결정한다. 여기에는 시민들의 인생과 생계가 걸려 있다. 따라서 결국 이에 대한 답변은 다음과 같은 4가지 지적 측면을 통해 영감을 받을 수 있다.

1) 급진적 기술 혁신: 기술의 진보가 급진적으로 일어남.

2) 점진적 기술 혁신: 기술의 진보가 점진적으로 일어남.

3) 인류의 번영: 사람들이 어떠한 변화에도 적응할 수 있음.

4) 인류의 위기: 사람들이 변화의 적응에 어려움을 겪음.

도시와 회사 그리고 시민들은 이 4개의 측면과 함께 직업의 미래를 결정하게 된다.

그림 4.1.2 직업 시나리오의 미래
포효하는 혁명

표효하는 혁명

  사람들은 자신이 달리는 러닝머신 위에 있다고 느낀다. 마치 다 람쥐 쳇바퀴마냥, 시간은 점점 빨라지고 똑같은 일상이 반복된다 고 느낀다. 도시와 회사들이 급진적 기술 혁신을 '혁명'이라고 부르는 데에는 그만한 이유가 있다. '포효하는 혁명'의 삶은 도시와 회사 그리고 시민들이 극심한 생존 경쟁을 하고 있음을 의미한다.

그러나 삶이 이만큼 좋았던 적도 없다. 혁신은 솟구치며, 기업 활동은 성황을 이루고, 일자리도 넘쳐나고 있다. 다양한 분야에서 기술 발전의 가속은 생산 통계상에서도 윤곽을 드러내기 시작했으며, 전 분야에 걸쳐 임금 상승을 불러온다.

기계가 인력을 대체하는 것에 대한 두려움은 사라졌다. 기계는 일부 직업을 대체할 수는 있지만 전체 일자리를 대체하는 것은 불가능하다. 진보된 기술의 도움을 받아 기존의 직무는 빠르게 재설계되며 근로자들도 빠르게 재교육을 받는다. 근로자들은 대게 기술적 진보로 인해 생겨나는 새로운 일자리로 전환이 가능하다.

또한 기술은 새로운 일자리를 창출한다. 이러한 일자리는 정규직부터 시간제 고용직까지 다양하다. 이는 새로운 기술이 새로운 기회를 제공해왔을 뿐만 아니라, 새로이 해결해야 할 문제들도 만들어냈기 때문이다. 해결해야 할 일은 늘 존재해왔다.

한 예로 20세기에 시작된 컴퓨터와 통신, 소프트웨어, 미디어 그리고 네트워크 혁명을 살펴보도록 하자.

2010년이 되자 비디오 때문에 라디오 스타들이 사라지게 된다는 설은 틀렸음이 명백해졌다. 오히려 비디오로 인해 팟캐스트와 유튜브 센세이션이 일어났으며, 매체 정보 해독, 중독, 사이버 웰니스^{cyber wellness}에 대한 새로운 도전들이 생겨났다.

도시와 기업, 시민들로 이루어진 '포효하는 혁명' 단체에서는 이것이 역사와 마찬가지라고 말한다(그림 4.1.3 참조). 산업 혁명 이래로 기술이 일자리에 미치는 영향에 대한 걱정은 항상 있어 왔고 그때마다 인류와 사회는 퇴보보다는 진보를 이루었다. 물론 단기적으로는 고통이 따를 수 있겠지만, 장기적으로는 항상 이득이 더 컸다.

그리고 이번에는 얻을 수 있는 이득이 훨씬 더 크다. 조금이라도 야망이 있는 사람은 국제 시장, 펀드 자원들에 대해 접근성을 얻을 수 있다. 성공이란 손에 잡히는 것이 되었으며 수익성 또한 매우 높다.

그러나 이러한 성공에도 대가가 따른다. 사람들은 모두 서로 맹렬하게 경쟁한다. 때로는 더 나은 학벌을 위해, 더 나은 직업을 위해, 혹은 더 나은 진로를 위해 경쟁한다.

그리고 이제는 전 세계적으로 각자 제 일을 알아서 하는 분위기가 조성되었다. 더 이상 누가 지속하느냐 마느냐의 문제가 아니라, 누가 가장 빠르게 따라갈 수 있느냐의 문제가 되었다.

만약 성공을 쫓다가 개인의 건강이 위태로워지면 의료 기술의 지원을 받을 수 있다. 만약 가족의 삶이 고통을 받게 되면, 가족 간의 아바타를 통해 시간을 같이 보낼 수 있게 되었다. 만약 사회적인 유대감이 문제가 된다면 가상의 사회 공간을 통해 이를 해결할 수 있다.

보다 기민한 도시와 회사, 개인들을 위한 '포효하는 혁명'의 끊임없는 경쟁은 고통스러운 마라톤처럼 느껴지기 시작했다.

	산업 혁명	현재
공통점	기술변화로 인한 실업 걱정.	자동화 및 알고리즘으로 인한 일자리 소실 걱정.
	직업을 잃은 노동자들의 고통.	일자리를 잃어버린 노동자들 중 일부는 새로운 직업을 찾지 못하게 됨. 또한 새 직업을 갖게 된 일부는 연봉 삭감을 겪음.
	당시의 기술로 인해 생설될 새로운 직업에 대한 예측 불가능.	최신 기술로 인해 어떠한 직업이 새로 생성될지에 대한 정확한 정보가 없음.
	변화에 대한 저항과 폭동.	월가Wall Street의 점령; 투표함을 통한 유권자들의 의견 제시 증가. (예: 브렉시트, 여론몰이 등)

	산업 혁명	현재
차이점	업무절차가 전문기술을 필요로 하지 않지만 더 많은 사람들을 요구하는 기본 업무 단위로 쪼개짐.	업무절차가 다양한 기술을 요구하는 세부업무 단위로 나뉘게 됨. 업무에 따라 보다 많은 인원 혹은 적은 인원을 요구하게 되며, 정규직과 비정규직에 따라 구분됨.
차이점	업무와 여가가 구별됨. (특정 시간에 업무가 시작되고 종료됨)	개인의 선택(예: 워크홀릭)과 문화와 소통 그리고 직종(예: 프리랜싱) 등에 따라 업무와 여가의 경계가 불명확해짐.
미확인	소실보다 창출된 일자리가 더 많음. 기본 및 새로운 분야의 일자리 창출.	소실보다 창출되는 일자리가 더 많을 것인가?(이미 많은 분야에서 이전보다 고용이 줄어들고 있음).
미확인	고통: 대규모는 아니지만 대게 한 세대가 지난 이후에 사라지게 됨.	현재 스트레스의 크기와 지속 기간은 얼마나 되는가?
미확인	변화가 생활수준을 향상시켰는지 여부에 대한 분분한 의견.	변화로 인해 생활수준이 향상될 것인가? 또한 현재의 불평등이 개선될 것인가?

그림 4.1.3 업무에 관한 기술의 영향 (포요하는 혁명과 분파적 투쟁)

그림 4.1.4 직업 시나리오의 미래
　　　　　분파적 투쟁

분파적 투쟁

사회가 어려움을 겪으면 분열된 집단을 형성하게 된다. 이것이
도시와 기업 그리고 시민들의 '분파적 투쟁'을 정의한다.

이 그룹은 급진적인 기술 혁신이 일상생활의 질을 향상하는 데 크게 기여했다는 점을 인정한다. 그러나 동시에 커다란 문제점도 야기했다고 보았다. 특히나 적응에 어려움을 겪는 계층에게는 문제점이 크게 나타났다.

이 그룹에 속한 이들은 역사가 자신들의 편에 섰다고 보았다(그림 4.1.3 참조). 산업혁명 이래로 기술이 일자리에 미치는 영향에 대한 걱정들은 수면 위로 반복해서 떠올랐다. 특히 사회가 진보하는 방향으로 나아갈 경우, 고통받는 계층들이 존재해왔다.

이들은 역사를 통해 배운 교훈을 사회가 회고해볼 것을 간청했다. 사회는 일부 계층이 어려움을 겪을 때마다 분열되었다. 이렇게 분열된 소외 계층들의 아픔을 치유하는 데에는 오랜 기간이 필요했다.

도시와 기업 그리고 시민들이 속한 '분파적 투쟁'은 점점 늘어나고 있다. 과거 산업계에 혁신이 일어났을 때에는 관련 노동자들에게 적응할 시간이 충분히 주어져 보다 고급 기술을 배우고 가치 사슬의 위로 올라갈 수 있었다. 또 혹여 가치 사슬 위로 올라가지 못하더라도, 아직 혁신이 일어나지 않은 다른 산업으로 수평 이동함으로써 생계를 이어나갈 수 있었다.

그러나 기술의 발전 속도가 가속화되면서 혁신은 여러 산업을 순식간에 휩쓸었으며, 계열을 가리지 않고 뻗어나갔다. 동시에 여러 노동자들이 직업을 잃게 되었으며, 이제는 가치 사슬의 위로 올

라가거나 혹은 다른 산업으로 수평 이동을 할 기회도 찾기 어려워
졌다.

고난을 겪는 노동자들과 기업들은 기술을 업그레이드하거나 재
교육에 대한 신뢰를 잃었다. 이들이 옮겨갈 산업이나 직군이 없다
면 이러한 노력은 아무런 소용도 없기 때문이다. 설령 일자리가 남
아 있다 하더라도 불규칙적인 보수와 계약직 정도의 일에 불과하
다면 노동자들에게 무슨 의미가 있겠는가? 혹여 운 좋게 다른 직
업으로 옮겨간^{pivot} 이들이 있더라도 연봉 삭감을 감수해야만 했다.

이후 연봉 삭감을 감수하면서도 새로운 기술을 익혀야 하는 현
상을 '피로스 피벗^{pyrrhic pivot}'이라고 부르게 되었다.

이런 힘든 시기에 도시, 기업들과 시민들은 다 같이 격분한다. 이
런 현상의 일부분은 일종의 이타주의와 일반 시민에 대한 염려였
다. 고통받는 이들은 결국 그들의 친구와 가족이기 때문이다.

하지만 이런 현상의 주요 부분에는 순수한 실용주의가 한 몫한
다: 이를테면 '내가 이번에 당신을 돕는다면, 다음 번에는 당신이
나를 돕기를 바란다'는 식이다. 내가 타인을 돕는 유일한 이유는
나도 다른 이들처럼 언젠가 고군분투해야 할 때가 있을테고 그럴
때 타인들의 도움이 필요하기 때문이다.

도시들은 시민들을 돕기 위해 개입했다. 시민들의 요구에 부응하
여 기본소득과 더 많은 사회적 자원을 제공했다. 기업들도 고용인

부담 방식^{co-payment}을 통해 힘을 보탰다. 자선 단체들과 지역사회 그룹들은 경제적, 비경제적 지원을 배로 늘렸다. 심지어 시민들도 고통받는 이들의 멘토를 자청하거나 적절한 기회와 연결해주는 역할을 하며 한 몫을 담당했다.

현재 이 모든 것은 생산성 증대 덕분에 자금 지원을 받을 수 있게 되었다. 신속하고 광범위한 기술 혁신은 기존 사회의 부분들을 대체하였지만, 동시에 생산성을 급속하게 증가시켰다. 이런 디지털 혁신의 이익은 모두에게 공유될 수 있다.

이 같은 이득이 지속된다면 '분파적 투쟁' 그룹은 고통받는 이들에 대한 지원을 멈추지 않을 것이다. 그렇지만 이 같은 이득이 언제까지나 계속 지속 가능할까? 아무도 알지 못한다. 생산성은 이전에도 떨어진 적이 있기 때문이다.

만약 그렇다면 생산성이 하락되더라도 '분파적 투쟁' 그룹은 계속하여 고통받는 이들을 지원할 수 있을까? 아니면 더 이상 고통받는 이들을 지원할 수 없게 될까?

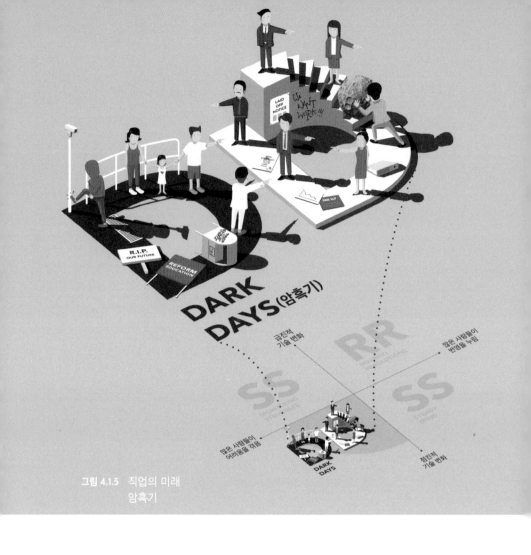

그림 4.1.5 직업의 미래
암흑기

불운의 시대

'불운의 시대'는 누구도 빠지고 싶지 않은 구덩이였다. 하지만 여러 도시, 회사 그리고 시민들은 낙오되었다. 그들은 기술 혁신 이 점진적으로 이루어졌음에도 불구하고 기술 변화에 적응하지 못했다.

그들이 낙오될 것을 계획한 것이 아님에도 왜 이런 일이 생긴 것일까?

주 원인은 바로 그들의 사고방식이었다. 그리고 이것은 초기의 성공에서 비롯되었다.

과거 이런 도시, 기업 그리고 시민들은 크게 성공하면서 그들의 일처리 방식 또한 세계적으로 연구되었다. 성공한 도시와 회사 그리고 시민들은 관심의 대상이었고 그 어떤 것도 성공만큼 자만을 키우는 것은 없었다.

그들은 성공의 비밀을 이해했다고 믿게 되자 사람들에게 인지된 영향력을 지키는 데 몰두하고 그들의 비밀과 영향력을 위협하는 모든 것들에 대해 저항했다. 마치 스테로이드를 복용한 것처럼 '고장난 게 아니라면, 굳이 고칠 필요가 없다'고 믿었다.

점점 가속화되는 기술 분야의 진보는 그들의 저항을 더욱 거세게 만들었다. 끝없이 업그레이드되는 기술은 역설적으로 사람들이 '그 다음 큰 기술 혁명'에 싫증나게 만들었으며, 프라이버시와 가상-물리 보안 이슈는 발전하는 기술의 잠재성보다는 유해성에 대한 논쟁을 불러일으켰다. 보편화된 개인적 기술은 개인들에게 큰 권력을 건넸고 이는 권력을 가진 이들을 위협하게 되었다.

시간이 흘렀지만 구관이 명관이라며 전통에 호소하는^{argumentum}

사고방식은 여전히 우세했다. 굳이 평지풍파를 일으킬 필요가 있냐고 그들은 이야기했다.

오랫동안 외부 세계는 그들을 스쳐 지나갔다. 그들은 그들의 자만심의 근원이 과거 성공의 결과에서 온 것임을 인식하는 데 실패했다. 그들의 공식화된 성공비결은 고착되어버린 것이다.

마침내 그들이 낙오되었다는 사실을 깨달았을 때 그들은 서로를 비난했다. 도시는 회사와 시민들이 진취적이지 않다고 비난했다. 회사는 도시가 충분한 세금 감면, 보조금을 제공하지 않았다고 했고 반대로 시민들은 회사가 시민에게 충분한 자율권을 보장하지 않는다고 책임을 전가했다. 그리고 시민과 회사는 도시가 '구시대적' 교육시스템을 가지고 있다고 비판했다.

그림 4.1.6 직업의 미래
안정기

안정적 혼란

인생은 도시, 기업 그리고 시민들에게 '안정적으로 혼란스러우며', '편안하게 어려웠다'.

'편안했던' 이유는 전문가들의 예상과는 달리 기술 혁신이 점진적으로 일어났기 때문이다. 비록 기술 진보의 속도가 증가했지만 기술 전파의 속도는 점진적 양상을 띄었다. 기술 표준 설정, 통합 시스템 구축, 규제 재검토, 윤리적 기준 수립, 비즈니스 모델 찾기 그리고 조직과 개인의 행동 변화는 많은 시간을 필요로 했다. 그래서 사람들이 선택하고 적응할 시간이 있었다.

또 다른 의미에서 '편안했던' 이유는 그들이 성공 공식을 가지고 있었기 때문이다. 이 공식은 빠른 추종자fast-follower 전략이었다. 이는 전 세계적으로 통용되는 방식을 채택한 후, 국지적으로 빠르게 적용한 뒤, 이를 종교인 마냥 반복하는 방식이다.

'안정적 혼란' 그룹은 성공적으로 이런 사이클을 반복해왔다. 그들의 빠른 추종자 전략은 기름칠이 잘 되어 있는 기계처럼 돌아갔다.

하지만 동시에 '어려웠던' 이유는 빠른 추종자 방식이 지적인 수준에서는 쉬웠지만, 실행 과정이 만만치 않았기 때문이었다. 새로운 길을 개척하는 것은 어렵고 두려웠지만, 그 길에는 다른 경쟁자들이 없었다. 그러나 길이 개척된 후의 나는 많은 빠른 추종자들 중 한 명일뿐이다. 따라서 이러한 경쟁을 이기기 위한 실행 과정에는 굉장히 많은 노력을 요한다.

이는 선택에 대한 기회비용이긴 했으나 '안정적 혼란' 그룹은 이와 같은 대가를 치를 준비가 되어 있었다. 결국 이러한 방식이 몇

십년간 꾸준한 경제 성장, 임금 인상 그리고 꾸준한 삶의 질과 생활방식의 향상으로 이어져 왔기 때문이다.

기술은 '안정적 혼란'에 일침을 가했다. 그렇다고 기술이 더 적은 직업을 만들어낸 것은 아니다. 또한 디지털 네트워크를 기반으로 한 경제는 리더들에게는 더 큰 보상을 약속했고 추종자들에게는 적은 대가를 제공했다.

시간이 지나고 이 '안정적 혼란'의 도시, 기업 그리고 시민들은 새로운 혁신으로 파생된 점점 더 작은 가치만을 차지하게 되었다.

시민들은 이에 예민하게 반응했다. 그들은 혁신을 이끄는 친구 몇과 동료들과 스스로를 비교하며 매일 그들의 노동시간과 임금을 통해 더 많은 시간을 일함에도 동일하거나 더 적은 임금을 받는다는 사실을 적나라하게 보았다. 그래서 그들은 '워라밸'work life balance'의 진정한 의미는 일상이 업무라고 받아들여야 하며, 그렇지 못한다면 삶이 위태로워질 것이라고 비꼬았다.

그렇다면 '안정적 혼란'은 계속될 수 있는 것일까? 아니면 주기를 다 한 것일까? 그들은 더 나은 방법이 있는지 궁금했다.

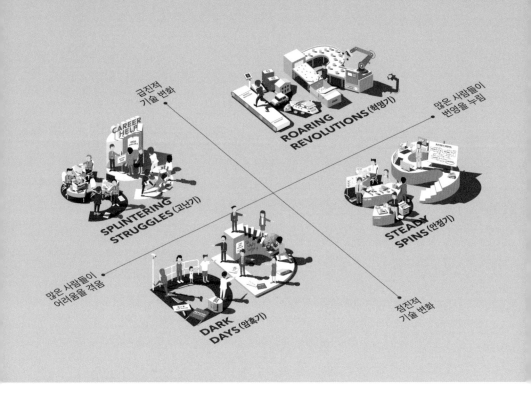

4.2 미래 직업의 방향과 가치

    한 도시가 기술 혁신이 급속도로 이루어지는지 또는 점진적으로 이루어지는지 여부를 결정할 수는 있지만 그 도시 역시 세계의 많은 도시들 중 하나일 뿐이다.

    전 세계적으로 혁신에 투자하는 많은 도시들이 있고 그들의 집단 행동은 다른 어떤 도시의 계획보다 기술 혁신 속도에 결정적 영향을 끼칠 것이다.

그러나 시민들을 돕는 길은 여전히 도시의 결단에 달려 있다. 이 같은 이유로 우리의 권고는 사람들이 번창할 수 있는 방법과 고통을 겪고 있는 이들을 도울 방법에 초점을 맞추고자 한다.

우리의 권고는 통일된 하나의 분석단위를 중심으로 시작된다: 직무

오랜시간 업무의 분석단위는 '일자리'였다. 도시는 일자리를 만들었다. 시민들은 일자리를 얻거나 직장을 옮겼다. 회사들은 자동화와 아웃소싱을 했으며 해외로 생산시설을 이전했다.

비록 지난 수십 년간 용어는 바뀌지 않았지만 유의미한 변화가 있었다. 디지털화와 세계화는 직무 과정을 약화시키고 직무로 잘게 세분화했다. 그리고 이런 업무들은 컴퓨터와 전 세계 도시들로 배분되어 보내졌다.

일이 업무화되는 세분화 과정은 조금도 수그러들 기미를 보이지 않았다. 대학과 자문회사들 모두 데이터베이스를 기반으로 직무를 수행한다는, 기술에 관한 최근 연구들은 많은 것을 시사한다.

그림 4.2.2는 USA O*NET으로 직업을 직무별로 세분화해 놓은 것이다.

정보보안 분석가

네트워크와 정보 보호을 위한 계획, 시행, 업그레드 또는 감시 보안. 적절한 보안 규제를 위한 디지털 파일과 필요한 전자시설이 준비되어 있는지 확인하십시오. 컴퓨터 보안 위반과 바이러스에 대응해야 합니다.

직무

- 컴퓨터 데이터 접근 권한 관련 요구, 보안 규칙 위반, 프로그래밍 변화와 같은 이슈들을 유저들과 상의.

- 시스템 보안에 대한 유저들의 의식을 교육 시키고 보안의 중요성 자각의 필요성 홍보 그리고 서버와 네트워크 효용 능률 증대.

- 컴퓨터 바이러스에 관한 보고서들을 모니터해 필요시 보호시스템을 필요할 경우 업데이트할 시기 결정.

- 컴퓨터 보안 파일을 변환해 새로운 소프트웨어로 편입, 에러를 수정하거나 개인적 접근 권한 변경.

- 정보송신을 암호화하고 기밀정보 송신을 숨기기 위해 방화벽을 설치해 오염된 파일 수신을 예방.

- 컴퓨터 보안 절차 위반을 검토하고 절차를 위반한 이와의 토론을 통해 이 같은 절차 위반이 반복되지 않도록 확인.

- 특수 지역, 해수면, 지하 활동 등에 필요한 영구 신속 암호화와 휴대가능한 직접지원 시스템 구축 및 운영.

- 사고나 허가되지 않은 수정, 파괴, 유출과 비상 시 데이터 처리 요구에 맞추어 컴퓨터 파일 보호 계획 수립.

- 리스크 평가와 데이터 처리 실행을 통해 데이터 처리과정과 보안 대책이 작동하는지 확인.

- 해당기관 직원, 외부 판매자들과 연계해 컴퓨터 시스템 계획 실행을 조직.

- 컴퓨터 보안과 긴급 상황 대책에 관한 정책, 절차를 문서화하고 현재 컴퓨터 바이러스 보고서를 테스트해 바이러스 보호시스템의 업데이트 여부 확인.

- 데이터 파일 사용을 감시하고 컴퓨터 파일 정보를 보호하기 위한 접근 규제.

그림 4.2.2 USA O*NET으로 직업을 직무별로 나누어 놓았다
(위 예의 경우, '정보 기술 분석가'의 업무는 12개의 직무로 세분화되었다)

이러한 이유로 미래의 직업을 이해하기 위해선 '일자리'보다 좀 더 세밀하고 정확한 분석단위가 필요하다. 우리는 '직무들'을 분석해야 하는 것이다.

우리는 권고사항을 도시, 기업 그리고 시민과 같은 여러 단위에서 탐색해보고자 한다:

단위	권고사항
도시 단위	도시 경제를 직무에 기반해 분석하고 탐색: 효과 있는 디지털 기술과의 속도를 맞춰야 한다.
	기존 분야의 업무를 재설계: 사람들이 비교적 숙달되어 있는 직무들로 시작한다.
	직업과 학교를 다른 관점에서 상상: 둘 간의 전통적 연관성은 차치하고 근로자와 학생들을 매치시켜 새로운 형태의 공동작업과 비즈니스 모델을 구상한다.
	향상된 O*NET 타입의 데이터베이스를 설계: 정부 기관, 회사 그리고 시민들이 직무를 익힐 수 있도록 돕는다.
기업 단위	직원들이 변화에 적응할 수 있게 지원: 그들의 기량 습득을 개선시키고 새로운 직업을 찾을 수 있게 돕는다.
	혁신으로 인한 기업의 리스크를 평가: 좀 더 탄력적 대응방식 채택.
	전문 네트워크와 전략 확장: 업무를 재사고하고 재조직한다.
	새로운 종류의 업무를 다른 관점에서 상상: 기술이 사람들에게 유해하지 않고 유익하다는 점을 확실히 한다
시민 단위	이동과 혁신의 직무화: 새로운 직업을 찾고 기량 습득을 위한 옵션을 확대

그림 4.2.3 '직업의 미래'를 위한 권고사항 요약본 – 도시 단위, 기업단위 그리고 시민 단위

도시 단위

1) 직무를 기반으로 한 분석을 통해 도시 경제 탐색:

디지털 기술과의 속도를 맞춰야 한다

MIT 교수 대런 애쓰모글루[Daron Acemoglu]와 데이비드 오터[David Autor]는 현재 분석의 모델들이 직무의 '유의미한 역할을 포함하지 않는다'고 지적했다[45]. 오터 교수는 후에 '많은 문헌들이 변화하는 자본과 노동력 그리고 국내와 외국 간의 직무 배분이 최근 수십 년간 산업화된 국가들의 노동력 수요 구조를 재구성하는 데 주요한 역할을 했다'고 주장했다.[46]

연구를 통해 직무들이 '많은 도시들의 노동력 수요 구조를 재구성'하는 데 큰 역할을 했으며 '직무 간의 연결이 잘 되어 있는 도시들이 높은 고용 성장을 경험'했음을 밝혀냈다.

기술 트렌드는 직무에 맞춘 중점 효과를 확증한다. 기술과 직업의 미래에 관한 논의에서 진보된 기술이 한 번에 모든 직업을 대체하지 않는다는 사실을 간과하기 쉽다[47-49]. 인공지능[AI]의 경우 오늘날 우리가 알고 있는 지식은 '좁은 의미'의 인공지능으로 '일반적 목적'의 인공지능은 아니다.

〈인공지능과 2030년의 삶〉이라는 제목의 스탠포드 대학교[Stanford University] 보고서에 따르면 누구도 현재 인공지능이 '일반적 용도'로

쓰인다고 보지는 않는다. AI 시스템은 특정 직무를 수행하기 위해 사용되고 각각의 적용 방식은 수 년간의 전문적인 연구와 고유한 설계를 필요로 하기 때문이다'라고 명확히 밝혔다[50].

다시 말하자면 우리가 현재 보유한 AI는 '좁은 의미의' AI인 것이다. 이것은 물리적, 인지적 직무들을 서서히 대체하고 있다.

기술과 택시 운전사들의 관계가 좋은 예이다.

GPS 기술은 우선 운전자의 운행경로 결정에 필요한 인지적 직무를 대체했다. 그리고 우버^{Uber}와 그랩^{Grab} 어플리케이션은 택시 승객을 태우는 등의 직무들을 자동화했다. 미래에는 자율주행차들이 택시기사의 운전 직무까지 대체할 수 있을 것이다.

기술은 결국 사람들의 직무를 대체할 것이다. 직업에 필요한 업무들이 충분히 대체되면 관련 업무를 하던 근로자들 또한 대체될 것이다. 맥킨지 컨설팅사에서 2016년 6월 발간한 보고서에서 비슷한 결론을 찾아볼 수 있다. 이 보고서는 '직업보다 업무 내용들을 분석하는 것이 기술 자동화의 가능성을 검토하는 좀 더 정확한 방법'이라고 기술한다.

동시에 직무 중심의 경제분석은 미래 고용률 성장의 기회를 정확히 짚어낼 수 있다. 네덜란드 경제분석부$^{Netherlands\ Bureau\ for\ Economic\ Analaysis}$가 실시한 '도시들, 직무들 그리고 기술들'이라는 연구에서 그들은 '직무 간의 연결 비중이 높은 도시들이 높은 고용

성장을 경험'했다는 점을 지적했다.[52]

미국 168개 도시를 대상으로 행한 연구 결과에 따르면 '업무 연계성과 이에 따른 고용 변화 사이에 양의 상관관계가 존재하는 것으로 미루어 볼 때, 지난 20년 동안 고용 점유율 측면에서 보다 많은 직무가 연결되고 있음을' 확인할 수 있었다.[53]

이 연구는 또한 '특정 직무들과 노동 공급 지속성에 관해서는 직무들 간의 공간 연결성이 공간 집중성보다 훨씬 효과적'임을 증명해냈다. 그들은 '업무 연결성은 고용 변화의 큰 부분을 설명'할 수 있고, 이는 반대로 '업무의 공간 집중성이 설명하지 못하는' 부분을 판단할 수 있게 해준다. 그리고 '[직무] 연결성의 중요성은 […] 제조업이나 서비스업 또는 특정 기술 그룹에 제한되지 않는다'는 것이다.[54]

직무의 세분화 정도에 방점을 두는 것은 비교적 최근의 접근 방식이다. 초기 자료들은 이러한 방식의 여러 가지 이점을 시사한다. 우리는 디지털 혁신의 속도, 자본과 노동(국내와 국외) 간의 변동 그리고 어떻게 도시 안에서 벌어지는 활동들이 연결되어 있고 잠재적으로 고용 성장에 이바지하는지 이해할 수 있다.

2) 기존 분야들의 업무 재설계:
사람들이 비교적 숙달된 직무들로 시작한다

인간과 기계의 노동 분배는
시간에 따라 변할 것이다.
직무는 우리로 하여금 다시
생각하고 재설계할 수 있도
록 결단력을 제공한다. 우리
는 기술이 어디서 어떻게 자
동화되고, 대체되며, 증가하
고, 인간과의 협력을 통해
보완되는지 알 수 있다.

직무에 중점을 맞추는 것은 직원이 어떤 직업에 능숙한지 여부가 아닌 능숙 정도에 따라 업무를 재설계할 수 있다는 것을 의미한다. 이러한 미묘한 차이는 큰 차이를 만들 수 있다.

주치의의 예를 들어보자(일반의 또는 가정의로도 부른다). 우리가 진행한 인터뷰들은(의료 전문가, 싱크탱크, 기업가들) 미래에 관한 의견들이 각각 크게 이질적이라는 사실을 보여주었다.

어떤 이들은 진보한 스크리닝 기술과 검색 엔진 덕분에 사람들이 더는 일반의를 찾지 않을 것이라 내다보았다. 어떤 이들은 기술 발전 덕분에 일반의들이 전문의의 진단영역까지 침범할 것이며 기계의 오류 또한 잡아낼 수 있을 것이라 생각했다. 다른 그룹은 일반의들이 환자들에게 동정과 확신을 줄 수 있는만큼, 응급상황에서 특히 더 주요한 역할을 맡게 될 것이라고 예상했다. 일반의들은 비교적 문화적 종교적으로 민감한 사안이나 환자가 마주하고 있는 가족 문제와 같은 문제에도 민첩하게 대응할 수 있다는 것이다. 그리고 마지막 그룹은 일반의들을 지역사회 주민의 건강과 웰빙 플래너로 재해석하기도 했다.

이렇게 의견이 상이한 이유는 인터뷰이들이 각자 다른 직무에 중점을 맞췄기 때문이다.

진보된 기술은 기본 스크리닝, 모니터링 기술을 담당할 수 있다. 하지만 우리는 데이터와 정보를 이해하고(한 인터뷰이는 때론 정보가 너무 많아 정보 간 충돌이 일어난다고 응답했다) 종합적 분석을 위해서는 여전히 의사가 필요하다고 생각할 가능성이 높다. 의사의 전문 지식에 관한 신뢰는 환자들이 의사에게 안심받고 싶어하는 욕구에서 비롯되고 우리는 이 같은 이유로 지역사회 웰빙을 논의할 때 신뢰가 지니는 강력한 영향력을 생각해볼 수 있다.

직무에 대한 논의를 통해서는 기술로 대체 가능한 것과 가능하지 않은 것 그리고 그 이유에 대해 좀 더 가늠해볼 수 있다. 또한 어떤 부분에서 기술이 의사의 업무를 대체하거나 보완할 수 있는지에 대해서도 이야기할 수 있다. 뿐만 아니라 업무와 기술의 결합을 재구성해볼 수 있는데 직무는 우리가 더 나은 것을 위해 재고하고 재설계할 수 있는 결단력을 제공한다.

물론 여러 직무를 두고 벌어진 인간과 기계의 노동 분배는 디지털 기술의 진보와 함께 시간에 따라 변할 것이다. 하지만 그것은 오직 직무수준task-level에서 변화와 기회의 중요성을 상기시킬 뿐이다.

이런 접근 방식은 여러 분야와 근로자들의 프로필에도 적용된다.

좋은 예로, 노인들이 푸드코트에서 일하는 모습을 들 수 있다. 그들은 청소를 하거나 테이블을 닦고 고객들이 비운 접시를 닦는다. 하지만 이런 육체노동은 노인들에게 적합하지 않다. 그래서 노인들을 위한 푸드코트의 직무 재설계에 대한 토론이 벌어졌다.

사회에서 노인과 존경이 함께 논의되는 만큼 정보원들은 존경이라는 가치를 사용할 방법을 모색했다. 만약 노인들이 위생 관리자의 역할을 할 경우 이 지위를 통해 손님들이 스스로 자신의 쟁반을 치우도록 자연스레 '제안'할 수 있을 것이라는 것이다. 결론적으로 개발해야 할 기술은 노인들을 완전히 대체할 로봇이 아닌 고객들이 스스로 더럽고 따분한 쟁반 정리를 할 수 있는 기술인 것이다.

이같이 특수한 욕구가 요구되는 분야는 더 있다. 이 분야에 종사하는 두 명의 인터뷰이는 '만약 기업이 기술에 더해 필요한 직무들을 알려준다면 좀 더 가치 있는 트레이닝이 될 것'이라고 제안했다.

가령 자폐증을 가진 사람들의 특징을 고려해 장점이 되는 부분에 비중을 둔다면 이와 같은 방법은 더 잘 매치될 수 있을 것이고[55], 그들 역시 그들이 배우는 기술이 어떻게 여러 환경에서 적용될 수 있는지 쉽게 이해할 수 있을 것이다.

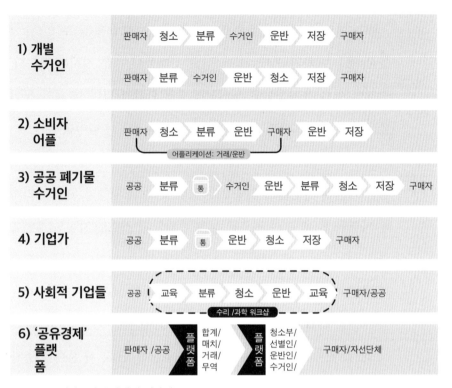

그림 4.2.4   재활용과 순환경제 재설계(섹션 4.3 미래의 가공품 참조)

위의 예는 순환경제 내의 재활용 재설계에 관한 내용으로 '혁신 도시들을 위한 리콴유 센터Lee Kuan Yew Centre for innovative Cities'의 다른 두 프로젝트와 공동으로 진행되고 있다: 지속 가능한 미래들(L2NIC를 통해 NRF와 MND에게 재정 지원) 그리고 스마트 도시 랩(도시 혁신 분야에 Chen Tianqiao 프로그램의 지원).

이런 공동연구는 재활용에서 발견되는 활동 체계를 수거, 청소,

분류, 운반, 저장 그리고 구매로 구성된 직무로 나누었다.

이런 직무들을 재구성하면서 우리는 재활용 전체 체계의 재설계 방법들을 확인할 수 있었다. 이 방법들은 기존의 프로세스를 개선하고 기술 혁신가, 기업가 그리고 사회적 기업들이 기회를 창출할 수 있도록 도울 것이다(섹션 4.3 미래의 가공품 참조 - 재활용과 순환경제 재설계).

연령과 능력 그리고 개별 분야에서 분야 전체까지, 각자의 강점에 맞춰 직무를 나눈다면 우리가 직업의 미래를 재설계할 수 있는 창의적인 사고를 할 수 있게 새로운 기회를 제공할 것이다.

3) 직업과 학교의 재해석: 둘의 전통적 연관성은 차치하고 근로자와 학생들을 매치시킴으로서 새로운 형태의 공동작업과 비즈니스 모델을 구상한다

만약 직업이 직무로 세분화된다면 근로자과 학생들은 다른 방식으로 교육하고 교육시킬 수 있다. 예를 들어 고용주들은 그들의 산업에 중요한 직무들을 명시할 수 있다. 우리는 직무와 모듈러 개념을 연관지어 여러 커리큘럼에 추가할 수 있다(교육의 미래 - 수업 디자인 지도 참조). 교육 과정과 수업이 적절한 컨텐츠로 연계된다면 자동적으로 그 자체로 새로운 교육이 될 수 있을 것이다(교육의 미래 - 에듀방 참조).

직업과 직무의 경계선을 없애는 것은 산학 연계성을 강화시킬 것이다. 그 결과 도시들, 기업들 그리고 시민들 간의 파트너십도 강화될 것이다.

이런 직무를 충분히 이행한다면 직업, 트레이닝과 학교의 경계는 사라지게 된다. 이러한 경험에 기초하여 근로자들과 학생들이 프로젝트, 과제 또는 시험을 완료하도록 해야 한다. 그렇게 한다면 직무에 대한 이해 여부 그리고 강의실에서 습득한 개념을 실제 업무환경에 어떻게 적용하였는지에 대해 효과적으로 평가할 수 있다. 고용주의 입장에서도 좋은 학점이 직무 자격에 부합하기 때문에 인사 및 채용이 한결 수월해진다.

만약 두 학생이나 근로자가 다른 직무에서 같은 학점을 가지고 있다면, 고용자는 그들 간의 유사성과 차이점을 좀 더 세밀하게 평가할 수 있을 것이다.

심지어 우리는 강의실에서의 연습을 위해 교육 시뮬레이션을 실시할 수도 있다. 그래픽과 가상/혼합/증강현실^{virtual/mixed/augmented reality} 덕분에 실감나는 시뮬레이션 환경은 여러 가지 직무를 위해 창조될 수 있다. 이는 근로자와 학생들을 위한 실용적 교육과 평가를 위해 사용될 수도 있다. 이를 통해 뛰어난 학문적, 적용 가능한 그리고 실천적 실습 기술을 습득할 수 있을 것이다. 게다가 교육은 각 학생과 근로자의 필요에 따라 학문적이고 적용 가능하며 실천적 기술을 적당하게 조절할 수 있을 것이다.

직업과 학교 사이의 경계를 허무는 것은 정부기관과 기업의 파트너십을 강화한다. 학교와 기업 간의 관련성을 공고히 하는 것은 기업들이 추가로 지출할 수 있는 교육비용을 절약하고 학교를 지원할 수 있다는 것을 의미한다. 이것은 직무기반 시스템과 기반시설(교육 시뮬레이션과 같은)을 짓기 위한 경제적 지원을 하는 데 도움이 될 것이다.

학교 입장에서 기업과 학교의 관련성을 강화하는 것은 기업들이 사용할 수 있는 시스템과 기반시설이 있다는 것을 의미한다. 이는 비즈니스의 측면에서는 가격 절감 효과가 있다.

어느 쪽이든 새롭고 지속 가능한 비즈니스 모델은 필요한 기술 개발 투자를 위해 쓰일 수 있을 것이다.

4) 향상된 O*Net-type 데이터베이스 설계는 정부기관, 기업 그리고 시민들의 직무 습득을 돕는다

최근의 많은 연구는 USA O*NET 데이터베이스를 사용했으며 이는 직무기반 데이터베이스의 가치를 입증한다. 또한 우리는 이 같은 발견이 다른 도시나 국가로 전달 가능한지에 대한 인식이 필요하다.

만약 도시들이 경제를 연구하고, 분야를 재설계하며 직업과 교육을 더 잘 매치하기 위해 새로운 모델을 설계해야 한다면 그들만의 최근 데이터 수집과 분석의 이점을 충분히 고려해 직무 데이터베이스를 구축해야 한다.

만약 도시들이 경제를 연구하거나 분야를 재설계하고 직업과 교육 간의 연결을 강화하고 싶다면 그들만의 O*NET 을 개발하는 것이 유용하다. 그들은 O*NET의 장점뿐 아니라 단점들까지 다루어야 할 것이다.

향상된 O*NET 방식 데이터베이스는 다음과 같은 장점이 있다

- 여러 직업과 직무에 맞는 다양한 기술의 중요성에 가중치를 둘 수 있고
- 여러 산업 특성에 맞는 여러 직무와 기술의 중요성에 가중치를 둘 수 있고
- 직무와 기술의 조합을 보완할 수 있는 신기술을 정기적으로 업데이트할 수 있는데
- 이것은 오직 기술적 측면에서만 수행되는 기술을 포함하며(모든 직무의 전체 조망도를 제공하기 때문이다. 즉 인간이 수행하는 직무들과 기술을 통해 새로 생겨난 직무들을 이야기한다)
- 결국 기업과 산업, 심지어 지리적 특성에 따라 그리고 이러한 특성에 맞추어 직무들이 서로 연결되어 있는지 밝혀낼 수 있다.

향상된 O*NET 방식 데이터베이스는 최근 빅데이터[Big Data], IoT, 온라인 커리어 네트워크의 발전을 감안해야 할 것이다. 이는 데이터베이

스를 좀 더 정확하고 종합적으로 만드는 데 도움이 된다. 또한 데이터 베이스 설계, 유지, 업데이트 비용을 절감하는 데도 도움이 된다.

기업 단위

5) 직원들의 변화 적응 지원: 그들의 기술 습득을 업그레이드 시키고 새로운 직업을 찾을 수 있게 돕는다

기업들은 직무에 방점을 두어 직원들이 새로운 직무와 직업으로 쉽게 이동할 수 있도록 더 잘 도울 수 있는데 이는 직원들의 승진, 대체여부와는 무관하다. 그들은 그림 4.2.5와 그림 4.2.6에 나타난 '직무이행체계'와 같은 프로세스를 통해 직원들의 이동을 도울 수 있을 것이다(좀 더 자세한 설명은 섹션 4.3의 미래의 가공품 참조).

6) 혁신으로 인한 기업의 리스크 평가: 좀 더 탄력적인 대응방식 채택

우리 인터뷰는 기술이 어떻게 현재의 업무를 대체할지 여부에 관한 논의가 벌어지는 가운데 진행되었다. 어떤 전문가들은 해외 이전이 임박했다고 경고했고 다른 이들은 잉글랜드와 웨일스 수석 재판관의 IT 자문인 리처드 서스킨드Richard Susskind 교수의 말을 인용하기도 했는데, 다니엘 서스킨드Daniel Susskind는 《직업의 미래》라는 책에서 다음과 같이 이야기했다.

… 비전문 유저 또는 스스로 작동 가능한 뛰어난 기계들은 역사적으로 보존되어온 직업들을 대신할 것으로 … 우리 스스로 전문능력을 생산하고 유통하는 방식의 '유의미한 변화'라고 볼 수 있다.[56]

직무이행체계

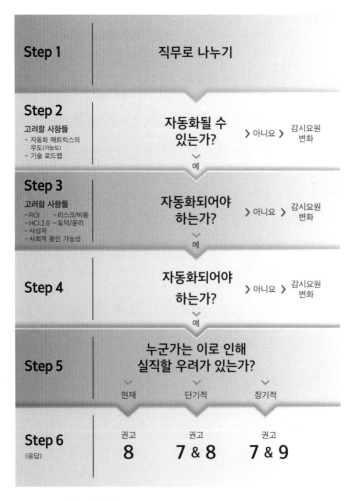

그림 4.2.5 **직무이행체계**(섹션 4.3 –미래로부터의 가공품의 다이어그램 참조)

1단계
직무로 나누기

근로자들의 업무를 직무로 분배하고 이 직무들이 자동화되는지 평가.

- 정례적이고 예상가능하며 성문화될 수 있는 직무들은 단시간에 자동화 가능.

2단계
자동화될 수 있는가?

- 비정례적이고 예측불가능하며 유연성과 판단이 필요한 직무들은 자동화 오랜 시간이 필요.

여러 업계와 직군에 종사하는 우리 인터뷰이들은 이와 같은 내용을 확인해주었다. 회계와 감사의 경우, 감사는 규칙에 기반한 시스템이므로 원칙기반인 회계보다는 쉽게 자동화될 수 있다. 그렇지만 두 분야를 통틀어 새로운 규제나 실천방식 해석과 이들을 특별한 경우에 각 기업의 상황에 알맞게 진행하는 것은 확실히 인간의 손에 달려 있음을 확인했다.

이 같은 한계는 오직 통찰, 조종, 창조지능, 사회적 지능의 기술적 한계를 극복할 획기적인 혁신이 전제되어야 한다.[58][59][60]

3단계
자동화되어야 하는가?

의사 결정자는 투자수익률(Return on Invesment/ROI)과 사회적 준비/용인(예를 들어 병원 책임자 한 명은 로봇 수술의 가장 큰 장벽은 인간들이 이를 꺼린다는 것이라고 했다), 자동화 가능한 직무들은 자동화하기 전 인적 원인('운전자의 변모' 참조)을 고려해야 한다.

동시에 자동화의 비용과 리스크 평가를 해야 하는 데, 특히 자동화 과정에서 증가하는 오류를 주의해서 고려해야 한다(의학 테스트 가짜 양/음성의 경우나 자율주행자동차의 충돌로 인한 인명 피해).

마지막 기준은 디지털 시대 고유의 특성을 감안한 것이다. 의사 결정자들은 자동화 과정이 장기적으로 전문 지식 함양에 인지적 영향을 끼치는지 여부를 평가해야 한다. 연구 결과로 우리는 'HCI 2.0(Human-Computer interaction 2.0/인간-컴퓨터 상호작용2.0)라는 용어를 제안했는데 이는 위에 언급한 디지털 시대의 특성을 반영하기 위함이다('직무이행체계' 장 참조).

4 ~ 6단계 자동화로 인해 실직한 이들에 대한 지원 방법은?	위의 모든 단계들이 지켜졌다면, 누가 직업을 곧 잃게 될지 예측해 그들에게 도움을 제공할 수 있다.

그림 4.2.6 직무이행체계의 단계(섹션 4.3 '미래로부터의 가공품' 참조)

우리 인터뷰이들은 비슷한 감정을 내비쳤다. 그들은 퓨 리서치센터Pew Resarch Centre의 '노동력 자동화의 미래 예측'을 인용하며 당장은 큰 영향을 받지 않는 것으로 보였다[59].

예전 전문가들이 너무 디스토피아적인 것일까? 혹은 현재 전문가들과 기업들이 상대적으로 세미-유토피안 성향이 강한 것일까?

양극화된 관점은 논의의 내용이 다뤄지는 내용에 달려 있다는 것을 증명한다. 그러므로 기업은 그들의 기업리스크를 직원들이 수행하는 직무에 따라 평가해야 할 것이다. 이를 전부 모은다면 혁신으로 인한 리스크를 좀 더 종합적, 현실적이고 내실 있는 조망도를 만들 수 있을 것이다. 그리고 기업의 입장에서 혁신의 흐름에 따라 적절한 대응책을 강구할지 여부를 결정할 수 있을 것이다.

7) 전문 네트워크와 전략 확장 : 업무 재고와 재생산

직무 위주로 사고하는 것은 흥미로운 기회를 제공한다: 혁신적인 새로운 방법을 탐험해 업무를 재구성할 수 있는 것이다.

어떤 직무든 능숙함은 전문지식을 의미한다. 잘게 배분된 전문지식은 필수적으로 기술(기술과 도구를 망라하는 광의로서의 정의)과 태도 그리고 기량, 지식의 적절한 조합을 요한다. 우리는 그것을 간결하게 TASK^{Technologies, Attitudes, Skills, Knowledge}(기술, 태도, 기량, 지식)라고 부른다. TASK를 적절하게 조합해 문제를 풀거나 기회를 잡을수록 전문지식이 뛰어나다.

과거 TASK는 기존의 전문가들의 가공품이었다. 그들은 프로페셔널, 장인으로 자격(증), 면허와 교육이 요구되었다. 우리가 만약에 어떤 일을 확실히 끝내려면 우리는 이 전문가들에게 일을 맡겨야 했다. 대개의 경우 전문가와 전문지식의 다수는 지역 단위에서 소비되었다.

전문가의 자질과 전문가의 출신 또한 다음과 같은 양태로 확장되었다.

4D의 직무

TASK(기술, 태도, 기량, 지식)는 혁신되고,
세분화되고 다양화되었으며 민주화되었다.

현지, 지역, 세계

기존의 전문가

1 전문가(기존의 방식 고수)

2 전문가(진보한 기술 통해 도움을
받고 끊임 없이 계발)

3 전문가들의
커뮤니티/네트워크

국지적

기존의 전문가들

(직업, 정식 훈련이
필요한 직업, 자격증 등등)

과거 모델

디지털에 의해 혁신된 기존 &
떠오르는 모델

현지, 지역, 세계

새롭고 & 비전통적 의미의 전문가

4 전문가(나노디그리Nano-degree와
같이 비전통적 학위)

5 전문가 보조원(종종 진보 기술을
통해 도움받고 끊임 없이 계발)

6 유저(스마트 셀프-헬프 시스템이
나 또는 다른 유저 네트워크/커뮤
니티의 도움으로 계발)

현지, 지역, 세계

기계 & 알고리즘

7 완전 자동화(인간-설계 한도를
기반으로 했으나 인간 개입이 없는
자동화 알람 또는 IoT)

8 생성된 기계(딥 러닝Deep Learning
에 기반을 둔 TASK)

9 '튜링 기술'(자율적 인간처럼 작업
을 수행하므로 인간과의 차이 구별
불가능)

그림 4.2.7 TASK(기술, 태도, 기량, 지식) 세분
화, 민주화, 다양화[59-71]

디지털 기술들은 작업방식을 본질적으로 혁신시켰으며^{Modus} ^{Operandi} TASK를 민주화, 다양화했고 해체시켰다.

전문가의 자질과 전문가의 출신 또한 직무-단위에서 세계-단위로 확장되었다. 우리는 이 확장된 기술, 능력, 기량과 지식에 대한 접근성을 충분히 이용할 수 있다.

a) 기존의 전문가들: 전처럼 기존의 전문가들이 있긴 하지만, 그들의 활동 방식은 넓어졌다. 어떤 이들은 예전 방식을 고수하기도 한다(그들의 경험이 현재 기술보다 뛰어나거나 또는 그들이 기존 방식을 선호하기 때문). 다른 이들은 진보된 기술을 이용해 그들의 능력을 향상시킬 수도 있다. 어떤 이들은 전문가, 전공자 네트워크나 커뮤니티에서 힘을 합쳐 협력해 나갈 수 있다.

b) 새로운 전문가들: 새로운 형태의 비-전통적 전문가 집단도 생겨났다. 그들은 다른 타입의 자질을 가지고 있거나 종사자에 준하는 전문지식을 통해 기존의 전문가 집단을 대체할 수 있게 되었는데 이는 선진기술을 통해 양질의 교육을 받았기 때문이다. 동시에 유저들도 셀프헬프^{self-help}기술 시스템과 같은 생각을 가진 유저들을 통해 양질의 전문지식을 제공하기도 한다.

c) 기계 전문가들: 전문가들은 완전 자동화 시스템에서 양성될 수 있다. 딥 러닝과 선진 인공지능 덕분에 기술은 스스로 전문지식을 개발하는 단계에 이르렀다. 머지않아 기술은 튜링 테스트를 합격할 정도 또는 비슷한 수준으로 발전하고, 인간 전문가들을 완전히 대체할 수 있을지도 모른다.

디지털 기술이 업무와 직업을 더 작은 단위로 나누어 놓았기 때문에 현재는 더욱더 많은 직무와 TASK 접근 방식이 존재한다. 이제 이런 직무들에는 이전보다 더 많고 다양한 분야의 전문가들이 참여할 수 있게 되었다. 또한 이런 직무들은 더 많은 지역에도 적용이 가능해졌다. 그리고 더 이상 우리는 공간의 제약으로 업무에 제한받지 않게 되었다.

디지털 기술과 세계화를 통해 우리는 직무-단위에서 세계-단위로 넘어갈 수 있다. 만약 기업들이 TASK의 확장된 접근을 이용하고 혁신한다면 직원들의 이행과 개성을 돕고(앞의 권고사항들 참조) 그들은 미래 업무에 잘 적응할 수 있을 것이다.

8) 업무의 종류 재고: 기술과 인과의 반목이 아닌 조화

기술과 업무에 관한 대부분의 토론은 일자리가 사라질지 여부에 중점을 맞추고 있다. 일반적인 업무 자체나 새로 생길 직업들에 관한 토론도 이루어질 수 있는데 이는 아마 사라지는 직업의 여파가 아주 크기 때문일 것이다. 동시에 새로운 직업들과 업종 자체에 대한 예측, 새로운 기술이 창조해낼 것들에 대한 예측은 보기 좋게 빗나갔다(그림 4.1.3 업무 시나리오의 미래).

2, 3, 5, 7에 논의된 모든 권고들은 새로운 기회를 창조할 가능성이 충분하다는 것을 말해준다. 기술들은 너무 강력해졌고 인간이 하는 것을 대체할 수 있게 되었다지만 동시에 인간의 일을 보완할 수 있다는 점을 간과해서는 안 된다. MIT 데이비드 오터^{David Autor} 교수는 '자동화로 대체될 수 없는 직무들은 일반적으로 보완된다'고 이야기한다[72].

지금까지 우리는 이에 대해 부분적으로 소홀했고 기술로 대체될 수 없는 인간의 직무를 어떻게 보완할 수 있을지에 대해 충분히 생각하지 않았다. 기술이 우리에게 대체재로 또는 보완재로 쓰일 수 있다면 이는 우리에게 선택지가 존재한다는 것을 의미한다. 그리고 우리가 현명한 선택을 하려면 새로운 가능성을 열어놓고 실험과 생각을 해야 할 것이다.

스타트업은 새로운 종류의 업무를 개척하며 이런 실험에 도전한다. 하지만 스타트업이 모두 감당하기엔 과중한 일들이므로 대기업들도 이들과 함께 고민하고 실험해보아야 할 것이다.

이를 실행하는 방법 중 하나로 기존의 업무를 통합하는 것이 있다. 대기업들은 이미 스타트업, 생태계 혁신으로 협력하고 있으며 새로운 업무와 새로운 업무방식으로 진화할 수 있을 것이다.

또 다른 방식으로는 기존 기업의 사회적 책임Corporate Social Respnosability/CSR 전략을 실행하는 것이다.[73]

우리 시대 가장 큰 사회적 책임으로 기술과 업무를 둘러싼 경제문제를 꼽을 수 있다면, 기업들은 파트너들, 국가기관 그리고 심지어 학교들과의 협력을 통해 CSR에 적극적인 투자를 고려해 업무와 기술을 재설계할 것인지 재고하고 이를 통해 그들이 사람들에게 반하지 않고 함께 또는 사람을 위해서 쓰이도록 유도해야 할 것이다.

> 우리는 자동화로 대체될 수 없는 직무를 보완할 수 있는 새로운 기술과 업무의 설계에 충분한 시간을 투자하지 않는다. 대신 이것은 스타트업, 대기업, 생태계 협력 그리고 사회적 책임 전략을 통해 실현될 수 있다.

개인 단위

9) 재배치와 혁신을 업무로: 새로운 업무를 찾고 기량 개선을 위해 선택권 확장

직무 접근방식은 재배치되거나 기술로 인해 곧 재배치될 근로자들에게 더 유익하다. 그들은 관련 업무를 재검토해 선택권을 늘릴 수 있기 때문이다. 결과적으로 새로운 일을 더 수월하게 찾을 수 있을 것이다.

정보보안 분석가의 예를 들어보자.

정보보안은 현재 성장하고 있는 분야이지만 최근 인간에 의해 수행되어온 사이버-보안 업무를 자동화하려는 계획이 눈에 띄는 실정이다(자율 보호와 시스템 공격 분야에 박차를 가하고 있는 DQRP의 사이버 챌린지를 예로 들어보자).[74][75] 머지않아 정보보안 전문가 역시 대체될 것이다. 만약 그렇게 된다면 이들은 어떻게 변화에 대처해야 할까?

102~103쪽 그림 4.2.8은 어떻게 직무가 유익할 수 있는지 잘 보여준다. 정보는 USA O*NET 데이터베이스에서 얻었다. 각 직업별로 연관된 다양한 직무들을 나열하는 것이 주요한 만큼 역시 직업 간 같은 직무들을 발견하는 데도 도움이 된다.

왼편부터 오른편으로 훑어보면 대체된 정보보안 분석가라면 경험을 가지고 있는 직무에 관련된 업종들을 확인할 수 있다. 직무에 집중한다는 것은 선택지가 넓어진 것을 의미하는 데, 현재 종사하고 있는 분야뿐 아니라 유사 분야에도 기회가 있음을 뜻한다.

정보
보안
분석가

컴퓨터 네트워크와 정보 보호를 위해 보안 감시 대책,
개선, 시행. 적절한 보안규제가 필수적인 전자 기반시
설을 통해 시행될 수 있도록 한다. 컴퓨터 보안 위반과
바이러스에 대해 경각심을 키운다.

직무

11 컴퓨터 데이터 접근권한 관련 요구, 보안 규칙 위반,
프로그래밍 변화와 같은 이슈들을 유저들과 상의.

10 시스템 보안에 대한 유저들의 의식을 교육시키고
보안의 중요성에 대한 자각의 필요성 홍보와 서버와 네트워크 효용 능률 증대.

9 컴퓨터 바이러스에 관한 보고서들을 모니터해 필요시 보호시스템을
업데이트할 시기 결정.

8 컴퓨터 보안 파일을 변환해 새로운 소프트웨어로 편입,
에러를 수정하거나 개인적 접근 권한 변경.

8 정보송신을 암호화하고 기밀정보의 송신을 숨기기 위해
방화벽을 설치해 오염된 파일 수신을 예방.

8 컴퓨터 보안절차 위반 검토 및 재발방지를 위한 개편방안 논의.

8 영구 암호화되고 휴대가능한 다이렉트 지원 시스템을 특별한 공간, 해수면, 지하권에 구축과 유지,
사고나 허가되지 않은 수정, 파괴, 유출과 비상 시 데이터 처리 요구에 맞추어 컴퓨터 파일 보호
계획 수립.
컴퓨터 보안절차 위반을 리뷰해 보안 위반이 되풀이되지 않도록 토론.

6 사고나 허가되지 않은 수정, 파괴, 유출과 비상 시 데이터 처리 요구에 맞추어
컴퓨터 파일 보호 계획 수립.

6 리스크 평가와 데이터 처리 실행을 통해 데이터 처리과정과 보안 대책이 작동하는지 확인.
해당기관 직원들과 외부 판매자들과 연계해 컴퓨터 시스템 계획 실행을 조직.

6 해당기관 직원들과 외부 판매자들과 연계해 컴퓨터 시스템 계획 실행을 조직.

4 컴퓨터 보안과 긴급 상황 대책에 관한 정책, 절차를 문서화하고
현재 컴퓨터 바이러스 보고서를 테스트해 바이러스 보호시스템 업데이트 여부 확인.

❸ 데이터 파일 사용을 감시하고 컴퓨터 파일 정보를 보호하기 위한 접근 규제.

그림 4.2.8 (USA O*NET의 데이터 기반) 연관 직무를 활용한 역량 향상 및 새로운 직업 찾기

또한 근로자들은 이직할 수 있는 유사 분야를 찾을 수 있으며, 그들이 가진 경험의 우대 여부도 구별할 수 있게 되었다. 그러므로 근로자들의 업무만 놓고 볼 때, 근로 기회가 이전보다 확대되었다고 할 수 있다. 이제는 근로자들이 현재 종사하는 분야뿐만 아니라, 유사 분야까지 운신의 폭이 넓어졌다.

반대의 경우도 가능하다. 당장 위협이 없는 직종에 종사하더라도, 이는 결국 시간 문제일 뿐이다. 앞서 기량을 개선하는 문제는 시간과 돈을 투자할 만한 가치가 있는지 판단해야 하는 성가신 문제이다. 직무 중심 접근방식을 선택한다는 것은 목표 직무를 설정할 수 있다는 뜻으로, 개선되어야 할 기술과 기량을 정확하게 짚어낼 수 있음을 말한다.

컴퓨터 프로그래머의 예를 들어보자(그림 4.2.8 참조). 그의 직업은 중단기간 안에 기술의 위협을 받게 될 것이다. 이 경우 프로그래머는 데이터베이스 관리자로 이직을 준비할 수 있다. 그는 그의 능력이나 경험이 부족한 직무를 발견할 수 있다(현재 고용주에게 기회에 대해 물을 수 있다). 그 후 해당 직무에 필요한 경험을 쌓을 것인지 아니면 기량이나 기술 교육을 받을 것인지(개인적으로 진행하거나 국가 지원 프로그램이나 고용주를 통할 수 있다) 또는 두 가지를 다 시도할 것인지 계획을 세울 수 있다.

그리고 컴퓨터 프로그래머직이 결국 혁신되거나 대체될 경우 그는 다음 단계로 넘어가거나 본인 관심에 따라 이미 다른 분야로 이동할 수 있을 것이다. 어떤 경우든 그는 탄력적인 근로자가 된 것이다.

결론

우리의 권고들은 사람들이 의미 있는 일자리를 찾을 수 있게 돕는 것을 최우선으로 한다. 우리는 새로운 직업을 찾지 못하는 사람들에게 사회적 편익을 제공하자는 취지의 논의가 활발하게 진행되는 것을 자각하고 있다. 취지의 중요성과는 별개로 편익 대상자가 너무 늘어날 경우 부정적인 영향을 끼칠 수도 있다. 게다가 많은 이들에게 대규모 기회를 제공하지 못할 것이라 쉽사리 판단하는 것은 너무 시기상조일 수 있다. 직무에 중점을 맞추는 것이 그러한 기회를 창출할 수 있기 때문이다.

4.3 2040년 미래 직업

직무 전문가

직무가 기량과 일자리에 영향을 줌에 따라 직업은 다시 한 번 변모했다.

업무를 직무단위로 세분화한다면 반대로 어떤 조합이나 순열로 재구성도 가능하다. 직무들을 통달한다는 것은 즉 직무의 규모를 통달한다는 것을 의미한다.

특정 직무의 단계에서는 학생들과 근로자들이 직무를 마스터하기 위한 특정 기량을 알아내는 것이 훨씬 쉬웠다. 그리고 도시든 전 세계적으로든 누가 그들을 도울 수 있는지 확인하는 것이 훨씬 용이했다. 또한 해당 과제의 수행능력을 향상시킬 수 있는 특수한 기술을 발전시키거나 파악하는 것이 어렵지 않았다. 적절한 기술로 향상된다면 그들은 나이와 능력과 장애를 극복할 수 있는 것이다.

개별 시민의 단계에서는 충분한 기술, 능력, 기량과 지식^{TASK}으로 충분히 업무을 수행할 수 있다면 장인이라 볼 수 있다.[76][77] 심지어 세계 최고의 달인이 될 수도 있으며, 이는 개인의 고용 형태가 정규직인지 계약직인지 혹은 그 중간 정도인지의 여부와는 상관없다. 그리고 이는 개인이 설 자리가 있다는 사실을 보증한다.

이는 자동화와 외주로 인해 대체된 근로자들을 돕는다. 근로자들은 더이상 직업을 잃는 상황이 와도 위축될 필요가 없다. 왜냐하면 이제 이들은 비슷한 직무를 요구하는 분야를 찾을 수 있기 때문이다. 이것

직무들을 마스터한다는 것은 직무의 규모를 마스터한다는 것으로, 직무단위로 세분화할 수완이 있다면 세계 단위로 재구성할 수 있는 가능성도 충분하다.

은 즉시 효용성 있는 기회들을 늘린다. 고용주의 입장에서도 근로자가 다른 분야에서 왔더라도 같은 관점에서 본다면 유익할 수 있다.

시민들에게 직무지향적이라는 것은 더 번창하고 덜 고군분투해도 된다는 것을 의미했다.

기업 단위에서 직무를 마스터하는 것은 변화를 마스터한다는 것을 의미했다. 그들은 어떤 과제가 기업 내 빨라지는 기술의 진보로 인해 혁신되는지 추적할 수 있다. 또한 비즈니스의 어떤 부분이 그리고 어떤 직원들이 위협에 처해 있는지 정확히 짚어낼 수 있고 이

를 통해 신속하게 대응할 수도 있다. 동시에 그들의 지역, 지방 그리고 세계시장에서 어떤 직무들이 디지털 기술로 인해 혁신되는지 지켜볼 수도 있다. 이를 통해 기업들은 혁신의 기회를 잡아 경쟁자를 물리치고 기업의 성장을 도모할 수 있다. 동시에 업무를 새로운 방식으로 조직하고 전략화할 수도 있다.

기업들은 기존의 방식에 제약받지 않는다. 그들은 세계 어디서든 찾을 수 있는 기존 전문자료와 비전통적인 자료를 통해 경쟁력 있는 전문지식과 기술에 접근 가능하다. 번창하고 싶은 기업이라면 어떤 기업이든 지역 단위, 글로벌 단위의 통합된 네트워크를 만들어 경쟁력 있는 이점을 극대화할 수 있을 것이다.

이는 도시의 경우에도 적용된다. 도시들의 경우, 직무를 마스터한다는 것은 더 잘하고 다르게 하기 위한 새로운 전략이었다. 어떻게 학생들을 교육할 것인지. 어떻게 근로자를 교육할 것인지. 어떻게 세계를 그릴 것인지 그리고 어떻게 세계를 도시로 끌어올 것인지에 대한 직무단위로 세분화할 수완이 있다면 세계 단위로 재구성할 수 있는 가능성도 충분하다.

미래로부터의 유적: 직무이행체계

킴 ^{Kim}, 40대 후반,

직무이행전문가

2020년: 직무이행체계 [78-95]

기술혁신 시대에 새롭고 가치 있는 직무로 정기적이고 빠른 이행이 가

능하도록 돕기.

모든 이들은 킴^{Kim}이 굉장히 진취적이다는 점에 동의했다. 그녀는 자신뿐만 아니라 다른 이들을 위해서 위트있게 목소리 내기를 주저하지 않았다. 자신의 회사와 동료들을 좋아했으며 기술과 기술의 가능성을 이해했다. 그러니 급한 일이 생겼을 때 그녀에게 직무이행 관리를 맡긴 것이 놀랍지 않다.

중요한 직무였다. 그녀는 동료들이 회사 내 새로운 직무를 맡을 수 있도록 돕는 역활을 맡았다. '시간이 좀 더 있었다면'이라고 그녀는 생각했다.

새로운 경영진은 업무의 자동화를 더는 미룰 수 없었다. 과거의 경영진은 인공지능, 기계로봇, 빅데이터 활용에 적극적이지 않았지만 이제는 실행이 빠를수록 좋았다. 회사는 침체되고, 뒤떨어진 돈 버는 최신 기계에 불과했다. 새로운 경영진은 킴에게 세 달 동안 자동화할 업무를 결정하고 이에 따라 떠날 직원과 남을 직원을 구별할 것을 주문했다.

킴은 즉시 일에 착수했다.

문제의 '해결 방안'은 사람들의 직무가 아니라 실무에 중점을 두고 개편을 진행하는 것이라고 생각한 킴은 매일 몇 시간씩 최대한 많은 동료들과 이야기하는 데 시간을 보냈다.

그녀는 이 모든 것을 직접 마주 보고 진행하는 방식을 택했다. 물론 메시지, 멀티미디어메일, 통합현실감각 모바일 컨퍼런스로

의사소통을 할 수 있다는 것을 알지만 직접 대화하는 것만 못하다는 것도 알고 있었다. 쾌활하고 진심을 담은 그녀에게 동료들은 비록 생계수단이 걸려 있었지만 따뜻하게 대했다.

가장 감동적인 일들은 60대의 동료들에게서 일어났다. 90년대에 이미 한 차례 구조조정을 겪은 경험이 있는 그들은 정보기술과 직무의 결과에 중점을 맞춘 변화가 처리과정과 생산성 향상에 긍정적인 영향을 끼친다는 것을 알고 있었다. 동시에 정보기술이 사람들을 소외시키고, 축소시키며 환멸을 느끼게 한다는 것도 알기 때문에 그들은 그녀에게 데자뷔^{deja-vu}를 보는 것 같다고도 고백했다. 그리고 잠재성, 위험과 함정을 조심하라고 충고했다.

그녀의 기술직 동료들은 애자일 개발^{Agile Development}과 스크럼^{Scrum}에 대해 이야기했다. 1980년대에 개발되어 사용된 이 방식은 전체 프로젝트를 직무로 세분화해서 대규모 팀이 협력해 생산적인 방식으로 일할 수 있게 만들어 성공적인 프로세스처럼 보였고 좋은 교훈을 제공했다.

킴은 '디지털 테일러리즘'에 대해 우려했다. 학창시절 그녀는 20세기 초 과학적 경영방식의 전망과 문제에 관한 책을 비롯해 올더스 헉슬리^{Alouds Huxley}의 《멋진 신세계^{Brave New World}》를 읽고 찰리 채플린^{Charlie Chapin}의 풍자극 〈모던 타임스^{Modern Times}〉를 봤으며 과학 경영방식의 비인간적 측면을 실감한 적도 있다. 그녀는 기술을 통해 동료들이 어떤 일을 하는지 정확하게 짚어내는 것이 꼭 동료들의 가치를 정확하게 측량할 수 있다고 믿거나 또는 그렇게 해야 한다고는 생각하지 않았다. 또한 회사를 비인간적으로 만드는 게 아닌지 확신을 가지고 싶어했다.

그녀는 그녀가 배운 모든 것을 직무이행체계로 체계화해 이 체계가 어떤 그리고 어떻게 직무들이 자동화되고 이에 따라 떠날 직원과 남을 직원을 구별할 것인지를 고민했다(그림 4.3.1 참조).

직무이행체계의 작동 원리는 다음과 같다:

a) 1단계: 직무 나누기

근대산업사에서 기업들은 이런 일들을 많이 했다. 1900년대 초의 과학적인 경영방식, 완전품질제조, 조직개혁$^{re-enginerring}$과 20세기 후반의 식스시그마 운동$^{Six\ Sigma\ movement}$ 그리고 디자인에서 적극적인 고객지도와 품질개발의 애자일 개발$^{Agile\ Development}$까지.

직무이행체계

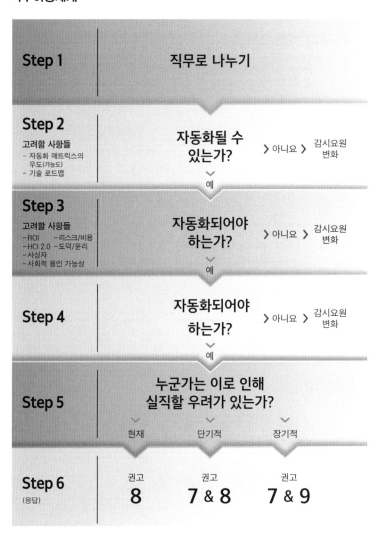

그림 4.3.1 직무이행체계

b) 2 단계: 업무들이 다음 매트릭스를 기반으로 자동화될 수 있는지 평가(헬스케어의 예시)

직무들	가변적이지만 예측 가능한 경우 통상적인 경우 체계화 가능한 경우	가변적이지만 예측 불가능한 경우 통상적이지 않은 경우 체계화 불가능: 예를 들어 암묵적인 지식, 유연성과 판단이 필요할 경우.
제한적 감각협동협응이 필요한 직무	기존의/발전하는 기술로 단시간 안에 자동화 가능 예상. 예를 들어 병원 침상에서 환자 뒤집기.	기술과 직무들이 재설계된다면 가능한 예를 들어 수술실에 환자 바르게 눕히기.
뛰어난 감각협동협응이 필요한 직무들	빠르게 진보하는 기술에도 장기간 이상 예상. 예를 들어 수술 시 상처 봉합.	만약 기술들과 직무들이 재설계된다면 아마도 가능한 예를 들어 다빈치(DaVinci) 기계를 통해 상처 봉합.
전형적인 지식노동으로 간주되는 직무들	일정한 논리적 규칙을 따르는 직무의 경우 단기간 이상. 예를 들어 치매환자의 변덕스럽지만 전형적인 저녁 행동방식들 감시 ; 약 조제(약이 복잡/전문적일 경우), 기초적 건강검진.	튜링 테스트(Turing Test)를 합격하거나 비슷한 수준으로 기술이 발전하지 않는 이상 가능성이 없는 예를 들어 환자 안심 시키기, 학생들 격려하기, 유행병 대처하기.

그림 4.3.2 자동화의 가능성

위 표에 소개된 열과 행은 '왜 아직도 많은 직업이 남아 있는가? 근무지 자동화의 미래와 역사'. p[93]라는 토론으로 촉발되어 이후의 토론, 워크샵 그리고 미래의 연구에 관해 논의됨(예를 들어 우리의 개괄적 프로젝트는 수술로봇이 로봇기술 진화의 최신버전인 만큼 이에 적용된 기술의 트렌드에 대해 논의했는데, 우리는 기술이 어느 정도의 자유, 다기능 능력, 자율성, 인간의 실수에 대한 관용, 줄어든 교육의 필요성 그리고 운영비 절감 등 꾸준히 진보할 것이라고 비평했다).

간단히 말해 일상적이고, 예측가능하고 성문화할 수 있는 직무들은 중단기적으로 자동화될 가능성이 높다고 볼 수 있다. 이것은 직무가 신체능력을 더 요하는지 또는 인지적/지식기반 능력을 요구하는지에 따라 상이할 수도 있다.

비일상적, 예측불가능하며 유연성과 판단능력을 요하는 직무의 경우도 자동화하는 데 오랜 시간이 걸리진 않을 것이다. 그들 중 몇몇은 자동화하는 것이 가능할지도 모른다. 그 나머지에 관해서는 자동화가 어려워 보인다.

기술 트렌드도 역시 인간의 업무 대체를 방해하는 제약을 극복할 수 있는 획기적인 혁신을 기준으로 평가되어야 한다. 기술적 제약들은 다음의 내용을 포함한다:

기술적 제약	예시
지각과 조작	손재주, 비좁은 업무 공간은 불편한 포지션을 취하게 한다.
창조지능	독창성, 미술.
사회지능	사회적 예민함; 협상, 설득, 다른 이들을 보조/도움.

그림 4.3.3 기술적 제약들
프레이 & 오스본(Frey, C. B & Osborne, M. A. 2013)의 《고용의 미래: 우리의 직업은 컴퓨터화에 얼마나 민감한가》 요약.[95]

c) 3 단계: 자동화될 수 있는 직무의 자동화 필요 여부 결정

- 투자수익률 고려$^{(Return\ on\ Invesment/ROI)}$.

- 자동화 리스크와 비용 고려, 특히 자동화 오류로 인한 비용 (예를 들어 가짜 양/음성 반응; 기술 관련해 사고 발생).

- 도덕적, 윤리적 이유로 하지 말아야 할 경우(예를 들어 차별에 관하여).

- 사회적 준비/수락 가능성.

- 인적 원인 고려(변화의 운전자 참조).

- 장기적으로 인간의 전문지식을 개발할 인지적 능력들이 위태로워지는지 확인(아래 박스의 HCI 2.0 참조).

HCI 2.0의 전제(인간-컴퓨터 상호작용 2.0)

'HCI 2.0'는《디지털 트렌드 2040 시대를 살다》연구의 일환으로 여러 분야의 다양하고 떠오르는 트렌드들을 설명하기 위해 고안한 중요한 용어이다.

우리가 패턴 인식 의사 결정과 같은 주요한 인지직무를 기술에게 의존하기 시작하면서 사고의 중요성을 폄하하는 경향이 생겼다. 얼마나 많은 사람들이 계산기 앱의 등장과 함께 연산능력이 떨어지기 시작했다고 의심했는가? 우리는 친구들의 전화번호와 생일을 기억해 주는 앱이나 생일-리마인더(birthday-reminders.com)와 같은 사이트 덕분에 더이상 외울 필요가 없다는 것을 얼마나 자각하고 있는가?

소프트웨어 트렌드는 유저들의 '암묵적 필수지식을 진정한 전문지식으로 개발하는 것을 줄이는 기억을 통한 정보의 암호화 능력'[96-98]을 약화시킨다. 누구도 얼마나 이것이 우리 인지능력에 영향을 끼치는지, 정확한 메커니즘은 무엇인지 확신할 수 없는데 우리 일상에 기술이 깊숙하게 스며드는 것은 최근의 현상이기 때문이다.

물론 이와 관련해 아직 입증되지 않은 연구나 질적 연구들은 위험을 예고한다. 2011년 〈사이언스지(Science, 2011)〉에 실린 일련의 실험들은 온라인 정보의 준비가능성이 사실 기억력을 떨어뜨린다는 점을 시사했다.[99] 단순히 경험이 디지털 카메라로 사진화된다는 것을 인식하고 있다는 자체만으로도 경험에 관한 기억력을 약화시킬 수 있다는 것이다.[100]

우리가 패턴 인식과 의사 결정 같은 인지적 직무를 자동화에 의존하면서 '정보를 지식으로, 지식을 노하우로 바꿀 정신적 능력을 상실하게 되었는데'[101-103], 실례로 게임 플레잉[104-106], 회계[107], 금융거래[108], 프로그래밍[109], 길찾기(way-finding)[110][111과 같은]의 예를 많은 문헌에서 확인할 수 있다. GPS 항법 장치에 장기간 의존하게 되면 우리 뇌의 해마의 능력이 감소되면서 치매로 이어질 위험이 있다.

이는 마치 영양이나 라이프스타일이 한 사람의 인생에 끼치는 영향과 비슷한 성격을 띤다. 물론 몇 년 또는 몇십 년간 연구되는 실증연구의 경우 인과관계를 찾아내기란 쉽지 않다.

우리는 새로운 분야인 HCI 2.0을 개척해 장기적 연구를 진행할 필요가 있다. 증가하는 효율성, 생산성 그리고 편안함을 자축하는 것도 좋지만 이렇게 '촉지 가능한' 측면의 타협 없이 지원할 수 있는 기술들을 설계하는 것에 대해 생각해야 한다, 아니면 최소한 기술이 장기적으로 인지능력에 끼치는 영향에 대해 명확하게 자각하고 있어야 할 것이다.

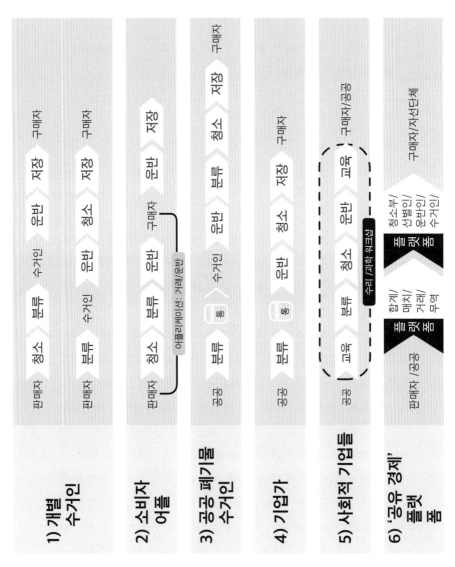

그림 4.3.4 재활용과 순환경제 재설계.

주석:

1) 전통적으로, 개별 폐기물 수거인은 집집마다 돌아다녔다(가정에서 들리는 특유의 경적를 떠올려보자). 싱가포르에서 흔히 'karang guni' 또는 '폐품 넝마 장수'라고 불리우는 이들은 대가를 지불하고 쓸모 없는 물건들을 수집했다.

   넝마 장수에게 물건을 파는 가정들은 물건 분류를 기본적으로 해놓아야 했다. 어떤 이들은 물건을 넘기기 전 최소한 닦아놓는 경우도 있었지만 그마저 항상 있는 일은 아니었다. 개별 폐기물 수거인들은 그 물건들을 손수레에 담아 팔아 수입원으로 삼았다.

2) 어플리케이션과 같은 디지털 기술의 도래와 함께 판매자들은 온라인에 판매 물건을 올려놓고 골라 살 수 있도록 만들었다. 판매자와 구매자들만의 편한 거래방법으로 물건을 교환할 수 있게 된 것이다. 좋은 예로는 싱가포르의 어플리케이션 Carousell을 들 수 있다(우리나라는 중고나라 등).

3) 주민들은 필요 없는 물건들을 따로 분류해 각각의 분리수거함에 담는다(예를 들어 종이, 플라스틱, 유리). 하지만 대가를 지불받지는 않는다. 공공폐기물 수거인은 이 재활용함에서 버려진 물건들을 수거한다. 불행하게도 초기에 물건 분류를 하지 않았을 경우 운송과정에서 물건들이 다른 종류의 것들과 섞이기도 한다. 공공폐기물 수거인은 섞여 있는 물건을 재분류하고 청소해 판매될 수 있도록 한다.

4) 3)에서 언급된 내용을 볼 때, 진취적인 기업은 다른 물건들이 섞이지 않는 운송 방식을 제공할 수 있을 것이다. 게다가 수거함 재설계를 통해 서비스의 질을 향상시킨다면 주민들이 알맞은 수거함에 알맞은 종류의 물건들을 버리도록 유도할 수 있을 것이다.

5) 사회적 기업의 경우, 수리와 용도 수정repurposing 재활용 교육과 교육을 위한 또 다른 기회로 삼을 수 있다. 주민뿐 아니라 학생들도 필요 없는 물건들을 주민센터, 학교, 슈퍼마켓이나 다른 공공장소에 가져와 수리할 수 있으며, 혹은 수리함이나 메이커 운동Maker Movement 워크샵 등도 개최할 수 있다. 이로 인해 커뮤니티 내에 재활용과 바자회 등이 활성화될 수 있다.

6) 디지털 기술의 사용은 많은 기회들을 창출한다. 디지털 솔루션을 통해 주민들과 판매자의 물건을 종합하고 고/저가치의 물건을 매치해 잠재적 구매자나 자선단체처럼 필요한 부분의 수요를 통합할 수 있다. 또한 프리랜서와 기업들이 청소, 분류, 운송 그리고 수거 서비스를 제공할 수 있는 장터를 만들 수도 있는데 결국 모든 직무들이 현명하게 구성되는 것이다.

d) 4~6단계: 누가 실직을 할지, 얼마나 빨리 그리고 어떻게 그들 한 명 한 명을 도울 수 있는지 결정하기(권고 5,6,7,8 참조)

킴은 직무이행체계를 시도할 준비가 되어 있었다. 권고사항을 제출하기 위한 주어진 3개월이 쏜살같이 흘러갔다. 그녀의 동료들은 점점 더 초조해졌다. 그들은 표면상으로는 업무에 관한 대화를 하자고 했지만 실제로 원하는 건 현재 회사 이외의 삶을 준비해야 하는지였다.

킴은 지금까지는 재치있고 대담한 그녀의 성격이 동료들과의 관계 유지에 도움이 되었다는 것을 알고 있다. 그러나 직무이행체계를 성공적으로 이끌려면 지금보다 훨씬 많은 노력이 요구되었다.

5 교육의 미래

Future of Education

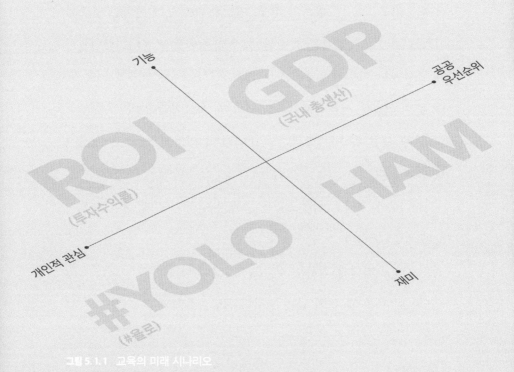

그림 5.1.1 교육의 미래 시나리오

5.1 미래 교육과 시나리오 [1-46]

가능성의 세계였다. 기술은 교육을 많은 선택들의 망^{web}으로 변모시켰다.

수업은 자기주도 형식이나 또래교사 교육의 형식을 띌 수도 있다. 실제 현실 학습 여행이나 다중현실 학습 경험들이 가능한데 인사이드 아웃^{insde-out} 방식의 경우, 이론과 개념을 중시하고 아웃사이드 인^{outside-in} 방식은 문제와 도전에 집중한다. 직접 일대일이나 교실에서 이루어질 수 있고 MIDA^{Massive interactive Digital Academies}와 같은 테크봇 어플리케이션도 있었다. 적극적인 방식^{roll-up-your-sleeves}와 실천 위주의 방식^{hands-on}이거나 '마음의 제국'을 확장시킬 수도 있다.

학생, 교사 그리고 학부모들은 그들이 원하는 것에 따라 선택하고 준비할 수 있다.

또는 학교 리더가 원하는 것. 또는 기업이 원하는 것.

또는 이 모든 것 위에 있는 도시의 책임자들이 원하는 것.

하지만 이 모든 가능성에도
불구하고 기술이 해결하지 못
하는 두 가지 측면이 있다: 바
로 교육의 목적과 목표이다.

하지만 이 모든 가능성에도 불구
하고 기술이 해결하지 못하는 두 가
지 측면이 있다: 도시에서의 교육의
목적과 목표가 그것이다. 기술은 개
인적 가능성과 사적 욕망을 채우기 위해 사용되어야 했을까? 또는
공공의 우선수위와 사회적 목적 달성을 위해 필요했던 것일까?

이 같은 측면은 관련된 다른 측면에 대한 의구심도 일으켰다. 교
육의 근본적 목적은 학업을 포기한 사람들이 직업을 갖고 경제 발
전에 이바지하며 사회의 일원으로 자리 잡을 수 있도록 실용적으
로 준비되어 있어야 하는 걸까? 아니면 학생들이 그들의 흥미, 열
정 그리고 존재의 이유^{raison d'etre}를 찾을 수 있도록 재미있고 지향
적이어야 하는 걸까?

도시와 기업 그리고 시민들이 결정해야 할 문제들이 있었다. 이
것이 시민들의 선택으로 주도되었든, 시민들과 회사들 간의 협상
으로 또는 도시 고위관료자들에 의해 시행되었든, 그들의 결정은
'개인적 가능성-공공우선순위'와 '재미있고-실용적인' 측면을 바
탕으로 교육의 미래를 정의했다.

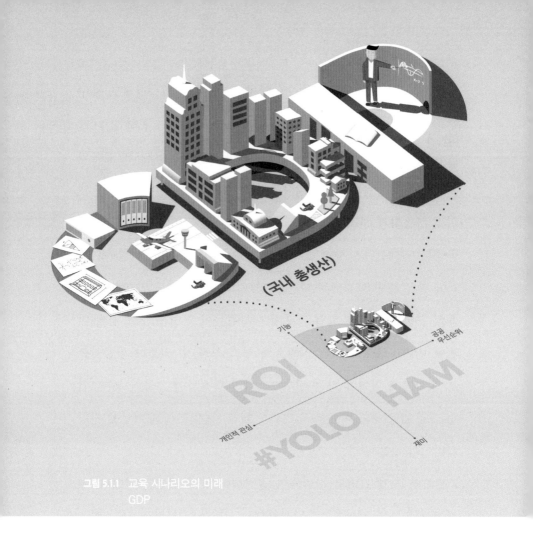

그림 5.1.1 교육 시나리오의 미래
GDP

국내 총생산(GDP)

교육의 목적이 '국내 총생산'이라고 고른 이들에게 교육은 근로자를 교육시키고 국가경제(그리고 어느 정도의 사회)의 목적을 달성하는 것이다.

많은 신흥 국가들의 경제 성장이 구조와 규제 개혁의 속도가 감소함에 따라 세계 경제 성장은 동력을 잃게 되었다. 성장이 둔화됨에 따라 도시와 국가들의 경쟁 구도는 공격적으로 바뀌었다. 남아 있는 것이라도 취해야 했던 것이다.

많은 이들은 현업에 바로 투입될 수 있는^{work-ready} 능력을 배양하는 기존 방식에만 의존해왔다. 기술은 보다 빠르게 사람들을 교육하고 교육시키는 것을 가능하게 해주었다. 만약 산업의 역량이 충분하다면, 투자도 이끌어 낼 수 있을 것이다. 투자는 경제 성장과 스타트업의 등장을 촉진한다.

궁극적으로 이러한 과정들은 도시와 시민들에게 한 단계 발전할 수 있는 자원을 제공하게 된다.

어떤 이들은 이와 같은 경제 위주의 전략^{bend-to-the-economy}을 비판했다. 하지만 그들은 이러한 방식이 공공재원을 충당할 전략이라는 것을 인정할 수밖에 없었다. 그렇게 수요는 크게 급증했다. 고령화되는 인구는 보살핌이 필요했고, 노후한 사회공공기반 시설은 유지보수가 필요했으며 스마트시티는 거대한 투자를 필요로 했다. 그리고 누군가는 필요한 기술을 익히기 위한 최첨단 교육 그리고 개선의 대가를 치뤄야만 했다.

공공우선순위와 관련 있는 분야에 관심을 가지고 있는 학생들은 운이 좋은 편이었다. 그들은 해야 하는 것이 아닌, 하고 싶은 것을 공부할 수 있었다.

모든 학부모들이 시스템에 동의하는 건 아니었지만 직업 전망이 충분하다는 사실도 알고 있었다. 오히려 그들은 개인적 관심이 공공우선순위와 동떨어져 있는 이들에 대해 걱정했다.

선생님들은 최대한 수업을 '의미있고' 흥미롭게 만들기 위해 최선을 다했다. 이는 어느 정도의 성공을 이루었지만 사실 일부분에 불과했다. 학부모들은 자식들의 교육과 커리어를 다양화하기 위해 대안 교육이나 해외로 보내는 것을 고려하기 시작했다. 대다수의 학부모들은 경제가 안정적이라는 점이 그나마 다행이었는데 그들의 수입 덕분에 아이들을 해외로 보낼 수 있는 옵션이 존재했기 때문이다.

그림 5.1.3 교육 시나리오의 미래
ROI

ROI(투자수익률^{Return on Investment})

ROI(투자수익률^{Return on Investment})

몇몇 기업, 도시와 시민들이 국내총생산^{GDP}의 노선을 선택했을 때 다른 이들은 '투자수익률^{ROI}'을 선택했다. '투자이익율'을 선택한 사람들은 교육의 목적이 미래의 근로자가 양질의 직업을 유지하는 것을 돕는 것이라고 생각했다.

비유하자면, '투자이익율'은 '국내총생산'의 사촌 격이라고 할 수 있다. '투자이익률' 역시 '국내총생산'과 마찬가지로 국내 및 세계에서 경쟁력을 나타내는 지표이다. 하지만 '국내총생산'이 너무 기업 정책에 타격을 준다고 느낀 도시 및 기업과 시민들은 '투자이익율'을 선택했다. 과거에 비추어볼 때 그들은 정부가 공정하게 승자를 고르지 못할 것이라며 회의적이었다. 그리고 역량이 자연스럽게 배양되는 최선의 방법은 시민과 기업들이 주도하는 것이라고 생각했다.

자연스럽게 부모와 학생들은 큰 경제적 보상을 약속하는 학문을 선택했다. 대부분 고소득 직업 관련 학문으로 관심이 쏠렸다. 학교를 졸업한 후 바로 고소득 직업을 선택할 수 없다면 최소한 중기적 관점에서 고소득을 꿈꿀 수 있는 전망이라도 있어야 했다.

그러므로 학교는 학생들이 흥미있어 하는 교육을 만들 필요가 없어졌다. 그렇다고 학교에 아무 부담이 없던 것은 아니다. 교육이 흥미로울 필요는 없는 대신 실용적이긴 해야 하기 때문이다.

학부모와 학생들은 종종 교장과 교사들에게 왜 특정 과목을 배워야 하는지에 대해 항의하곤 했다.

설상가상으로(또는 관점에 따라 다행이도) 기술의 세분화로 인해 학부모와 학생들이 교육 내용을 두고 학교에 항의하기도 했다. 이것은 끝없는 언쟁이었다.

농담 반 진담 반으로, 오늘날 선생님들은 학부모와 학생들이 '이 수업은 대체 어떤 직업에 필요한 거죠?'라고 항의하는 악몽을 꾸기도 한다고 한다.

자연스레 교육과정을 비판하는 이들도 생겨났다. 이런 비평가들은 교육이 단순히 직장을 구하는 데 의의가 있다고 생각하지 않았다. 이들은 교육의 '직업화^{vocationalisation}'를 우려했다. 어떤 이들은 교육이 광범위한 영역을 다뤄야 한다고 생각했다. 학문 분야를 가리지 않고 지식을 접하는 것이 경제를 혁신시키는 가장 근본적인 방법이라고 생각한 것이다. 다른 이들은 이런 방식이 사회경제적으로 높은 지위, 경제적 부유, 인맥 그리고 공공교육 이외에도 교육에 투자할 수 있는 이들에게 유리하다고 생각했다.

이러한 방식의 장점은 학생들을 과도기 없이 바로 노동력으로 투입할 수 있다는 것이다. 기업들은 졸업생들이 뛰어나고 현장투입 가능한 학문지식을 가지고 있다는 사실을 반겼다. 기업은 그런 이들에게 높은 월급을 지불하는 것을 아까워하지 않았다. 도시도 학생과 근로자들이 번창한다면 도시 역시 번창할 것이라며 반겼다. 물론 그들은 번창의 기준이 투자이익율로 좌우된다는 점을 생략했다.

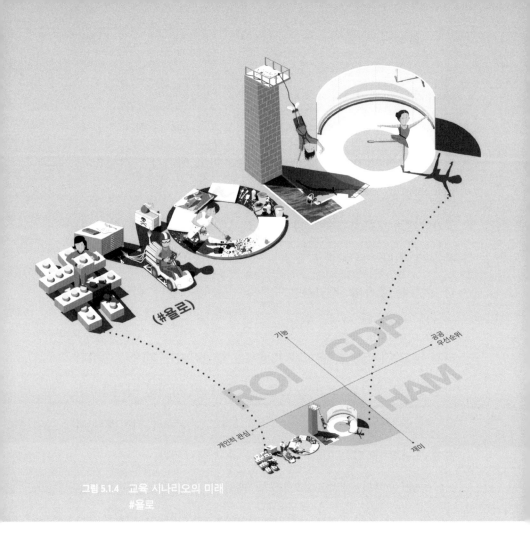

그림 5.1.4 교육 시나리오의 미래
#욜로

#YOLO (당신은 오직 한 번만 살 뿐 You Only Live Once)

시민들은 '국내총생산'과 '투자이익율'과는 정반대로 도시, 기업 그리고 교육이 무엇보다 재미 추구로 정의된다고 생각했다.

#YOLO는 '기능은 재미를 따라간다'라는 아이디어와 현대적인

설계원칙을 필두로 교육철학을 펼쳤다. 중요한 것은 놀이였고, 학생들이 재미를 느낄 수 있는가에 초점을 두었다. 그렇게만 된다면 유용성은 저절로 따라올 것이라고 생각했다.

그들은 동기부여와 사회발전에 얼마나 놀이가 중요한지 연구한 여러 나라의 논문들을 인용했다. 또 유전과 교육학 관련 연구를 원용하며 특정 주제에 관한 공부를 늦게 시작해도 학업성취에 큰 영향을 끼치지 않는다는 점을 지적했다.[24] 뿐만 아니라 아이들과 10대들의 젊음이 영원하지 않다는 점을 주지시키려 했다.

그들은 이 같은 사고방식이 과거에는 상상하기 어려웠다는 점을 인정했다. 하지만 지금은 기술이 이 모든 것을 가능하게 만들었다. 무엇이든 원하는 시간에 배울 수 있고 세계 누구에게서든 배울 수 있으며 분석을 통해 학습속도를 향상시킨다면 놀면서 즐길 시간이 충분하다는 것이다.

#YOLO 스타일의 부모와 학생들은 도시와 학교가 재조직돼 이런 철학을 적용하도록 요구했다. 수업은 적극적 참여를 유도하고 재미있으며 흥미로워야 했다. 학생 각각의 흥미를 파악하는 것은 어려운 일이지만 학교들은 이러한 기대에 부응해야 했다(왜냐하면 기술이 이 같은 수업방식을 가능하게 만들었기 때문에).

학교 교육은 더이상 '학생들 눈의 총기를 뺏어가는' 주범이 아니었다. 학생들의 눈은 반짝거렸다. 부모와 교사들은 학생들이 학업에 더 큰 관심을 가지는 것을 확인할 수 있었다. 또 학생들의 적극적 학습태도와 창의적인 아이디어들에 놀랐다. 그리고 이것이 미래에 잘 맞는 교육방식이라 생각했다.

하지만 기업의 입장에서는 이러한 교육방식을 경험한 학생들이 충분한 자질이 있는지 확실하지 않았다. 관리자를 고용하는 기업들은 학생들이 충분한 기초지식을 갖추고 있는지 의아해했다. 그들의 눈에는 별개로 업무관련 교육이 필요해 보였다. 하지만 신입사원들은 쉽게 지루해했는데 업무를 재밌게 만드는 것은 어려운 일이었기 때문이다.

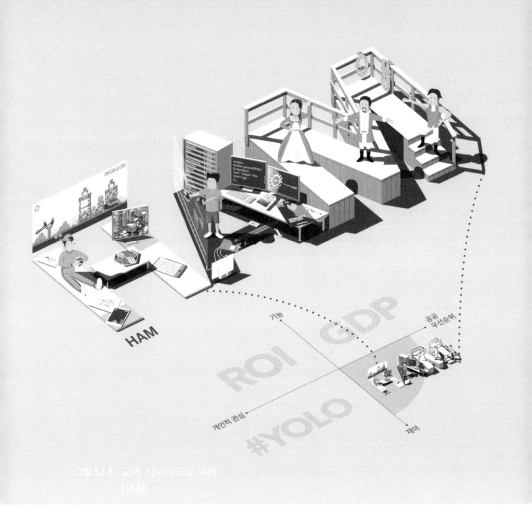

그림 5.1.3 교육 시나리오의 미래
HAM

HAM

'HAM' 방식을 지지하는 도시, 기업과 시민들은 뮤지컬과 영화를
통해 공공우선순위에 알맞는 재밌는 교육이 가능하다고 믿었다.

힙합 히트곡, 댄스 스포츠 클래스 레슨……. 누가 역사적 인물을 다룬 브로드웨이 힙합 뮤지컬이 무대가 아닌 학교에서 언급되고 세계의 수많은 사람들에게 영감을 끼칠 것이라 생각했을까?

뮤지컬 〈해밀턴^Hamilton 〉은 평단과 박스오피스에서 좋은 결과를 낸 대히트작이었다. 이 뮤지컬의 성공은 교실과 커뮤니티에 충격을 주었다. 교사들은 이 뮤지컬을 교보재로 사용했다. 여러 재단은 학생들이 뮤지컬을 관람하도록 보조금을 지급하거나 표를 제공했다. 학습 가이드들이 생겨나기 시작했고 온라인 학습포털이 만들어졌다. 심지어 〈월스트리트 저널^The Wall Street Journal 〉은 '라임이 복잡한 가사^complex rhyming lyrics '를 나주어 해석해주는 컴퓨터 알고리즘을 개발했다(그림 5.1.6 참고).[30-36]

〈해밀턴〉은 세계 교육자들에게(이들은 곧 'HAM' 옹호자로 간주되었다) 흥미와 즐거움, 공동체와 자선단체를 연결해 중요한 사회적 가치들을 교육시킬 수 있는 새로운 교육방식이 있다는 것을 보여주었다.

A) 원래 뮤지컬 가사

How does a bastard, orphan, son
of a whore and a
Scotsman, dropped in the middle
of a
Forgotten spot in the Caribbean
by providence
Impoverished, in squalor
Grow up th be a hero and a
scholar?

B) CMU 발음 사전으로 가사 분해

단어 하나 하나를 음절로 나누기
음절의 음성학적 소리를 지도화하기
음절들 간에 각각 라임이 가능한지 확인
(예를 들어 모음, 자음, 엑센트)

C) 알고리즘 결과

라임에 점수 매기기
점수를 기반으로 라임 모으기
시각화 향상-여행하는 세일즈맨이 직면한
컴퓨터 과학의 문제를 다루듯 접근

D) 라임 군과(clustered) 가사.

How does a bastard, *or*phan, son
of a *whore* and a
Scotsman, dropped in the *midd*le
of a
Forgotten spot in the Car*i*bbean by
providence
Impoverished, in squalor
Grow up th be a hero and a
scholar?

OR rhyme: *or*; *whore*
AH-N rhyme: phan; son; and; man;
in; en; in; an; dence; lm; in
AA-T rhyme: Scots; dropped; gott;
spot
IH rhyme: *midd*; *i*
ER rhyme: For; Car; er; lor; lar
AA rhyme: pro; pov; squa; scho
OH rhyme: Grow; ro

그림 5.1.6 힙합, 라임, 디지털과 교육의 통합
월스트리트 저널(WSJ) 버전을 변형(레퍼런스 참조). 이것 또한 인기를 끌었다.

'HAM'은 다른 두 트렌드와 함께 일어났다. 첫 트렌트는 공상과학 영화에서 쓰인 과학기술을 실제 도입하는 추세가 증가했다는 것이다.

공상과학 영화는 항상 과학계에 큰 영감의 원천이 되었다. 하지만 2000년대에 개봉한 〈마이너리티 리포트Minority Report〉와 같은 영화는 과학 연구에 대한 좀 더 직접적인 흥미를 끌었다. 그리고 과학도 공상과학 영화에 영향을 끼쳤다.[37] 2010년대에 〈고스트

버스터^{Ghostbusters}〉와 〈마션^{The Martian}〉을 리메이크한 영화는 과학적 사실성을 최대한 추구하려고 노력한 결과이다.

두 번째는 교실에서 게임을 적극적으로 이용하는 경우이다. 게임 'Giggling Piggies'에서 분노한 새를 잡는 과정에서 과학의 개념을 배운다거나, '포켓몬스터'를 잡는 게임에서 새로운 사람들과 장소에 대해서도 배울 수 있는데,[38-46] 이는 게임을 교육 목적으로 적용시킨 오랜 노력의 산물이다.

기술은 많은 측면에서 도움이 되었다. 우선 오락 분야에서 과학 관련 자료들을 찾기가 훨씬 용이해졌다. 둘째로 이 자료들은 쉽게 교보재로 쓰일 만했다. 셋째로 '게임화^{gamification}' 기술은 학생들에게 동기부여를 할 수 있는 많은 도구들을 제공했다. 마지막으로 기술은 비용을 다운시키는 동시에 접근성은 강화시켰다.

이처럼 'HAM'은 무언가 이루어낸 것처럼 보였다. 하지만 이에 대한 비판도 존재했다. 재밌는 공공교육을 통해 여러 가치들을 배우는 것은 대중 프로파간다처럼 들렸기 때문이다. 이들은 이미 국가, 도시 단위의 경기, 페스티벌 그리고 퍼레이드가 노리는 역할이 아니던가?

HAM과 같은 라벨이 허술하다고 생각하는 비판가들은 비용이 엄두도 못할 만큼 지나치게 비쌀 것이라 생각했다.

또 HAM 방식이 결국 학교 교육의 공적인 역할을 상업 오락분야로 떠넘긴 것은 아닐까? 라는 새로운 염려가 제기되었다.

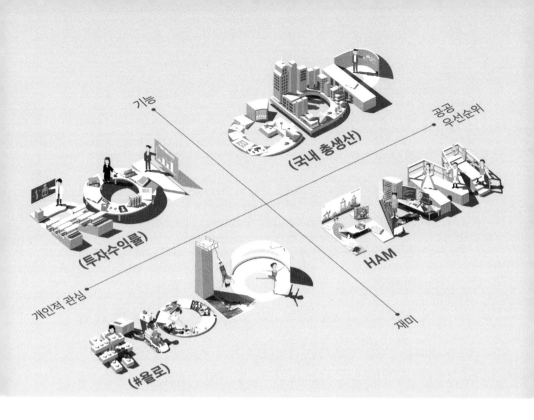

5.2 디지털 교육 패러다임

미래는 이 장에서 소개할 네 가지 시나리오 중 하나로 전개될 수 있다. 어쩌면 하나 이상의 시나리오가 복합적으로 일어날 수 있을지 모른다. 우리는 모든 가능성을 열어놓고 민첩하게 미래에 적응할 수 있도록 준비해보고자 한다.

당신의 도시가 뛰어난 교육 시스템을 보유하고 있다면 당신은 추가로 무엇을 제안할 것인가? 우리는 디지털을 이용해 여러분의 제안 사항을 강화할 방법을 추천하고자 한다.

디지털 기술을 도입하는 것은 교육의 패러다임을 학생 개개인에서 도시 전체로(심지어 세계로) 넓힐 수 있다는 것을 의미한다. 우리는 디지털 기술로 인한 불평등을 최소화하면서 학생들과 교사들이 원하는 만큼 학생들을 도울 수 있는 방법을 재고해야 한다.

즉 우리의 권고사항은 한 가지로 볼 수 있다. 바로 개인들이 각자 최대능력치를 발휘하는 것이다. 디지털 기술은 학생과 교사 한 명, 한 명을 세심하게 살펴 그들이 마스터하고 싶거나 그들의 강점을 극대화할 수 있는 여러 가지 방법을 가지고 있다. 이 보고서 초반 소개된 아디[Adi]의 예처럼 학생과 교사 한 명, 한 명에게 적용한다고 상상해보자. 그들은 최고를 향한 노력, 위험 감수, 자가 주도 학습 등의 요인으로 인해 동기를 부여 받는다.

우리의 권고사항은 넓게 세 가지 취지를 가지고 있는데 준비하기, 향상시키기(실력) 그리고 탁월해지기이다.

접근법	권고사항
준비하기	강의와 학습 구성, 자동화, 개인화할 수 있는 기술 만들기. 디지털 격차 줄이기. 기술 관련 실험 확장.
실력 향상	교육적 효과를 향상시키기 위해 디지털 또래교수 시스템을 도시 단위로 실행. 도시 단위에서 공감 능력 키우기. 글로벌 시민의식에 대한 인식 확장을 위해 디지털 또래교수 시스템을 세계 단위에서 실행. 학생/교사가 각각 세계 여러 멘토들을 접할 수 있게 돕기.
탁월해지기	학교와 직장의 경계를 허물어 학생들의 장점과 재능 파악하기. 성공의 척도에 너무 경도되지 않기.

그림 5.2.2　교육의 미래를 위한 권고 요약-준비하기, 실력 향상, 탁월해지기

준비하기

1) 수업 설계 지도나 에듀방 같은 기술을 구축해 가르치는 것과 배우는 과정을 모듈화, 개인화, 자동화하기

영리한 교사는 미리 시나리오를 보고 '어떻게 수업을 준비할 수 있을까?'라는 아주 실용적인 질문을 하기 마련이다. 미래의 선생님은 흥미롭고 재밌는 동시에 유익하고 기능적인 수업을 만들어야만 한다. 또한 많은 학생들을 대상으로 하는 동시에 개인화된 수업을

진행해야 한다.

우리는 교사들이 큰 어려움 없이 이런 일을 진해할 수 있도록 최대한 도와야 한다. 수업 설계 지도^{Lesson Design Maps}와 에듀방^{EduBang} 같은 미래로부터의 두 '가공품'은 우리가 이 책에서 실증하려고 하는 〈2040 디지털 시대 살아가기〉를 보여주는 좋은 사례이다.

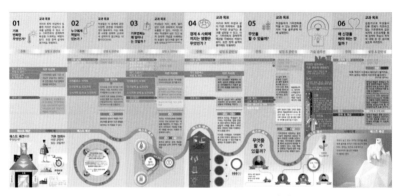

그림 5.2.3 수업 설계 지도(섹션 5.3의 미래로부터의 가공품 참조)[47]

수업 설계 지도(섹션 5.3의 미래로부터의 가공품 참조)는 다른 음절들을 모듈 방식의 개념과 주제로 잘게 세분화한다. 이 같은 모듈 방식의 조각들은 주제에 따라 다시 연결된다.[48-50] 이후 포괄적인 것(예를 들면 지구 온난화 변화)부터 우리의 개인적이고 일상적 생활(예를 들면 패스트패션)까지 다른 단위 범주로 재구성될 수 있다. 이런 방식을 공식 커리큘럼에 적용하는 것이 관건이다. 각기 다른 음절들은 철저하게 다시 모으고 그 위에 학교가 좀 더 빠르고 더 많이 진행할 수 있도록 도울 것이다.

수업 설계 지도가 모듈화를 이끈다면 에듀방은 자동화를 가능하게 한다(섹션 5.3의 미래로부터의 가공품 참조).[51] 컴퓨터 비전과 자연 언어 처리과정^{natural language processin}과 같은 굉장히 정확한 컴퓨터 기술은 자료들을 모듈화해 새로운 자료로 결합시키는 데 성공했다 (비디오, 영화, 음악 등등). 이 같은 자료들은 검색, 브라우징, 창조 그리고 전파하기가 훨씬 용이하다. 아주 많은 정보들이 존재하면서부터 에듀방과 같은 기술은 단순 강의요강뿐 아니라 교육적 가치

그림 5.2.4   에듀방(섹션 5.3의 미래로부터의 가공품 참조)

가 있는 모든 컨텐츠 적용이 가능하다. 왜냐하면 이 같은 기술들은 여러 가지 대형 수업으로도 재집합을 자동화시킬 수 있기 때문이다.

에듀방은 수업 설계 지도를 더 사용하기 쉽게 만들었다. 수업 설계지도를 이용해 가르치는 것은 팀 단위로 수행될 때 가장 효과적이다. 팀 단위로 시행된다는 것은 어려운 일이기 때문이다.

에듀방과 같은 기술을 이용하면 각기 다른 과목 교사들이 서로 관련 컨텐츠를 모을 수 있다. 이렇게 모아진 컨텐츠는 자기 진도 맞춤 수업^{self-paced learning}, 뒤집어진 교실^{flipped classrooms}이나 또래 교수^{peer tutoring} 형식으로 학생들에게 주어질 수 있다. 학생들 역시 스스로 이러한 컨텐츠를 과제나 프로젝트로 모을 수 있을 것이다.

교육방식과 모델들은 변동하고 변화한다. 수업 설계지도나 에듀방 같은 기술은 수업방식이나 학습방식에 따라 수업들을 모을 수 있다는 것을 의미한다. 학교는 단순히 학습을 개인화하는 게 아닌 수업을 개인화하게 되는 것이다.

이런 식으로 교육 모델을 해체한 후 재구성할 때 가능성은 빠르게 급증한다. 구텐베르그 인쇄 방식과 자동차 제조(1910년대 포드사, 1950년대 토요타사)부터 모듈화된 IT 플랫폼까지, 모듈화와 교환가능한 부분은 그동안 사회와 경제 분야를 발전시켜왔다. 게다가 앞으로의 20년 동안 '옳은' 교육방식과 모델들은 변동하거나 변화될 것이다.

수업 설계 지도나 에듀방 같은 기술들은 '논쟁적이기' 위해 설계되었고 이에 따라 교사들은 어떤 교육 방식, 양식이나 학습 스타일에 따라 빠르게 수업을 구성할 수 있는 것이다. 또한 수업방식이나 학습방식에 알맞게 수업을 재구성할 수도 있다.

지금까지는 개인화된 학습에만 중점을 맞추어왔지만 이제 학교는 수업도 개인화할 수 있게 된 것이다.

2) '이제는 가능한' 디지털 격차 해소하기: 부모들의 디지털 문맹률을 낮추고 불평등 해소

수업 설계 지도와 에듀방은 우리가 디지털을 실제 활용할 수 있는 것보다 실제 활용하는 것들이 현저히 적다는 것을 보여준다. '이제는 가능한' 디지털 격차는 기술 발전이 빨라지면서 더 심화될 가능성이 있다.

학교는 학생과 교사들의 디지털 문맹률을 낮춰 격차를 해소하도록 도울 수 있다.[50-52] 이런 부분은 이미 체계적인 관련 기술과 교육 도입으로 잘 이루어지고 있다. 말을 돌려하지 않는 것으로 알려진 한 교사가 싱가포르 교육부는 '자원, 기반 시설, 교육 지원에는 뛰어나고… 미래에 대해 고민하는 양심적'이라며 잘 요약해주었다.

우리는 이보다 더 많은 일을 할 수 있다. 만약 교육에서 부모들

학교에서 일어나는 일들도 집에서도 쉽게 보충되거나 문제가 있을 경우 타개될 수 있다는 것이다(또는 반대로도 가능하다). 교사와 학생과 부모들을 통해(특히 사회경제적으로 어려운 상황에 처한 이들에게) 디지털 문맹률을 낮추는 것은 모든 이들에게 기회를 제공할 수 있는 가능성을 보장한다.

을 동등한 파트너이며 학습 커뮤니티의 일부라고 인식한다면 디지털 문맹률을 낮추는 것은 학생과 교사뿐 아니라 부모들도 해당이 된다. 관심이 있는 부모들에게 '학교로 다시 돌아갈' 시간이 돌아온 것이다.

이것은 온라인 코스나 디지털 또래교수[52-59](권고 4 참조) 또는 학교, 주민센터나 외부 강사들과 함께 마주 보는 방식으로 진행될 수도 있다. 수업의 내용은 물론 그들 자녀들의 수업 내용과 보조를 맞추어야 할 것이다. 그렇지 않고 만약 부모, 교사 그리고 학생들 간의 디지털 격차가 계속된다면 그들이 다 함께 힘을 합칠 기회가 제한될 것이다.

이것은 특히 사회경제적으로 어려운 부모와 학생들에게 더 큰 영향을 끼친다. 우리와 이야기를 나눈 교육자들은 학교에서의 양육과 교육이 집에서도 쉽게 보충되거나 문제가 있을 경우 타개될 수 있다고 보았다(또는 반대로도 가능하다). 많은 학부모들이 좀 더 적극적인 참여를 바라지만 그들의 상황에 따라 참여가 여의치 않을 수 있다. 디지털 문맹률 퇴치는 그들이 기술의 진보에 무심코 뒤쳐지지 않게 보장하고 학교 밖에서도 낮은 사회경제적 배경을

가진 학생들의 디지털 격차를 해소할 수 있도록 도울 것이다.[60]

요약해보자면 '이제는 가능해진' 격차 줄이기가 모든 이들에게 기회를 제공한다는 것을 의미한다.

3) 기술로 실험 확장시키기: 디지털이 우리에게 유용하도록 창의성 발휘

학교는 '뒤집어진' 교실들, 블렌디드 러닝blended learning, 게임과 게임화gamification, 실제 세계 프로젝트, 적용 시험, 적용 학습, 모든 종류의 정보통신기술ICT을 통해 이미 많은 실험을 진행하고 있다.[61][62]

디지털 문맹율을 낮추는 것은 학교가 새로운 기술 도구들을 창의적으로 이용해 더욱더 많은 실험을 시도할 수 있게 한다. 더욱 편안해지고 더욱 직관적인 상호작용 방식(터치, 몸짓, 말투 그리고 이들의 조합) 덕분에 특히 지난 10년간 많은 유사 도구들이 빠르게 증가했다.

이것은 과학 시험이나 올림피아드 대회 준비를 위해 유튜브 비디오를 만드는 것만큼이나 간단하다. 올림피아드 대회의 경우 실제 한 교사의 경험담을 바탕으로 했다. 교사는 너무 멋쩍어 하는 학생에게 그 학생이 해낸 일은 아주 창의적이고 뛰어나다고 칭찬했다(또 하나의 예는 헬스케어의 경우로 익숙하지 않은 수술을 받게 되었을 경우 간호사는 관련 논문을 인터넷에서 읽거나 유튜브 비디오를 보며 '수술과정'을 이해했고 '외과의사들의 움직임을' 미리 예상할 수 있게 되었다).

데이터 분석과 인공지능^{AI}의 새로운 능력들을 잘 활용할 수도 있다. 예를 들어 HAM 시나리오에서 언급된 온라인 툴은 시, 랩, 라임과 운율에도 사용될 수 있는 것이다.

또 다른 예로 앞의 2, 3번의 학습 결과를 통해 학생이 나머지 학기 수업을 힘들어 할지 여부를 예측하는 학습 분석 솔루션을 들 수 있다.

우리에게 경험을 들려준 교수들에 따르면 그들은 이런 솔루션을 일찍 도입해 테스트나 시험 전 고도의 긴장이 필요한 시간^{crunch} ^{time}이 오기 전 다시 학생들이 제자리를 찾을 수 있도록 돕는다고 했다.

학교는 교사들의 능력 향상을 위해 로봇공학부터 AI에 이르기까지 어떻게 기술을 통합시킬 수 있는지에 대해 고민해야 할 것이다. 또한 교사와 학생이 같이 공존할 수 있도록 기술을 설계하는 법을 배워야 한다. 일례로 스탠포드 대학교의 보고서 〈2030 인공지능과 삶〉에서는 '인간의 상호작용과 마주 보는 학습방식을 AI 기술과 접목시키는 것이 중요 과제이다'라고 명시했다.[63]

하지만 실험을 확대하는 것은 성공 가능성을 증가시킬 수 있은 확실한 아이디어를 요한다. 탑-다운$^{Top-down}$ 리더십 지원을 보장하는 것 이외에도 기술은 우리에게 어떤 유형의 인센티브를 가져

일례로 스탠포드 대학교의 보고서 〈2030 인공지능과 삶〉에서는 '인간의 상호작용과 마주 보는 학습방식을 AI 기술과 접목시키는 것이 중요과제이다'라고 판단했다.

다 줄 수 있는지 보여주어야 하는 것이다. 이런 확인의 필요성은 역설적으로 거듭되는 기술 변화의 피로와 새로운 기술에 대한 저항으로 점점 더 중요해졌다.

실력 향상(단위별)

4) 교육적 효과를 향상시키기 위해 디지털 또래교수 시스템을 도시 단위로 실행

낮아진 디지털 문맹률과 디지털 툴을 이용해 학생과 교사들을(때때로 부모) 준비시키는 것은 시작에 불과하다. 차후에 우리는 학생 하나 하나의 학업 성과를 보장해야 한다.

교육 기부 재단Education Endowment Foundation/EEF은 비용과 효과의 측면에서 가장 효과적인 두 교육 전략으로는 '학생들에게 피드백 제공하기'와 '메타-인지 전략(학생들이 좀 더 명쾌하게 그들의 학습에 대해 생각할 수 있게 돕기)'이라고 제안한다.[64] 교사들이 학생들과 보내는 시간을 늘리거나 교사의 수를 증원하는 것 또한 하나의 해결책이 될 수 있다.

물론 투입 비용을 고려한다면 이 같은 해결책들이 쉽게 도입될 수 있는 것은 아니다. 디지털 기술은 학습 분석이나 적용시험을 보조할 수도 있다. AI 엔진은(아마 챗봇이나 아바타를 통해) 이러한 기술을 더 증가시킬 것이다. 하지만 어떤 교사가 말했던 것처럼 '교사와 학생들의 상호작용은 단순한 지식 전달이 아닌 특별한 순간'으로, 사람들 간의 상호작용은 여전히 중요하다

이에 대한 현실적 해결책으로는 디지털과 교육 기부 재단이 세 번째로 효과적이라 꼽은 또래교수법을 들 수 있다.

만약 정식 교육 경험과 발전의 일환으로 매년 한 학생씩 도시의 다른 학생을 가르치게 해보면 어떨까? 이런 프로젝트는 지역 봉사활동이나 학습 서비스의 일환으로 진행될 수 있을 것이다. 또는 '뒤집어진 교실'의 일환으로 수행 평가로도 쓰일 수 있다. 디지털은 이런 계획들을 도시 단계에서 실천이 가능하게 했고 이는 학습 분석과 인공지능을 활용해 더욱 효과적으로 만들 수 있다.

적절하게 짜여 안내된다면(교사와 부모들의 관리 및 감시 하에) 가르치는 이와 배우는 이들의 만남은 서로에게 이득이 될 수 있다. 가르치는 이는 관련 주제를 좀 더 잘 이해할 수 있는 기회가 될 것이고 배우는 이는 피드백과 지도를 받을 수 있을 것이다.

디지털 툴의 등장 이전에 이루어졌고 지금도 자주 인용되는 벤자민 블룸Benjamin Bloom 교수의 연구는 '일대일 교육을 받는 학생이 교실에서 수업을 듣는 98%의 학생들보다 뛰어난 학업성과를 낸

다'고 주장한다.[66]

가르치는 것과 학습은 학교들 사이에 더 쉽게 적용될 수 있고 잠재적으로 도시 전체가 교육적 효과를 볼 수 있을 것이다.

5) 도시 단위에서 공감 능력 키우기: 공공의 이익에 기여

이외에도 디지털 또래교수법은 다른 이점이 있는데 학생들이 다른 사회 구성원에 대한 공감 능력을 키울 수 있도록 돕는다는 것이다.

디지털 동료 또는 또래 매칭툴을 사용해 학생들은 학교 밖의 같은 도시 내 다른 또래들을 접하게 된다. 그리고 이 또래들은 상대적으로 어려운 배경을 가진 학생일 수도 있고 아니면 그냥 한 과목에 특히 취약한 학생일 수도 있다. 학습 장애를 가진 그 누군가가 될 수도 있다. 또는 단순히 특정 주제에 관한 열정을 가진 사람일 수도 있다. 동년배의 또래일 수도 있고 나이는 어리지만 배우고자 하는 열의가 있거나 새로운 지식을 배우고자 하는 사람일 수도 있다.

또래 매칭은 단순히 일회성에 그치지 않고 헌신적인 자세로 정해진 기간 동안 상당 결과를 성취하도록 설계될 수 있다. 그렇게 해야만 학생들은 그들이 담당하는 또래들의 필요와 사회의 여러 가지 필요를 이해하며 다양한 분야를 접할 수 있기 때문이다. 이러한 경험은 그들이 서로 더 뛰어난 공감능력과 책임감을 배양할 수 있게 할 것이다.

현실적인 해결책은 디지털과 또래교수법을 결합시키는 것이다. 도시와 세계 단위의 디지털 또래교수법은 가르침과 학습에 대한 좋은 아이디어를 널리 알릴 수 있을 뿐 아니라 공감능력과 세계 시민의식을 배양할 수 있을 것이다.

이것은 중요한 부분이다. 점점 개인화되는 학습 경향과 학생들의 관심사를 감안할 때 공공의 이익을 주지시키는 것도 중요하다. 도시 단계에서 또래교수법을 권하는 것은 이러한 불균형을 타개할 방법이다. 디지털 기술이 특정한 집단의 욕구를 충족시킬 수 있는 만큼 다수의 욕구 충족에 기여할 수도 있다.

이뿐만이 아니다. 헬스케어와 가르치는 것에 대한 열정을 가진 어떤 인터뷰 응답자는 사람들이 서로 아는 것이 얼마나 중요한지에 대해 강조했다. 공감능력은 학생들에게 다른 사람들도 비슷한 생각, 꿈 또는 선택을 한다는 것을 깨닫게 해준다. 그 인터뷰이는 사회를 살아가는 구성원 간의 신뢰를 쌓는 것이 필수적이라는 사실을 느낀 것이다.

6) 세계 시민의식에 대한 인식을 키우기 위해 디지털 또래교수 시스템을 세계 단위에서 실행

만약 우리가 디지털 또래교수법을 '체계화'할 수 있다면 경계와 국경에 국한될 필요가 없지 않을까?

우리는 세계 단위로 행동범위를 넓힐 수 있다. 이제는 학생들과 교사가 세계 각지의 사람들과 또래교수법을 시도할 것을 권유할 수 있다. 다시 말하지만 디지털 또래 또는 동료 매칭 알고리즘과 트래킹 툴을 사용하면 학생들은 스펙트럼을 넓혀 세계의 다른 또래들과 매칭될 수 있을 것이다. 그들의 동료는 지역이나 나이에 구애받지 않고 매치될 수 있다. 아시아에 거주하는 고등학생이거나 두 초등학생 자녀를 둔 미국에 거주 중인 부모일 수도 있다. 그들은 세계 또래들과의 공감 능력을 키우고 특히 다른 문화권에 대한 민감성도 발전시킬 수 있다. 이 모든 것들이 세계 시민의식의 바탕이 되고 이는 아주 어린 나이부터 교육될 수 있는 것이다.

또한 디지털 또래교수 시스템은 학생들이 심화되는 세계화의 물결에 보조를 맞출 수 있는 기회가 될 것이다. 작은 소도시나 국가들의 경우 이는 더욱더 중요하다.

학교를 통해서 시민들은 일찍부터 지리, 문화적 경계를 넘어 편안하게 다른 이들과 상호작용을 할 수 있다. 학생 한 명 한 명을 해외로 보내는 것은 많은 비용이 들 뿐 아니라 비현실적 대안이다. 하지만 디지털 또래교수법을 이용한다면 모든 학생이 시민의식 함양의 기초를 단단히 다질 수 있을 것이다.

7) 세계 시민의식에 대한 인식을 키우기 위해 디지털 또래교수 시스템 을 세계 단위에서 실행. 학생교사가 각각 세계 여러 멘토들을 접할 수 있도록 돕기(학문의 영역에 국한되지 않고)

우리는 도시와 세계 모두를 가르칠 수 있다. 뿐만 아니라 도시와 세계로부터 배울 수도 있다.

초반에 언급되었던 아디^{Adi}의 이야기는 학생과 교사를 도울 수 있는 방법이 꼭 학교 시스템 안에 국한되어 있지 않다는 것을 주지 시킨다. 도시, 국가 또는 외국에 거주하는 그 또는 그녀는 성장하 는 세계 프래린서 시장의 전문가일 수도 있는 것이다.[67-69]

전문지식의 혁신, 해체, 다 양화와 일반화는 이제 세계 각지의 멘토들을 고용할 수 있고 이를 통해 학생이나 교 사가 자신들이 습득하고자 하는 내용을 더 잘 터득할 수 있을 것이다.

요즘 트렌드를 보자면 전문가 고 용이 꼭 많은 비용을 요구하는 것은 아니다. 세계 각지의 전문가들과도 접촉이 가능해졌고 고용의 형태도 한정된 시간을 전제하므로 적정 금 액으로 전문가를 고용하는 것이 가

능하다. 사실, 어떤 이들은 선의를 가지고 지역사회나 세계 단위에 서 자원봉사도 가능하다(권고사항 5와 6 참조).

이는 또한 소도시나 국가에도 현실적인 대안으로 고려될 수 있 다. 싱가포르의 한해 학생이 3만에서 4만 사이로 추정되는데 싱가 포르의 경우 세계 각지의 전문가와 학생을 매치시키는 것이 학생

이 수십만이나 수백만에 이르는 국가보다 쉬울 것이다. 이는 교사들의 경우에도 동일하다.

전 세계의 학생과 교사들이 전문가와 멘토로서 고유의 팀을 구성하게 되고, 서로가 가진 학문적 또는 비학문적 목표 달성에 이바지할 수 있게 된다면 어떨지 상상해보라. 그렇게만 된다면 학생이나 선생들이 가진 고민의 갯수는 더 이상 문제가 되지 않을 것이다. 왜냐하면 디지털 세계로 연결된 집단 지성이 모든 것을 해결해 줄 것이기 때문이다.[70-74]

학생과 교사들은 능력의 최대치를 달성하는 데 좀 더 가까워질 수 있을 것이다. 그들은 그들이 달성하고자 하는 목표치를 달성하거나 세계 최고의 결과를 낼 수 있을지도 모른다.

현지, 지역, 세계

기존의 전문가

1 전문가(기존의 방식 고수)

2 전문가(진보한 기술을 통해 도움받고 끊임없이 계발)

3 전문가들의 커뮤니티/네트워크

현지, 지역, 세계

새롭고 & 비전통적 의미의 전문가

4 전문가(나노디그리Nano-degree와 같이 비전통적 학위)

5 전문가 보조원(종종 진보한 기술을 통해 도움받고 끊임 없이 계발)

6 유저(스마트 셀프-헬프 시스템이나 또는 다른 유저 네트워크/커뮤니티의 도움으로 계발)

현지, 지역, 세계

기계 & 알고리즘

7 완전 자동화(인간-설계 한도를 기반으로 했으나 인간 개입이 없는 자동화 알람 또는 사물 인터넷IoT)

8 생성된 기계(딥 러닝Deep Learning에 기반을 둔 TASK)

9 '튜링 기술'(자율적 인간처럼 작업을 수행하므로 인간과의 차이 구별 불가능)

그림 5.2.5 학생과 교사를 위한 글로벌 멘토

탁월해지기

8) 학교와 직장의 경계를 허물어 학생들의 장점과 재능을 파악하고 학생들이 위험을 감수할 수 있게 보조[75][76]

학업 성적이 중요하다고 여겨지는 것은 학업의 커다란 부분이 직업 전망과 긴밀하게 연결되어 있기 때문이다. 그리고 실제로 부모, 학생 본인과 전반적인 경제, 사회 풍토에서도 이는 당연하게 받아들여진다(그리고 이러한 풍토는 앞으로도 지속될 것 같다).

하지만 만약 기술에 의해 직업이 직무로 세분화된다면(직업의 미래 참조) 다른 방식으로 성적을 매기고 학생들을 평가할 수 있을 것이다. 성적의 정의를 재정립할 수 있는 것이다.

예를 들어 고용주는 해당 산업에 중요한 직무를 특정할 수 있다. 이를 통해 우리는 각기 다른 주제의 교육과정의 모듈러 개념과 토픽을 중심으로 직무 간의 연결성을 밝혀낼 수 있다(권고1에 수업 설계지도 참조).

수업 계획과 연관 콘텐츠는 조합되어 온전한 수업의 형태로 교실이나 온라인으로 학생들에게 전달될 수 있는 것이다(권고1 에듀방 참조).

일정 정도의 직무를 이렇게 세분화한다면 기능적 기초지식과 3차 교육 주제로 교육과정을 채울 수 있을 것이다. 또한 여러 주제들이 실제 현장에서 어떻게 적용되는지에 대해서도 학생들에게 보여줄 수 있다. 학교와 업무의 경계선이 허물어져버린 것이다.

우리는 교실 내에서의 교육을 교육 시뮬레이션의 개념으로 진행할 수 있다. 그래픽의 발전과 가상/혼합/증강현실 덕분에 실감나는 시뮬레이션 환경 구성이 넓고 다양한 직무 교육을 위해 쓰일 수 있다. 이런 방식이 학생들의 현장 교육과 평가용으로 쓰일 수도 있다. 이를 통해 학생들은 뛰어난 이론, 적용, 현장 기량을 터득할 수 있다. 게다가 교육은 학생들의 강점과 필요에 따라 이론, 적용, 현장 기량을 적절히 조합할 수 있을 것이다. 즉, 학생들이 수업 관련 과제를 수행하거나 시험을 치른다는 것은 실제 직업의 현장에서 이론이 어떻게 적용되는지 여부를 근본적으로 평가하는 방향으로 변모하는 것이다.

어떠한 측면에서는 이런 접근 방식이 직업 소명화^{vocationalisation}의 극단적 해석이라 주장할 수도 있다.

또 다른 측면에서 보자면 학생들은 여러 직업에 관한 존중 의식을 배양할 수도 있다. 요양보호사의 직무들이 생물학 수업에서 논의될 수도 있는 것이다(의료의 미래 참조). 좀 더 고차원적으로 보자면 세계를 혁신시키고 개선하는 데 과학, 사화과학 그리고 예술을 적용하는 인간의 독창성은 흥미롭지 않을 수 없다.

이에 더해 추가적 이점도 빼놓을 수 없다. 이 같은 방식은 학생들이 미래에 더 나은 커리어 선택을 하는 커리어 카운셀링 기능을 강화시킬 것이다. 교사들은 학생이 가지고 있는 재능과 장점을 발견하고 약점과 도움이 필요한 지점을 정확하게 파악해 학교와 업무에 필요한 부분을 보충할 수 있도록 할 것이다. 고용주들은 성적 분포를 보고 업무에 필요한 직원들을 선발할 수 있을 것이다. 만약 두 학생이 다른 과제에서 같은 점수를 얻었다면, 고용주는 두 지원자를 변별력 있게 구분할 수 있을 것이다.

지금까지 언급된 모든 내용을 종합해보면 업무 전망과 준비라는 측면에서 학교는 좀 더 집중적, 효과적 그리고 능률화될 수 있는 것이다. 가치 있는 시간이 생겨 학생들은 강점과 최고를 지향할 수 있도록 투자하는 데 사용하거나 호기심을 푸는 데 사용할 수 있을 것이다(권고 7 참조).

성적이 현실 세계와 동떨어져 있다는 것이 확인된 이상, 학생들은 졸업 후 직업을 지킬 수 있는 확률을 높일 수 있고 이는 결과적으로 학생들이 학교와 실제 삶에서 좀 더 많은 리크스에 도전할 수 있는 환경을 제공해줄 것이다.

교육과 커리어: 좋은 점, 나쁜 점 그리고 추한 점

현재 매사추세츠 공대^{MIT}와 싱가포르 국립대^{Singapore University of Technology and Design}, 두 대학교에 재학 중이거나 최근 졸업한 두 중점 그룹을 대상으로 한 연구에서 이들은 커리어 충고, 준비, 폭로에 관한 흥미로운 아이디어를 가지고 있음을 확인했다.

그들은 커리어의 측면에서 학생들을 다음과 같은 카테리고로 분류했다:

- 자신이 무엇을 원하는지 아는 부류
- 자신이 무엇을 원하는지 안다고 생각하는 부류
- 자신이 무엇을 원하는지는 모르지만 학교가 도움을 줄 수 있다고 생각하는 부류
- 현재 무슨 일이 일어나는지 전혀 모르는 부류

네 부류의 학생들 모두의 흥미를 끌기 위한 방책으로 중점 그룹들은 그들이 단지 '좋은 것'을 경험하고 보고 싶어 하는 것이 아니라고 지적했다. 그들은 또한 '나쁜 것'들에 대해서도 알고 싶어 했는데 이는 '결정을 내릴 수 있는 주요 기준'이 될 수 있기 때문이다.

이 부분에서 커리어와 교육 시뮬레이션이 등장해 유용하게 쓰일 수 있는 것이다. 사회자와 학생들은 반 농담조로 이 같은 시뮬레이션을 '다양한 직업의 좋은 점, 나쁜 점 그리고 추한 점'이라고 명명해 발표해야 한다고 했다.

그림 5.2.6 교육과 업무의 경계선 허물기-더 좋은 선택하기

9) 성공의 척도에 너무 경도되지 않기

스스로의 강점에 대한 뛰어난 이해와 고용 가능성에 대한 기대로 학생들은 그들의 장점에 대해 더 잘 이해할 수 있을 것이다. 이를 통해 그들은 자신의 분야에서 최고의 결과를 내기 위해 노력할 수 있다. 이로 학생들마다 각각 다른 부분에서 뛰어난 기량을 보일 가능성이 높아 보이는 만큼 우리는 성공의 정의와 육성 방식도 이에 맞추어 재정립해야 할 것이다.

학교는 앞으로 다양한 종류의 성공을 축하해야 할 것이다. 성공의 정의는 결국 학생들의 관점에서 정의되어야 하는 것이다. 그들은 성공의 여러 가지 기준에 대해 열려 있는 입장을 취해야 한다.

인터뷰에 응한 한 CEO는 우리가 희망하는 것처럼 '짜여진 커리큘럼을 따르는 대신, 아이의 소명'을 따라 갈 것을 제안했다. 어쩌면 이것이 모든 부모들이 자녀들을 위해 바라는 바일지 모른다.

우리의 워크샵에 참여했던 한 학부모는 우리에게 이런 부분에 대해 고민해볼 것을 부탁했으며 이러한 열망에 대한 학교의 부응 요구는 점점 커져만 갈 것이다. 이미 현재 트렌드에 따르면 학업과 커리어 선택에서 많은 다양성을 확인할 수 있는데 여기에는 10년 전만 하더라도 주류로 인정받지 못한 분야도 포함된다.

결론: 교육 생태계 구축 - 도시 단위 기회 창조하기

위의 권고사항들은 근본적으로 하나의 교육 생태계를 구성한다. 기술, 기반시설, 상호작용, 네트워크와 지역사회가 구축될 것이다. 그리고 이것들은 사회, 경제적 기회들을 창조한다.

지역사회는 학교를 돕고 학교 또한 지역사회를 도울 것이다. 생태계를 구성하는 각 당사자들이 서로 협력함으로써 서로를 강화시키는 효과를 낼 것이고 혁신하며 더 나아질 수 있도록 상부상조할 것이다.

생태계 전체는 지역적이고 동시에 세계적이다. 우리가 세계를 가르칠 때 우리 역시 세계로부터 배우는 것처럼 생태계는 세계 각지의 요구, 자원 그리고 집단지성에 접근하고 평가할 수 있게 된다. 이를 통해 가장 뛰어난 아이디어, 혁신, 기술을 각지에서 끌어 모을 수 있을 것이다.[82][83] 생태계 내에서 발전된 아이디어, 혁신 기술은 반대로 세계 각지로 퍼져나갈 수 있다.

하지만 생태계는 교육적 목적 달성을 최우선으로 둔다. 생태계의 궁극적 존재 이유는 공공의 이익과 사회에서 기인하기 때문이다. 소기의 목적을 달성한다면 흥미롭게도 혁신과 경제 생태계도 창조할 수 있을 것이다. 생태계는 사회적 자본과 도시의 미래 경제를 강화할 것이다.

5.3 2040년의 미래 교육

기능적(이며 재미있는) 학교

학교는 재미가 기능의 일부가 됨에 따라 재미있어졌다.

재미 옹호론자들마저 강력한 비판론자들에게 동의할 수밖에 없는 부분이 있다. 학교가 재미있어졌다면 재미 그 자체가 중요해서가 아니고 이제 학생 교육 기능의 중요한 부분으로 재미도 인식되기 때문이다.

재미의 중요성은 필요에서 시작되었다.

도시와 기업들의 경쟁이 심화되기만 하고 앞서 나간다는 것은 끝없는 혁신을 의미했다. 그리고 이는 단순한 비즈니스적, 진취적인 것만이 아니라 사회적, 정치적, 예술적 혁신을 의미한다. 국내총생산GDP, 국민총생산GNP, 생존율, 사랑스러움, 건강함, 행복 등은 어떤 잣대로 수치화하더라도 분야를 막론하고 도시 내 공공, 사적또는 사람들 중 혁신을 원하지 않거나 반대하는 경우는 없었다.

이런 현실은 혁신이 학교 교육의 기능적인 부분임을 의미한다.

이로 인해 학교의 중점사안에도 변동이 있었다. 좋은 성적을 거두는 것은 좋은 일이지만 더 좋은 것은 당신이 획기적인 혁신을 이루어냈다는 것을 보여주는 것일 것이다.

금세 모든 이들은 혁신의 중요성을 이해하게 되었고 그것은 단한 가지를 의미했다. 혁신을 단순히 명령하고 지시할 수는 없다는 것이다. 우선 개인들의 관심사를 파악하고 필요한 관심사들을 유지해 뛰어나게 만들어야 한다. 특정 커리어 전망이든 일반적인 삶에 관한 것이든 관계없이 학생들은 각각 그들의 장점을 살려 더 뛰어나게 또는 최고가 되도록 발전시킬 수 있는 기회가 주어져야 하는 것이다.

이를 달성하기 위한 최고의 방법이란 바로 학교를 가능한한 최대로 흥미롭고 재미있게 만드는 것이었다. 재미는 평생 혁신의 출발점으로, 이로 인해 기능적이 되었다.

재미 옹호론자들은 이를 꺼리지 않았다. 다만 재미가 소명화되는 것에 대해서는 우려했는데 그들은 교육적 측면에서 재미 자체에 의미가 있다고 생각했기 때문이다. 학생들도 재미에 대한 반감은 없었다. 실험적이고, 몰입도 높은 수업을 싫어 할 이유는 없지 않은가? 기업들도 마찬가지였다. 물론 재미가 혁신을 의미하고 재미를 통해 투자를 회수할 수 있다는 가정 하에 말이다.

학교는 개인들의 강점과 재능을 파악하는 역할을 맡게 되었다.

학교는 개인들의 강점을 파악하는 역할을 맡았다. 하지만 불쌍한 교사들은 끝없이 변화를 찾아헤맸다. 불쌍한 부모들도 마찬가지였는데 '드론 부모 drone parents'가 되어 버린 것이다. 학생 하나 하나를 위한 정예 멘토팀이 생긴 것이다. 이들은 최고의 교육과 엔터테이먼트 컨텐츠와 기술을 담당할 적임자들이다. 사회경제적 디지털 격차를 좁히는데 일임을 다할 것이며 도시 단위, 세계 단위, 지역사회의 지주 역할을 할 것이다.

하지만 불쌍한 교사들의 책임은 막중해졌다. 그들은 가차없이 실력을 향상시켰고 끊임없이 변화를 추구했다. 교실 안팎에서 그들의 역할은 가르치는 것뿐 아니라 학생들이 어떻게 학습하는지까지 챙겨야 했다. 그리고 이 모든 것은 기술 덕분에 가능해졌다. 이것은 놀랄만한 일인 동시에 숨막히는 일이기도 하다.

부모들도 마찬가지이다. 지금의 학교는 그들의 학창시절과는 다르다. 보조를 맞추는 것은 쉽지 않았지만 부모들은 자녀들이 학교와 세상에 대해 호기심을 가지고 열의를 보이는 것에 즐거워했다. 또한 자녀들이 단순히 강의뿐 아니라 세계를 더 잘 이해한다는 사실에 기뻐했다. 동시에 부모들은 불안해 했는데 자녀들에게 최고를 선사하고 싶었기 때문이다. 옛 '헬리콥터 부모 helicopter parents'의 자녀들은 오늘날 '드론 부모 drone parents'가 된 것이다.

학교도 빼놓을 수 없다. 부모들은 자녀들이 잘 적응하고 있는지 확인하기 위해 끝없이 학교를 못살게 굴었다(학교에 대한 실망으로).
이러한 부모들의 불안은 반대로 이들이 도움을 제공하게 만드는
긍정적인 측면도 있었다. 부모와 학교는 각자의 강점을 살려 협력
하는 방법을 배운 것이다.

이것이 기능적(이며 재미있는) 파트너쉽이다.

미래로부터의 가공품: 수업 설계 지도^{Lesson Design Map}

후안, 40대 후반,
자녀 있음, 자원봉사자

2020년: 수업 설계 지도[77]

학교 수업 주제, 세계 시민의식, 가치, 일상생활을 통합해 강의를 세분화하고 이를 통해 종합적 사고능력 키우기

후안은 이상한 기분이 들었다. 모든 것이 척척 진행되는 듯한데

도 어딘가 문제가 있는 것처럼 느껴졌다.

후안은 자녀들의 교육에 관해 이러한 생각이 들었다.

그의 자녀들은 교육과정을 별 탈 없이 잘 따라가고 있었다(물론 그는 자식들이 더 잘하길 바랐지만 그렇지 않은 부모가 어디 있겠는가?). 후 안은 자녀들이 수업들 간의 연결성을 보지 못하는 것에 대해 걱정 했다. 그들은 주제에 관한 각각의 질문에는 답할 수 있었지만 수업 들 간의 연관성을 찾아내는 것은 어려워 했다. 후안은 아이들에게 프로젝트에 관한 질문을 할 때마다 이런 점을 명확하게 느꼈다. 아 이들은 항상 기댈 곳이 필요했던 것이다.

후안은 연관성을 찾아내는 것의 가치를 알고 있었다. 그가 직장 에서 매일 하던 일이기 때문이다. 가장 혁신적인 아이디어는 종종 다른 학문 간의 경계선에서 생겨나기 마련이다. 예를 들어 스마트 소재$^{smart\ fabric}$와 같은 흥미로운 분야는 패션 디자인, 소재, 제조 그 리고 엔지니어링까지 여러 분야에 걸쳐 있다. 기업들이 경쟁자를 물리치고 성공하기 위해선 학문의 분야들을 포괄적으로 보아야 했 다. 후안은 종종 새로운 아이디어가 아니라 새로운 조합만 있을 뿐 이라고 농담하곤 했다.

후안은 하버드 대학교 교수$^{Havard\ professor}$이자 발달 심리학자인 하워드 가드너$^{Howard\ Gardener}$의 《미래의 인재상$^{Five\ Mind\ of\ the\ Future}$》 을 읽은 적이 있다. 그 책에서 가드너 교수는 미래에 번창하기 위

해선 5가지 지적 접근방식이 있다고 설파했다:

1) 잘 교육된 인재상은 '최소한 하나의 사고 방식을 마스터' 한다

2) 창조적 인재상은 '새로운 분야를 개척'한다.

3) 공손한 인재상은 '차이를 환영'한다

4) 윤리적 인재상은 '자신의 이익을 넘어 타인의 이익을 생각' 한다

5) 통합적 인재상은 '이질적 정보를 수집하고 유용한 정보로 취합'한다

그는 학교가 1~4까지의 인재상을 육성하는 데는 제 역할을 하고 있다고 믿지만 다섯 번째 인재상에 대해서는 확신하지 못했다. 그는 가드너 교수가 말한 것처럼 '통합하는 능력은 아찔한 속도로 증가하는 정보의 속도와 함께 점점 더 중요해진다'는 부분에는 동의했다. 그는 여러 학문을 편안하게 접하는 유연한 인재교육은 학교에서 일찍부터 시작해야 된다고 생각했다.

그의 딸 자즈[Jaz]는 학교 공부와 일상생활의 연계성을 이끌어낼 방법을 제안했다. 학교에서 배운 것들의 연관성을 발견하는 것은 말할 것도 없이 그녀의 가장 큰 소망이었다. 그녀는 패션과 같은

개인 관심사를 수업활동의 일환으로 탐구하는 것이 소원이었다.

자즈의 선생님과 교장에게 실망한 후안은 딸을 위해 성가신 부모가 되기로 했다. 그는 '어떻게 학교 내에서 학제적 인재상을 육성할 수 있나요?'라고 질문하며 학교 관계자들을 끝없이 귀찮게 했다. 또 친구들과 함께 학교와 교사들을 돕겠다고 자청했다.

자즈는 그의 아버지가 학업을 넘어 정규과정 외 활동마저 돕겠다고 '자청하는' 모습을 보고 아연실색할 수밖에 없었다(고마워요 아빠…).

여러 번에 걸친 회의 후, 그들은 수업 설계 지도를 제안했다(그림 5.3.1 참조). '자발적 참여' 교사와 친구들은(비록 발버둥을 좀 쳐야 했지만) 수업 디자인 지도가 유용하다는 사실에 찬성할 수밖에 없었다.

다학제 수업을 가르치는 것은 항상 도전이었다. 물론 수업 설계 지도가 완벽하지는 않았지만 교사들은 실행 초기의 좋은 길라잡이가 될 것이라 느꼈다. 최소한 수업 설계 지도는 현재의 과목들과 존재하는 교육과정 내 개념과 주제를 다루었기 때문이다.

이는 철저함을 보장했다. 동시에 엄청난 시간을 절약할 수 있는 유용한 연결고리를 제공했으며 새로운 기술을 따로 배울 필요도 없었고 추가로 다른 여타 기술이 필요하지도 않았다.

교사들은 그들이 미래의 기후 변화 혁신가들을 양성한다는 아이디어를 마음에 들어했다. 그들은 교실 안에서의 아이디어 심어주기, 가치 형성하기 그리고 열정 성취하기가 아주 중요하다는 사실을 알고 있었다. 이는 애초에 교사들이 교직에 뛰어든 이유이기도 했다.

시작단계에서 학생들은 다면적이고 연관성을 가진 기후 변화의 과제에 대해 이해했고 기후 변화에 대응할 방책이 5년, 10년, 20년 후면 더 많아질 것이라는 것을 알고 있었다.

후안의 '자발적 참여' 친구들은 그들이 교육의 미래 더 나아가 세계의 미래에 기여할 수 있다는 사실에 행복해했다.

이 프로젝트를 위해 많은 노력을 쏟아부었던 후안은 매우 기뻤고 감사했다. 하지만 이 프로젝트가 지속될 수 있는지의 여부에 대해서는 확신이 없었다. 요즘 모든 사람들은 바쁘기 때문이다. 그는 가끔 교사, 그의 친구들 그리고 자즈를 자신의 '과외 활동' 추구에 참여하게 한 것을 후회하곤 했다.

따라서 후안이 수업 설계 지도가 이끌어 올 결과를 알았더라면 좋았을 것이다.

통합적 사고를 위한
수업 설계 지도

교과과목

지리

화학

각기 다른 과목들이 색깔별로 나뉘어 있다. 기존의 강의/교과계획 주제와 개념에 기반한 이러한 방식은 (학교에서 이미 해온 방식이므로) 정확성과 친밀성을 보장하고, 교사와 학생의 업무와 시간을 절약해준다(새로운 교과과정을 만들 필요가 없어지기 때문).

질문 & 목표

교과과목에서 다루는 거시적 질문들과 학습목표.

01
기후
변화란
무엇인가?

교과 목표

지리와 화학 수업에서 도출된 지식은 온실가스 효과를 설명할 수 있고, 이는 기후변화의 경제학적 배경을 이해하는 바탕이 된다. 또한 정책 설계와 평가에도 유용하다.

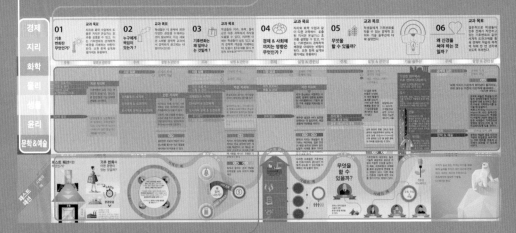

경제 | 지리 | 화학 | 물리 | 생물 | 윤리 | 문학&예술

01 기후 변화란 무엇인가?

02 누구에게 책임이 있는가?

03 기후변화는 왜 일어나는 것일까?

04 경제 & 사회에 끼치는 영향은 무엇인가?

05 무엇을 할 수 있을까?

06 왜 신경을 써야 하는 것일까?

주제 & 설명

개별 과목의 주제와 개념을 몇 개의 대주제로 분류하면, 학생들이 과목 간의 연결성을 명확하게 이해하는 데 도움이 된다.

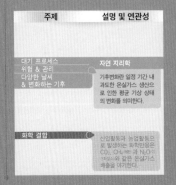

주제	설명 및 연관성
대기 프로세스 위험 & 관리 다양한 날씨 & 변화하는 기후	**자연 지리학** 기후변화란 일정 기간 내 과도한 온실가스 생산으로 인한 평균 기상 상태의 변화를 의미한다.
화학 결합	산업활동과 농업활동으로 발생하는 화학반응은 CO_2, CH_4, N_2O와 같은 온실가스 배출을 야기한다.

사례 연구

사례 연구는 수업과 현실세계를 연결시켜주며, 학생들이 학업과 실생활 간의 연결고리를 찾도록 돕는다.

패스트 패션 사례의 예

패스트 패션이란 무엇인가?

기후 변화와 어떤 관련이 있는 것일까?

그림 5.3.1 수업 설계 지도 – 확대 버전은 다음 두 페이지에 수록. 지도 전체는 아래 링크에서 다운로드 가능
https://livingdigital2040.files.wordpress.com/2016/09/lesson-design-map-web.pdf

통합적 사고를 위한
수업 설계 지도

교사들의 탈출 지도 도식

교과과목

경제	지리	화학	물리	생물	윤리	문학 & 예술

01
기후 변화란 무엇인가?

교과 목표
지리와 화학 수업에서 도출된 지식은 온실가스 효과를 설명할 수 있고, 이는 기후변화의 경제학적 배경을 이해하는 바탕이 된다. 또한 정책 설계와 평가에도 유용하다.

02
누구에게 책임이 있는가?

교과 목표
학생들은 이 문제에 관한 다양한 관점을 이해하는 것이 필요하다. 이는 새로운 A레벨 경제학 교과에서 강력하게 권고되는 내용이다(2016)

03
기후변화는 왜 일어나는 것일까?

교과 목표
학생들은 지리, 화학, 물리 같은 다른 과목에서 지식을 도출할 수 있다. 이러한 이해는 학생들이 심도 있고 넓게 경제학 개념을 이해하는 데 도움이 된다(예를 들어 부정적 외부효과negative externality)

주제	설명 & 관련성	주제	설명 & 관련성	주제	설명 & 관련성

시장 실패 — 경제학 주제
불완전한 정보 — 경제학 개념

시장 실패 — 경제학 주제
부정적 외부 효과
공유지의 비극 — 경제학 개념
공익(인류의 관점에서 공익)
대기 프로세스
위험 & 관리

대기 프로세스
위험 & 관리
다양한 날씨 & 변화하는 기후

자연 지리학
기후변화는 일정 기간 내 과도한 온실가스 생산으로 인한 평균 기상 상태의 변화를 의미한다.

경제활동의 세계화
인구문제 & 도전과제
도시계획 문제 & 도전과제

인문 지리학
인간으로 인해 야기된 기후 변화는 인문 지리학의 모든 주제에서 논의될 수 있다.

인위적 기후 변화를 반대하는 논점은 종종 지구 온난화가 자연발생적이라는 밀란코비치 주기(Milankovitch)를 인용한다.

경제활동의 세계화
인구문제 & 도전과제
도시계획 문제 & 도전과제
유기화학
비열 용량

자연 지리학
온실효과의 증가는 복사열을 가두어 세계 온도 증가를 야기

화학 결합
산업활동과 농업활동으로 발생하는 화학반응은 CO_2, CH_4(메탄)과 N_2O(아산화질소)와 같은 온실가스 배출을 야기한다.

일산화탄소 녹스 연소되지 않은 탄화수소로부터의 온실효과, 플루오로 알케인과 염화불화탄소(CFC)으로 인한 오존 파괴

온실가스와 다른 가스 간의 비교

불완전한 정보의 개념은 지구 온난화를 둘러싼 의견 충돌을 해석하는 데 적용될 수 있다.

지리는 지구온난화에 영향을 끼치는 주요 분야에 대한 개요를 제공한다. 이 개요는 부정적 외부효과의 개념을 다룰 때 사용할 예시의 유용한 기본체계가 된다

화학과 물리는 경제 개념을 뒷받침할 실제 과학적 예를 제공

패스트 패션

패스트 패션이란 무엇인가?

사례의 예

기후 변화와 어떤 관련이 있는 것일까?

낮은 수요
가속되는
환경오염

패스트 패션

사례의 예

패스트 패션

사례의 예

왜 일어나는가?

통합적 사고를 위한
수업 설계 지도

교사들의 탈출 지도 도식

교과과목

| 경제 | 지리 | 화학 | 물리 | 생물 | 윤리 | 문학 & 예술 |

04 경제 & 사회에 끼치는 영향은 무엇인가?

교과 목표
지리와 화학 수업과 같이 다른 과목에서 도출된 지식은 온실가스 효과를 설명할 수 있고, 이는 기후변화의 경제학적 배경을 이해하는 바탕이 된다. 또한 정책 설계와 평가에도 유용하다.

05 무엇을 할 수 있을까?

교과 목표
학생들에게 기후변화를 막을 수 있는 경제적 조치와 기술 솔루션에 대해 설명한다.

06 왜 신경을 써야 하는 것일까?

교과 목표
결론적으로 학생들이 인류 전체가 직면하고 있는 기후변화와 같은 세계적 도전과제를 통해 경제학 학습의 목적에 대해 한 번 생각해 보도록 격려한다.

| 주제 | 설명 & 관련성 | 주제 | 설명 & 관련성 | 기술 솔루션 | 주제 | 설명 & 관련성 |

주제 & 설명 (04)

시장 실패 / 차총 손실 — 경제학 주제 / 경제적 개념

대기 프로세스 / 위험 & 관리 — **자연 지리학**
지구 온난화는 치명적인 사회적, 경제적 영향을 초래하는 사이클론이나 가뭄과 같은 기후 위험을 악화시킬 수 있다.

산과 염기 — 해수면 상승은 바다 표면을 산화하는 데 일조하며, 해양 생물에 악영향을 끼친다.

화학과 지리는 학생들이 증가하는 자연재해, 질병 전염과 해양 화학의 변화와 같은 실질적 사례를 통해 기후변화로 인해 미래의 생산이 어떻게 감소할 수 있는지를 이해하는 데 도움이 된다.

이러한 사례들은 기후변화로 인해 미래의 생산이 어떻게 감소할 수 있는지를 이해하는 데 도움이 된다.

패스트 패션 / 사례의 예

주제 & 설명 (05)

경제학 주제 / 경제적 개념 / 세금, 보조금, 기준과 오염배출권

이 같은 화학 반응은 산성비와 배연 탈황의 효과를 감소시키며 또한 촉매 변환을 통해 대기 오염물질을 제거하는 효과가 있다.

산과 염기 / 산화 환원 반응 / 열루, 에너지 & 파워 / 물질의 이동

삼투 현상의 응용 그리고 환경 공학과 재료공학에서 쓰이는 확산과 능동 수송(Active Transport)은 기후 변화로 인한 물 공급 변화의 여파를 감정시킬 수 있다.

기후변화에 대응하는 일은 기술적 해결책과 보조금 지원의 적절한 조화를 요한다. 한 예로, 외부비용의 내재화를 통해 공급망에 변화를 주는 방법이 있다. 다른 예로는 친환경 기술에 대한 수요를 증가시키는 방법이 있다.

패스트 패션 / 무엇을 할 수 있을까? / 사례의 예

정부는 화학 물질과 사용에 대한 환경기준을 제정할 수 있다.

정부 / 기업 / 과학자 / 디자이너

공동 작업 & 개발

기술 솔루션

다양한 범주에서 기후 변화에 대응하기
기술과 디자인 혁신의 예:
(슬세 내용 28쪽 참조)

도시
순환경제 - 물질, 에너지 자원의 폐기를 억제하고 재활용을 통해 문제 해결
스마트 시티와 정보통신기술(ICT)은 세계 온실가스 배출 15% 감소시킴.

태양에너지나, 원자력, 수력발전과 같은 친환경 그리고 재생 가능한 에너지 사용

건물
태양에너지로 사용 햇빛을 반사하고 열을 외부로 방출할 수 있는 새로운 소재를 사용한 건물은 에어컨을 쓰지 않고도 건물의 낮은 온도를 유지할 수 있다.

개인들
웨어러블 기술: 인간의 직접 시행하거나 또는 따뜻하거나 에너지 생산을 돕는 스마트 패브릭

주제 & 설명 (06)

경제학 입문 / 사유재산 — 경제학 주제 / 경제적 개념

'비록 우리가 이곳에서 태어났다 할지라도, 우리 모두는 여전히 이민자에 불과하다…'
(마가렛 앳우드)

문화와 예술은 학생들이 어떻게 경제학자들이 자연과 환경에 대해 논의하고 중요한 이슈로 지목하는지를 논의할 때 유용하다.
세바스티아노 살가도(Sebastião Salgado)의 사진 컬렉션인 제네시스(Genesis)는 학생들이 어떻게 다양한 방법으로 많은 사회들이 기후변화의 영향을 받았는지에 좀 더 민감해지도록 도울 것이다.

윤리 / 문학 & 예술 — 인격 & 도덕 교육
문화와 예술은 종종 인간과 자연의 대규모인 비중어지는 기후 변화를 인류의 시각에서 바라볼 수 있도록 이끈다.

사례의 예 / 패스트 패션

우리가 살고 있는 지구는 다가올 세대에게 물려줄 우리가 가진 유산의 전부이다. 우리는 지구의 수호자이고 관리자이며 필요한 역할을 다 해야만 한다.

친환경 이노베이션

그림 5.3.1   수업 설계 지도 - 확대 버전은 다음 두 페이지에 수록.
지도 전체는 아래 링크에서 다운로드 가능
https://livingdigital2040.files.wordpress.com/2016/09/lesson-design-map-web.pdf

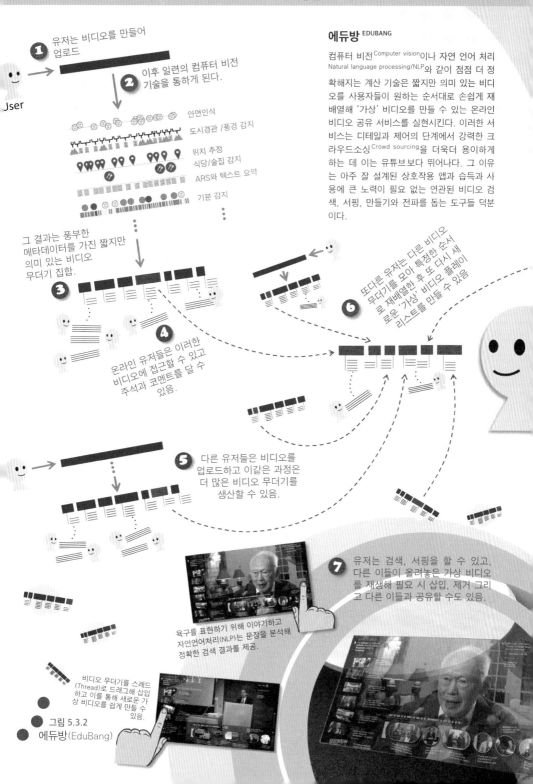

2025년 경 미래의 발명품

인간-컴퓨터 상호작용과 교육에 관한 컨퍼런스에 사용된 포스터

1 유저는 비디오를 만들어 업로드

2 이후 일련의 컴퓨터 비전 기술을 통하게 된다.

안면인식

도시경관 /풍경 감지

위치 추정

식당/술집 감지

ARS와 텍스트 요약

기분 감지

3 그 결과는 풍부한 메타데이터를 가진 짧지만 의미 있는 비디오 무더기 집합.

4 온라인 유저들은 이러한 비디오에 접근할 수 있고 주석과 코멘트를 달 수 있음.

5 다른 유저들은 비디오를 업로드하고 이같은 과정은 더 많은 비디오 무더기를 생산할 수 있음.

6 또다른 유저는 다른 비디오 무더기를 모아 특정한 순서로 재배열한 후 또 다시 새로운 '가상' 비디오 플레이 리스트를 만들 수 있음

에듀방 EDUBANG

컴퓨터 비전 Computer vision 이나 자연 언어 처리 Natural language processing/NLP 와 같이 점점 더 정확해지는 계산 기술은 짧지만 의미 있는 비디오를 사용자들이 원하는 순서대로 손쉽게 재배열해 '가상' 비디오를 만들 수 있는 온라인 비디오 공유 서비스를 실현시킨다. 이러한 서비스는 디테일과 제어의 단계에서 강력한 크라우드소싱 Crowd sourcing 을 더욱더 용이하게 하는 데 이는 유튜브보다 뛰어나다. 그 이유는 아주 잘 설계된 상호작용 앱과 습득과 사용에 큰 노력이 필요 없는 연관된 비디오 검색, 서핑, 만들기와 전파를 돕는 도구들 덕분이다.

7 유저는 검색, 서핑을 할 수 있고, 다른 이들이 올려놓은 가상 비디오를 재생해 필요 시 삽입, 제거 그리고 다른 이들과 공유할 수도 있음.

욕구를 표현하기 위해 이야기하고 자연언어처리(NLP)는 문장을 분석해 정확한 검색 결과를 제공.

비디오 무더기를 스레드(Thread)로 드래그해 삽입하고 이를 통해 새로운 가상 비디오를 쉽게 만들 수 있음.

그림 5.3.2

에듀방(EduBang)

6 헬스케어의 미래

Future of Healthcare

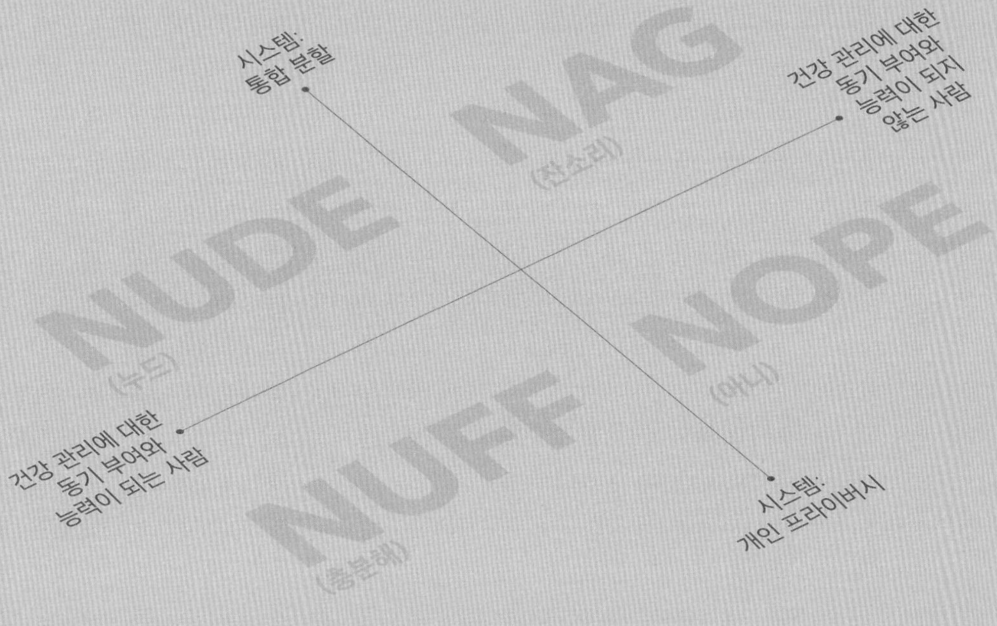

그림 6. 1. 1 헬스케어의 미래 시나리오

6.1 디지털 사회의 헬스케어 시나리오

도시의 의료 체계는 잭슨 폴락^{Jackson Pollock}의 그림을 닮기 시작했다.

병원, 의원, 개인병원과 같은 정규 헬스케어 병원, 클리닉, 개인병원과 같은 정규 헬스케어 시스템은 도시 단위의 의료 시스템에 견고한 기반을 두고 있지만, 전체 의료시스템의 일부에 불과했다.

의료는 이제 모든 것과 관련 있게 되었다. 의료란 당신의 주위에 있는 모든 것이며, 당신이 섭취한 것이자 투약한 것이다. 의료란 여러분이 받아들이는 그 자체가 되었다

디지털 기술은 의료라는 개념이 모든 곳에 존재할 수 있게끔 해주었다. 디지털 기술은 당신이 한 행동과 식습관 등을 감지 및 감시, 기록

디지털 의료는 어디나 존재하고 동시에 전능하다. 그래서 잘 통합된 기술^{well-intergrated}에 대한 요구가 종종 있었다. 하지만 이는 프라이버시의 보안 위험도 내재하고 있었다. 동시에 모든 진보한 기술은 시민들이 스스로 건강을 관리하지 않는 이상 주요한 역할을 할 수밖에 없었다.

할 수 있게 해주었다. 집과 사무실, 공공장소, 술집 등도 예외는 아

니었다. 출퇴근할 때 애용하는 자율주행 버스와 차^{ABCs/autonomous buses and cars} 안도 예외는 아니었다. 디지털은 이 모든 자료를 분석하고 당신의 유전자와 주변환경을 통해 건강이 가지는 의미에 대해 알려주었다. 이 모든 것은 즉각적이고 실시간으로 이루어지며 원한다면 365일 매주 24시간 내내 가능한 일이었다.

디지털 기술의 발달이 가져온 보건의료 체계, 즉 디지털 헬스 Digital Health는 전능한 것처럼 느껴졌다. 모든 것을 알고 있다는 사실은 고작 시작에 불과했다. 도시, 기업 그리고 시민들은 앞으로 디지털 기술을 이용하면, 걸음걸이를 교정하거나 보행 거리를 추적하는 것 이상의 일들을 할 수 있게 될 것이다

체학 기술^{omics technologies}부터 인체 관련 나노봇^{nanobot}, 의학 인체 통신망^{medical body area networks}, 로봇 의료 전문가('환자를 돌볼 줄 아는 인공지능'과 같이 모순적인 면을 가지고 있는), 전장유전체 연관분석^{genome-wide association studies}, 대륙을 넘나드는 원격의료까지 모든 종류의 기술이 총 망라되어 있는 이 기술들은 질병을 발견하고 진단을 내리며 병을 물리쳤다.

병을 예방하는 효과도 있었다. 디지털 의료는 단순히 인간의 수명을 연장하는 것뿐만 아니라, 삶의 질도 개선했다. 정말 디지털이 관여하지 않는 분야는 하나도 없어 보였다.

그러다 보니 기술 간의 융합에 대한 수요도 늘어나게 되었다. 기

술 간의 융합이 잘 될수록, 의료에 대한 이해도 향상되었다. 그리고 도시, 회사, 시민들 간의 협력도 활발하게 이루어질 수 있게 되었다.

그러나 동시에 이는 도시와 기업과 시민들이 서로에게 악영향을 끼칠 수 있다는 것을 의미했다.

시스템 통합이 잘 되어 있을수록 개인 프라이버시는 위험해졌다. 시민들은 기업과 도시가 그들의 의료 데이터와 정보를 악용할지에 대해 걱정했다. 기술과 시스템 통합이 잘 되어 있을수록 시스템 전체의 사이버 오류, 사기, 흉악범죄의 홍수에 더 취약했기 때문이다.

또 시민들의 동기부여에 관한 문제도 있었다. 말을 물가로 데려 갈 수는 있지만 물을 마시는 일은 말에게 달려 있었기 때문이다. 시민들이 자신의 건강을 챙기지 않는 이상 개인화 기술, 정도 그리고 데이터는 큰 의미가 없었다.

식습관과 라이프스타일의 예를 들어보자.

시민들은 오래전부터 적게 먹고 많이 움직여야 한다는 것을 알고 있었다. 그럼에도 의식, 전의식 또는 무의식적으로 더 먹고 덜 움직이기를 선택했다. 아는 것만으로는 충분하지 않고 직접 실천해야 하는 것이다. 즉 개인 의료의 미래는 얼마나 많은 사람들이 자신의 건강을 관리하고, 관리할 능력이 있는지 그리고 기술이 얼마나 잘 통합되거나 분할되어 있는지에 따라 좌우되었다. 도시, 기업과 시민들이 관련되어 있는 이러한 관점이 헬스케어의 미래를 결정했다.

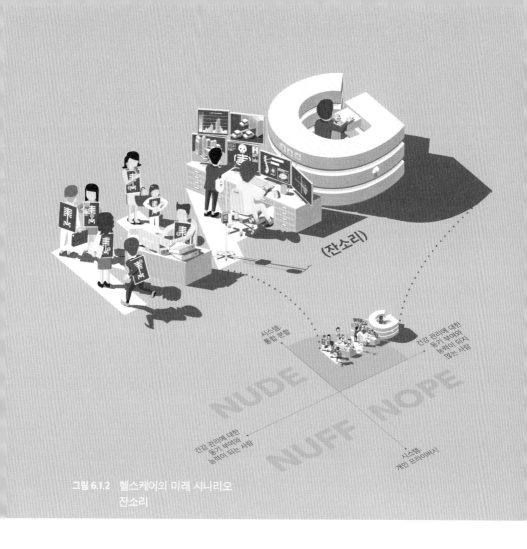

(잔소리)

NUDE

NUFF NOPE

시스템:
통합 분할

건강 관리에 대한
동기 부여와
능력이 되지
않는 사람

건강 관리에 대한
동기 부여와
능력이 되는 사람

시스템:
개인 프라이버시

그림 6.1.2 헬스케어의 미래 시나리오
잔소리

잔소리

'잔소리' 도시는 통합이 옳다고 믿었고 시민들은 적극적으로 도

움을 받아야 한다고 생각했다.

정신은 강했지만 몸은 약했기 때문에 다른 방법이 없었다. 바쁜

스케줄 때문에 시민들은 건강을 관리할 여유가 없었고 자연스럽게 건강 관리에 관한 자극에 둔감해졌다.

도시는 필요한 모든 기술에 투자하고 기술들을 통합하기로 결정했다. 이렇게 통합된 기술들은 개인화된 헬스케어를 제공할 뿐 아니라 적기에 개별 시민의 관심을 끌 만한 충고와 필요한 조치를 보낼 수 있게 되었다.

하지만 시민들은 끝없이 잔소리를 듣고 있다고 느끼기 시작했다. 제안과 잔소리는 종이 한 장 차이였던 것이다.

이 같은 상황이 발생한 이유는 도시의 통합시스템이 모든 것을 담당했기 때문이다. 유전자 프로필genome profile, 임상기록, 검색 정보, 식습관, 집과 직장 정보, 출퇴근, 해외 여행 등등 건강에 관한 모든 정보는 자동적으로 이 메가디지털 브레인Mega Digital Brain에 저장되었다. 그리고 우리가 한 모든 것에 대한 분석과 권고사항들은 이미 준비되어 있었다.

기업들은 이 통합 시스템에 만족했다. 시스템 덕분에 직원 건강 관련 비용을 크게 절감할 수 있었기 때문이다. 기업들은 필요한 상관 정보를 메가디지털 브레인에 입력만 하면 충분했다. 말 그대로 플러그 앤 플레이plug-and-play 방식이었다.

시민들도 프라이버시 침해를 불편하게만 여긴 것은 아니다. 초기의 염려에도 불구하고 그들은 개인화된 헬스케어를 받을 수 있으므로 사생활 침해에 대한 우려를 일종의 필요악으로 생각했다. 도시는 그들의 건강을 책임지고 있는데 굳이 불평대장이 될 필요는 없었던 것이다.

물론 불평거리가 없던 것은 아니다. 프라이버시는 프라이버시지만 잔소리는 전혀 다른 문제였기 때문이다. 시민들은 종종 메가디지털 브레인이 '너무 심하게 대응한다'고 느꼈다. 시간이 지날수록 더욱더 많은 시민들이 잔소리에 익숙해지면서 '연구실에서 자란 프라이드 치킨 조각은 당신의 주간 지방 섭취량을 위협한다'는 리마인더를 무시하게 되었다.

사람들은 가끔은 프라이드 치킨 한 조각이 더 먹고 싶었다. 죄책감이나 잔소리 없이.

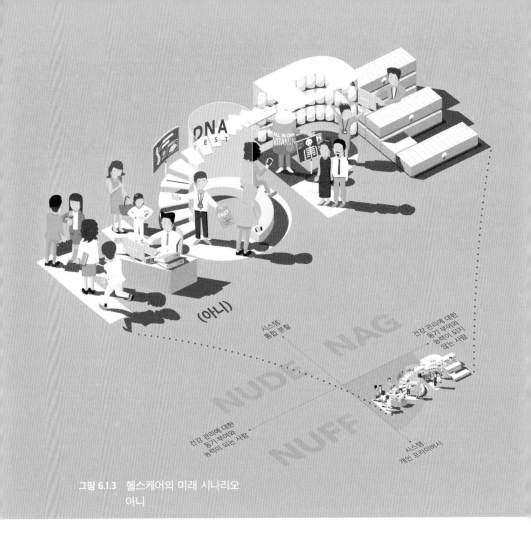

시스템:
통합 문화

건강 관리에 대한
동기 부여와
능력이 되지
않는 사람

건강 관리에 대한
동기 부여와
능력이 되는 사람

시스템:
개인 프라이버시

그림 6.1.3　헬스케어의 미래 시나리오
　　　　　 아니

'아니'

　'아니'라고 말하는 시민들은 더 많은 관심을 필요로 한다. 그들은
자신의 건강을 관리할 동기부여가 부족한 것이 아니라 빡빡한 스
케줄로 인해 단순히 시간 자체가 없는 것이다.

또한 그들은 통합 시스템에 '아니'라고 대답했다. '거대 데이터 붕괴Great Data Debacle 이후 시민들은 개인 데이터와 정보를 한 시스템이나 조직에만 맡기는 것을 꺼리면서 프라이버시를 우선으로 생각했고 다양한 기술 시스템을 통해 정보를 분배, 분산하기를 선호했다.

도시는 통합에 대해서도 '노'라고 대답했다. 도시 입장에서 통합은 많은 비용이 들 수밖에 없으며 기존의 분할방식을 업그레이드하는 것만으로도 충분했기 때문이다. 분산된 시스템은 이에 맞는 분산된 방어시스템을 필요로 했는데 점점 증가하는 사이버-물리 보안 위협cyber-physical security threats에 대응하기는 역부족이었다. 게다가 기술판매자들의 경쟁을 부추기는 것은 혁신을 촉진했고 독점화를 예방했으며 시장 경쟁력을 강화했다. 이 모든 것은 총 비용을 낮추는 데 기여했다.

기업들은 이런 것들을 전혀 반대하지 않았다. 이 같은 시스템은 직원들의 의료 비용 부담을 상당히 덜었기 때문이다. 그리고 이는 기술 판매자인 기업에게 수익 사업의 기회를 의미하기도 했다.

많은 시민들이 현상유지를 선호했다. 당장 현재의 상황은 '만족할 만'했기 때문이다.[76] 더 할 수 있는 것이 있을지도 모르지만 시민들은 지금 당장은 충분하다는 사실에 만족했다. 조금 더 일을 하는 것은 자주 있었기 때문이다. 게다가 기업들은 수십 년간 통합시스템이 가져올 이익에 대해 광고해왔다, 무슨 말이 더 필요하겠는가? 시민들은 꾸준하고 점진적인 개선 방식이면 괜찮다고 여겼다.

하지만 의문을 가지는 시민들도 있었다. 기술 비용은 계속 떨어지고 있었고 최신 연구 덕분에 새로운 데이터, 정보 관련 기술은 성장 중이었기 때문이다. 그렇다면 이제 미래에 대한 다른 의견을 알아볼 시간이 된 것이 아닐까?

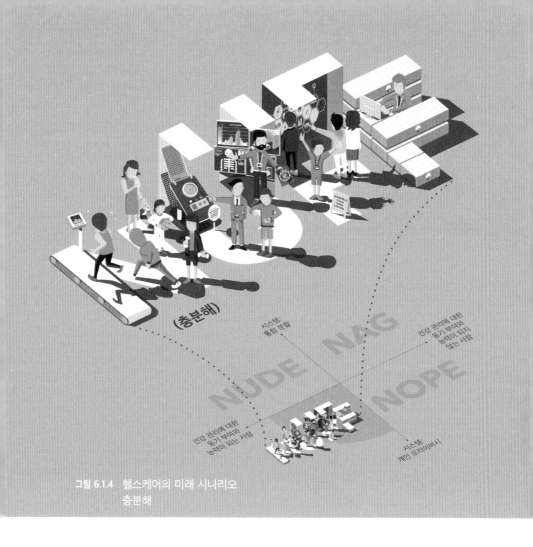

（충분해）

시스템:
통합 불량

건강 관리에 대한
동기 부여와
능력이 되지
않는 사람

건강 관리에 대한
동기 부여와
능력이 되는 사람

시스템:
개인 프라이버시

NUDE NAG

NOPE

그림 6.1.4 헬스케어의 미래 시나리오
충분해

충분해 Nuff

'충분해'라고 말하는 도시들은 필요한 것을 제공해주는 것으로
충분하다고 믿었다. 그래서 시민과 기업들에게 그 길을 닦도록 맡
겼다. 즉 시민들은 완전히 통합되지 않은 넓은 범위의 기술을 사용

해 그들의 행동에 스스로 책임지도록 강요받게 된 것이다.

도시에게는 그럴만한 이유가 있었다. 기술 발전은 너무나 빨랐고 시민들은 도시가 제공할 수 있는 것보다 더 앞선 기술에 쉽게 접근할 수 있었기 때문이다.

시민들은 저렴한 가격의 DIY 게놈 테스트[DIY genomics tests], 다질병 진단용 휴대감각기[Multi-disease diagnostic mobile tricoders], 슈퍼슈트[SuperSuits], 로봇닥터[robo-doctors] 또는 국제 원격의료 서비스를 개인화된 헬스케어 시스템으로 조합할 수 있게 되었다.

논리는 간단했다. 시민이 가는 곳에 기업은 따라갔다. 그리고 시민들은 나이가 들어감에 따라 건강 관리에 소비하는 부분이 더 많아졌다. 그래서 기업은 시민들의 의료 데이터를 확보하기 위해 최선을 다했다. 그 결과 시민의 건강을 기업 재산으로 치환시킬 수 있었다.[77-91]

시민들도 이에 대해 동의했다. 시장은 실제로 급변했다. 전문지식은 지역에 국한되지 않고 국제적 기반을 가지면서 의료 관련 서비스는 더욱더 저렴해졌다. 그리고 자신의 건강을 챙기는 것은 큰 자율성을 가진 것처럼 느껴졌다.

하지만 여기에는 부작용도 있었다. 시민들은 그들의 건강을 조망할 수 있는 큰 그림을 그리는 데 너무 많은 시간과 에너지를 들여야 했다. 매우 바쁘고 할 일이 산적해 있는 상태에서 시민들은 또한 신용사기와 부정행위도 조심해야 했고 옥석을 구분하는 법도 배워야만 했다.

뿐만 아니라 시민 스스로가 건강 관리를 하고 있는데 왜 공공 헬스케어 시스템을 지원하고 세금을 내야 하는지 의문을 가지기 시작했다.

만약 자신이 건강하다면 더 낮은 보험료를 내는 게 합당하지 않을까? 건강에 문제가 있는 사람들이 더 내면 되는 것이다. 나는 그냥 내야 할 적당한 만큼만 지불하면 충분하다. 더도 덜도 필요 없고 '그 정도면 충분'하다고 느꼈다.

DIY, 매수자 위험 부담 원칙^{Caveat emptor} 그리고 점점 설득력을 잃어가는 사회적 책임에 관한 이야기가 과연 도시의 건강을 보장하는 최고의 방법이었을까?

시스템:
통합 분할

E NAG

건강 관리에 대한
동기 부여와
능력이 되지
않는 사람

NUFF NOPE

건강 관리에 대한
동기 부여와
능력이 되는 사람

시스템:
개인 프라이버시

**그림 6.1.5 헬스케어의 미래 시나리오
누드**

누드 Nude

'누드' 시민들은 완전하게 발가벗겨졌다고 느꼈다.

개인 의료에 기술의 개입에 대한 통합적인 견해는 스스로 건강 관리를 책임질 동기부여가 되어 있는 시민들과 맞아떨어졌다. 하지만 그들의 건강에 관련한 모든 정보 역시 도시, 기업, 지역사회 들과 공유되고 있었다. 더 이상 숨을 곳은 없었고 모든 것이 노출된 것처럼 느껴졌다.

도시는 통합 시스템과 기술이 공공의료에 주요한 역할을 하도록 결정했다. 또한 사이버보안, 정책 그리고 입법의 적절한 조화를 통해 통합 시스템과 기술을 시민들에게 제공할 수 있을 것이라는 사실도 알고 있었다. 그럼에도 불구하고 도시는 공익을 위한 기업의 역할을 정부와의 협력만으로 제한해 버렸다.

그 결과 시민들은 자신의 건강은 스스로 챙기는 것이 훨씬 좋다는 것을 알게 되었다. 그뿐만이 아니었다. 시민들은 민주화되고 분산된 건강, 정보, 데이터를 이용해 서로 돕기 위한 지역사회 계획을 만들기에 이르렀다.

식단이 자신의 유전자 프로필에 알맞는지 알고 싶은가? 같은 도시 내에 당신과 비슷한 사람들의 그룹이 있다.

알레르기 음식물 관련 진단을 받는 것이 어떤지 알고 싶은가? 관련 경험을 가진 또는 가졌던 다른 나라의 사람도 있다. 모두가 다른 도시나 다른 세계에 사는 이들에게 도움이 될 수 있는 나노 전문가$^{Nano-expert}$가 된 것이다.

이 모든 것은 아주 이상적으로만 보였다. 하지만 큰 걱정거리 하나가 있었다. 바로 비용이었다. 이렇게 통합되고, 복잡하고 보안이

되어 있는 시스템과 기술을 만들고 관리하는 것은 아주 비쌀 수밖에 없었다.

도시, 기업과 시민들은 비용을 분담할 모델을 고안했다. 하지만 헬스케어의 특성상 비용은 계속 증가할 수밖에 없었다. 비즈니스 모델로는 어느 순간 무너질 수밖에 없었던 것이다.

다른 큰 걱정거리로는 프라이버시가 있있다. 빅데이터$^{Big\ Data}$는 곧 '큰 절도$^{Big\ Theft}$'를 의미했다. 우리를 항상 지켜보고 있는 빅브라더도 문제지만 '큰아버지, 엄마, 언니, 배우자, 동생, 사촌 그리고 시끄러운 이웃과 신경질적인 친구'까지 생각하게 되었다. 이 모든 것은 '큰 문제'를 야기할 수 있었다.

동시에 민주화는 기존의 의료 전문가들과의 질서를 깨고 권력을 이동시켰다. 이젠 시민 한 명 한 명이 나노 전문가가 되어 끝없이 헬스케어 시스템과 전문가들에게 도전했다. 이것이 바로 '적은 지식과 진일보한 기술은 위험하다'는 좋은 예일까? 또는 진화하고 활력이 넘치는 건강한 시민과 전문가들 간의 단순한 증상 중 하나일까?

적나라한 진실은 이미 그곳에 있다.

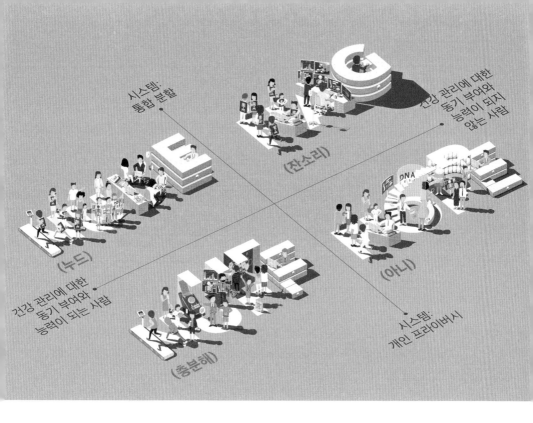

시스템:
통합 분할

건강 관리에 대한
동기 부여와
능력이 되지
않는 사람

(잔소리)

(누드)

건강 관리에 대한
동기 부여와
능력이 되는 사람

DNA

(아니)

(총분해)

시스템:
개인 프라이버시

6.2 디지털 의료사회에 대한 권고사항

헬스케어의 미래는 헬스케어 시스템과 긴밀하게 연결되어 있지
만 헬스케어 시스템 자체에 대한 문제보다 더 거시적인 문제이다.
한 병원 책임자는 오늘날의 헬스케어 시스템이 먼저 지역사회 기
반 헬스케어 생태계로 진화할 것이라고 내다보았다. 그 이후에야

지역사회 기반 의료 에코 시스템으로 바뀔 것이다.

인터뷰 응답자들은 이상적인 경우로 모든 기술과 시스템이 통합되어 있는 예를 들었다. 물론 이것이 엄청난 노력을 필요로 한다는 사실도 인정했다. 한 의사는 이런 시스템은 《부의 로드맵》의 목표인 2040년이 되어야 이상적인 통합 결과를 확인할 수 있다고 말했다.

우리는 이를 위해 전진해 나갈 것이다. 하지만 앞으로 10년간 여러 지점에서 네 가지 시나리오를 두고 갈팡질팡할 것이다.

이 시나리오를 선택하는 인터뷰를 통해 확인한 한 가지는 분명했다. 기술은 점점 더 많은 직무를 담당하게 되겠지만 미래에도 많은 인간 상호작용들이 필요하다는 것이다. 이런 상호작용은 심지어 기술 사용 빈도를 높일 수도 있다.

하지만 이런 내용이 우리가 연구를 통해 밝혀낸 가장 중요한 발견은 아니다. 가장 흥미로운 통찰력은 다음과 같다.

디지털을 통해서 우리는 혼자도, 함께도 더 뛰어나질 수 있다. 이것이 가능하다면 갈팡질팡하지 않을 순 없겠지만 네 시나리오 중 어떤 것이든 진행할 준비가 되어 있을 것이다.

즉 우리의 권고사항은 통합적인 아이디어를 구심점으로 고안되었다. 우리가 서로를 돌 볼 때 우리는 스스로를 더 잘 돌 볼 수 있기 때문이다. 이를 위해 다음과 같은 방법을 따를 수 있다.

- 사람들의 자율권 제공^{empower}

- 지역사회와 사회에 활기 북돋기

- 사람들과 전문가들 간의 상호작용 촉진

접근방식	권고사항
사람들의 자율권 제공 (empower)	1) 동기, 활동 레벨 활성화하기: 단순한 건강 검진과 독해 뛰어넘기. 2) 사람들이 자신의 데이터와 정보에 영향을 줄 수 있도록 자율권 제공: 대시보드, 슈퍼슈트부터 정책과 규정까지 접근과 통합이 쉽도록 유도.
지역사회와 사회에 활기 북돋기	3) 사회적 사건으로 만들기: 다른 사람들을 돌봄으로서 스스로를 더 잘 돌 볼 수 있음. 4) 사회적으로 자원 동원하기: 지역사회 단위의 자원 관리 용이하게 하기. 5) 관심을 가지고 케어하는 도시 되기: 지역사회 기반 생태계의 가치 육성.
사람들과 전문가들 간의 상호작용 촉진	6) 전문가–환자의 관계 개선: 어른–어른 간의 성숙한 파트너십 관계 설정. 7) 전문가–전문가의 관계 개선: 일방적인 교육이 아닌 협력하고 배울 수 있는 기회 강화. 8) 사람/동료/전문가–기계 관계 개선: 통합된 상호작용.

그림 6.2.2 헬스케어의 미래를 위한 권고사항 요약본–사람들에게 자율권 제공, 지역사회와 사회에 활기 북돋기, 상호작용 촉진.

사람들에게 자율권 제공

1) 동기, 활동 레벨 활성화하기: 단순한 건강 검진과 독해 뛰어넘기

만약 사람들이 각자의 건강을 관리할 동기가 있다면 그들은 건강해질 가능성이 높다. 좋은 예로 '환자 활성화'가 있는데 이는 '자신의 건강과 건강 관리 지식, 기량과 자신감을 묘사'한다.[102][203]

우리는 사람들의 동기 정도에 따라 필요한 만큼의 도움을 제공할 수 있다. 동기부여가 되어 있거나 '활성화'되어 있다는 건강 관련 정보를 읽는 것과는 다른 그 이상의 무언가를 의미했다. 건강 정보 활용능력은 기량의 일부이지만 꼭 혼자서는 동기를 보장하지는 않는다.

이것은 단순히 건강 문제가 있는 환자들만을 위한 것이 아니라 건강에 문제 없는 이들까지 누구나 해당된다.

쥬디스 히바드^{Judith Hibbard}와 헬렌 길버트^{Helen Gilburt} 교수는 영국의 〈킹스 펀드^{King's Fund} 보고서〉에 '환자 활성화는 넓은 범위의 결과를 도출할 수 있는 건강한 행동 예측 변수'라고 기고했다.[104]

우리는 사람들의 동기 정도에 따라 알맞은 도움을 제공할 수 있다. 동기부여가 되어 있거나 '활성화'되어 있다는 것은 단순 의료 정보 활용과는 다른 그 이상의 무언가를 의미했다. 의료 정보 활용능력은 기량의 일부였지만 기량이 꼭 동기를 보장하지는 않았다.

앞에서 이야기한 식습관과 라이프스타일 시나리오의 예는 이런 부분을 명확하게 보여준다.

시민들은 적게 먹고 많이 움직여야 한다는 사실을 오래전부터 잘 알고 있다. 많은 이들이 의식적, 전의식, 무의식적으로 더 먹고 덜 움직이기를 선택했다. 아는 것만으로는 충분하지 않은 것이다. 사람들은 모두 각자의 건강에 책임감을 느끼고 동기부여를 통해 실제로 행동으로 옮길 수 있어야 한다.

일단 사람들의 동기, 활성화 레벨을 알게 된다면 우리는 사람들이 필요한 만큼 도움을 줄 수 있다. 예를 들어 사람들은 각각 다른 행동 '상황'에 자극을 받게 되는데 어떤 이들은 동기 레벨을 높이는 것이 시작점이 될 수도 있고 단순히 의료 정보 활용 능력을 키우는 것만으로 충분한 사람도 있다. 어떤 이들은 운동 관련 도움이 필요할 수도 있는 반면, 음식과 식습관에 대한 도움을 선호하는 사람도 있다.

즉 미래에는 건강 검진만으로는 더 이상 충분하지 않고 사람들은 스스로 그들의 동기, 활성화 레벨을 확인해야 할 것이다.

2) 사람들이 자신의 데이터와 정보에 영향을 줄 수 있도록 자율권 제공: 대시보드, 슈퍼슈트부터 정책과 규정까지 접근과 통합이 쉽도록 유도

이제 충분히 동기부여가 됐다면 다음으로는 정확한 데이터, 정보

와 충고를 제때에 받는 것이 중요하다.[107-109]

현재 상황으로는 누구든 이 모든 정보에 접근하는 것이 쉽지는 않고, 실행으로 옮기는 것은 더더욱 어려운 실정이다. 전자의료기록은 훌륭한 출발점이지만 개인의 의료 기록 중 일부만 다룰 수 있을 뿐이다. 더욱이 이 자료에 개인들이 직접 접근할 권한도 없다.

자가건강측정 운동Quantified Self movement은 올바른 방향으로 나아가고 있다. 하지만 다양한 웨어러블에 대한 의존성이 이에 대한 채택을 지연시키고 있다. 그리고 한 헬스케어 분석 기업가는 웨어러블 기기가 널리 채택되기 어려울 것이라 예상했다. 이는 그 기기들을 동기화하고 통합하는 것이 까다로웠기 때문이다.

데이터의 양, 웨어러블 기기와 감지기 수가 증가함에 따라 모든 기기들을 동기화하고 통합하는 것은 더 어려워졌다. 우리 개인에 관한 데이터를 제외하고 추가적으로 고려해봐야 하는 데이터는 다음과 같다.

데이터 항목	예시
환경	날씨, 공기의 질 그리고 센서를 통해 수집된 온도 데이터/IoT(사물인터넷).
여행	해외 여행으로 새로운 질병에 노출, 예를 들어 지카 바이러스.
경제	채무 정도와 예산 사용에 따른 스트레스 레벨에 대한 영향.
관계	음식이나 주류 관련 라이프스타일 선택은 교류하는 사람들에게 영향받음.
행동	비정형적 핸드폰 사용 패턴은 우울증의 신호일 수 있음.

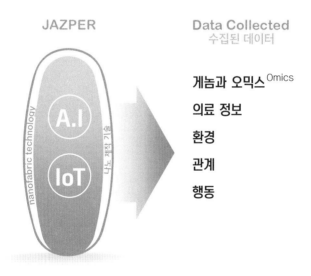

그림 6.2.3 미래의 건강 관련 데이터(섹션 6.3의 미래로부터의 가공품 참조)

이 모든 것을 통합하는 것은 여러 연구개발[R&D]의 발전을 요한다:

a) 튼튼한 연구와 임상적 기초 개발하기 - 예를 들어 스탠포드 대학, 듀크 대학의 베릴리 라이프사이언스[Verily Life Sciences](구 구글 라이프사이언스)는 질병을 일으키는 생물지표[Biomarker]의 변화와 건강의 열쇠인 분자표지자[Molecular Marker]를 이해할 수 있는 포괄적 계획' 기초 연구에 착수했다.[110]

b) 개인 의료 정보 대시보드[Personal Health Intelligence Dashboard] 개발 - 이 기술은 단순히 새로운 데이터와 정보의 근원을 통합하는 것뿐 아니라 유저에게 부담을 주지 않는 선에서 행동으로 옮길 수 있을 유의미한 통찰력을 제공한다. 좋은 유저 경험[UX, User Expereicne]은 대단히 중요하다.

c) 슈퍼슈트 개발 - 오늘날 웨어러블 기기의 한계를 극복하는 방법 중 하나로 슈퍼슈트(섹션 6.3 - 미래로부터의 가공품)와 같은 완전 착용 기기를 개발하고 있다. 나노섬유로 만든 전자회전[Electro-spun] 그리고 층 기하학 구조[Layers geometry] 또는 직물 기하학[Textile geometry]을 우리가 입는 옷에 적용하는 것까지, 이에는 필요한 센서들을 포함할 수 있을 것이다.

그림 6.2.4 가공품: 슈퍼케어/슈퍼슈트/공감슈트(큰 그림과 디테일은 섹션 6.3－미래로부터의 가공품 참조)

이 같은 여러 연구개발 발전은 최근 큰 동력을 얻었다. 위에서 예로 들었던 기초 연구는 2014년에서야 착수되었다. 슈퍼슈트의 기반 기술은 2016년 100여 개의 기업과, 기업 인큐베이터 그리고 32개의 대학으로 이루어져 있는 AFFA$^{Advanced Functional Fibers of America}$ 콘소시엄으로부터 3억 1,700만 달러를 지원받게 되었다.[111][112] 사실 해당 분야에 종사하는 두 인터뷰 응답자/참여자들은 이미 기반 기술은 존재했으며 다음 단계는 이들을 통합하고 상업화하는 것이라고 이야기했다.

동일한 토론과 결정은 프라이버시, 정책, 규제, 윤리와 교육에 관해서도 벌어질 것이다. 이들은 데이터와 기술의 양과 다양성의 변화속도가 토론과 결정이 일어나는 속도를 넘어설 것이라고 확신했다. 우리는 이러한 논의를 디지털 데이터와 정보의 빠른 진보에 관한 다이나믹한 관심을 끌 수 있도록 만드는 것이 필요하다.

또한 비즈니스 모델에 대한 연구도 게을리해서는 안 된다. 헬스케어를 위한 인터넷 포괄 연구^{The Internet of Things for Health Care: A Comprehensive Survey}는 '비즈니스 전략의 관점에서는 아직 강력하지 않은데 그 이유는 새로운 운영절차, 정책, 새 기반시스템, 분산 소비자 타겟 그리고 변화된 조직 구조와 같은 것들이 필요하기 때문이고 이로 보아 새로운 비즈니스 모델을 구축하는 것이 시급하다'.[113]

지역사회와 사회에 활기 북돋기

3) 사회적 사건으로 만들기: 다른 사람들을 돌봄으로서 스스로를 더 잘 돌볼 수 있음

개인들에게 자율권을 제공하고 이를 통해 그들 스스로가 필요한 것을 더 잘 할 수 있게 되면 우리는 사회(지역사회 포함)에도 활기를 불어넣게 된다. 건강을 사회적 문제로 치환할 수 있는 것이다.

MIT 미디어 랩의 MIT 교수 알렉스 펜틀랜드^{Alex Pentland} 팀은 '사회 네트워크 장려제'를 통해 지역사회를 비롯한 사회 전반에 활력을 불어 넣을 수 있다고 제안했다.[114-116] 펜틀랜드 교수는 다음과 같이 이야기했다.

기존의 경제적 인센티브^{Economic incentives}는 사람들을 사회적 유대관계의 영향을 받는 사회적이고 창조적인 인간보다는 개인 그리고 합리적 행위자로만 간주하며 핵심을 놓치고 말았다. 다른 방법은 있다. 경제적 인센티브 대신 사람들의 소셜네트워크나 개인의 행동을 변화시킬 수 있는 정보를 대상으로 인센티브를 제공하는 것이다.[114]

펜틀랜드 교수 연구팀은 다양하게 교류하고 있는 젊은 가정들을 대상으로 실험을 진행했다. 펜틀랜드 교수 연구팀은 그 지역사회 개인들의 신체적 활동 수준을 높이고 싶어했다.

일반적인 접근방식은 개인이 더 적극적으로 활동하도록 경제적 인센티브을 제공하는 것이다. 예를 들어 한 개인이 목표대상 활동치를 달성하면 그나 그녀는 현금 보상을 받게 된다. 또는 그룹 인센티브를 받을 수도 있는데 만약 한 그룹이 목표치를 달성하면 보상을 그룹원들이 공유할 수 있는 것이다.

하지만 펜틀랜드 교수는 이 방식을 택하지 않았다. 대신 소셜네트워크 인센티브을 선택했다. 지역사회 내 각 개인이 '행동 변화 대상Behaviour change target'으로 지명되면 그나 그녀는 지역 내 다른 두 친구를 배정받게 된다. '행동 변화 대상' 개인들은 목표 대상 활동치를 달성해야 하고 그들의 스마트폰을 통해 측정된 결과에 따라 두 친구들은 보상받게 된다.

소셜네트워크 인센티브는 활동 수준을 증가시키는 데 개인 인센티브보다 4배에서 8배 이상 효과적이었다. 심지어 더 이상의 인센티브가 없었음에도 불구하고 참여자들은 높은 활동 수준을 보였다.

연구팀이 지역 내 거의 모든 사람들을 연구에 참여시켰기 때문에 개인들은 단순한 '행동 변화 대상'이 아니었다. 한 사람이 동시에 다른 '행동 변화 대상'의 친구가 될 수도 있었다. 다시 말하자면 해당 지역사회의 개인 하나하나가 두 가지 역할을 하게 된 것으로, 친구로서 보상을 받기도 하지만 다른 친구가 현금 보상을 받도록 돕기도 하는 것이다.

그 결과는 어떠했을까? 소셜네트워크 인센티브는 활동 수준을 증가시키는 데 개인 인센티브보다 4배에서 8배 이상 효과적이었다. 그리고 '행동 변화 대상'인 개인과 친구들 사이의 상호작용이 뛰어난 경우에는 최대치인 8배까지 증가하는 것을 확인할 수 있었다. 심지어 더 이상의 인센티브가 없음에도 불구하고 참여자들은 높은 활동 수준을 보였다. 이처럼 기대했던 것 이외에도 소셜네트워크 인센티브는 비용면에서도 부담스럽지 않았는데 이는 '또래 압력Peer pressure'를 감안했을 때도 마찬가지였다.

이 연구 결과에서 보았듯이 우리는 소셜네트워크 인센티브를 [117-119] 통해 지역사회와 도시들이 건강한 습관을 들일 수 있도록 격려해야 한다.

또한 건강에 관해서 우리가 다른 이들을 돌 볼 때 스스로를 더 잘 돌볼 수 있다는 사실도 배울 수 있을 것이다.

4) 사회적으로 동원하기: 지역사회 단위의 자원관리 용이하게 하기

헬스케어 시스템이 지역사회 기반 생태계로 진화함에 따라, 점점 더 많은 지역사회 자원도 동원되어야 한다. 환자가 병원 문 밖을 나서는 순간, 의사와 간호사뿐 아니라 사회적 행위자, 보통사람들, IT 제공자, 사회조직, 지역사회 등의 다양한 행위자가 헬스케어에 참여하게 된다.

지역사회 기반의 건강 생태계에 관한 중요한 문제는 우리가 필요에 따라 확대 가능성, 시민들의 결집 여부 그리고 더 많은 자원을 동원할 수 있는지의 여부이다.

이미 이에 대한 예가 존재한다. 싱가포르의 챠오 재단^{Tsao Foundation}은 '시민 단체, 건강 사회와 의료 서비스 제공자, 연구 분석가, 정책 입안자와 여타 이해 당사자들이 협동해 특히 주거지역의 노인들을 돌보는'[120] 통합 의료 시스템을 갖추고 있다.

또 다른 예로 스탠포드 또래 의료 교육자 프로그램^{Standfor Peer Health Educators program}이 있다. 지원한 고학년 학생들은 기숙사 내의 '학생들의 건강, 안전을 지원하고 적극적으로 홍보'하도록 교육받게 된다.[121]

지역사회 기반의 의료 생태계에 관한 중요한 문제는 우리가 필요에 따라 확대 가능성, 시민들의 결집 여부 그리고 더 많은 자원을 동원할 수 있는지의 여부이다.

우리는 자유지원제, 직업 교육, 지역사회 협력단체, 기업의 사회적 책임 계획과 자선단체를 통해 더 큰 지역사회의 참여를 유도해가야 할 것이다.

그리고 이 같은 새로운 통합 협업 플랫폼을 지원할 수 있는 방법을 탐색해야 한다. 왜냐하면 현재로서는 이들을 지원할 방법이 없기 때문이다. 이를 위해서 새로운 협업 프로세스를 실험해야 할 것이다. 예를 들어 그때 그때 팀을 만들어 단기간에 해결할 수 있는 문제를 타개하고 장기간의 계획을 담당하는 헌신적인 팀들을 따로 운영해 볼 수 있다.

또한 다른 소셜네트워크 인센티브을 이용한 실험에도 도전해야한다. 펜틀랜드 교수의 다른 연구팀은 시간 압박 상황에서 소셜미디어 상에 소셜네트워크 인센티브을 통해 자원을 동원할 수 있는지를테스트했다. 그들은 소셜네트워크 인센티브가 도움을 청하는 이타적 행동보다 훨씬 효과적이라는 것을 발견했는데, 도움의 네트워크가 커질수록 네트워크 내 사람들이 도움을 요청했다.[117-119]

지역사회를 동원하는 것은 다면적 전략을 필요로 한다. 실행할 수 있는 방법이 많을수록 성공할 가능성도 높아진다.

5) 관심을 가지고 케어하는 도시 되기: 지역사회 기반 생태계의 가치 육성

지역사회가 간호에 대한 관심이 없다면 튼튼한 지역사회 기반의 의료 생태계를 가질 수 있을까? 시민들에게 위급 시에 필요한 간단한 심폐소생술^{CPR}을 배우길 권장하는 것만으로도 도시는 시민들이 초보적 돌보미 역할을 할 수 있는 준비를 갖추게 하는 것이다. 이는 전문 돌보미들에 대한 소중함을 일깨우는 기회도 될 것이다.

지역사회 내에서 사람들을 더 많이 동원할수록, 점점 더 그들이 능숙한 돌보미가 되는 것이 필요해진다. 그들은 직업이 아닌 일종의 역할(예를 들어 집에서)을 수행하기 때문이다.

이에 대해 두 가지 측면이 있다. 첫번째는 환자와 왕래하기와 같은 사회적 측면으로, 최근 많은 계획들의 중점 사안이다. 두 번째로는 환자들에게 의학 테스트와 약물치료를 관장하는 임상적 측면이다. 우리 인터뷰이들은 지역 기반 시스템으로 변모함에 따라 임상적 측면이 갈수록 더 필수적이라고 강조했다.

같은 방식으로 우리는 시민들이 간단한 심폐소생술^{CPR}을 배워 언제 어디서나 누구든 비상상황에 대응할 수 있도록 해야 하고 이를 위해 도시는 시민들이 기본적 돌보미 역할을 할 수 있도록 필요한 준비를 갖춰야 할 것이다.

우리는 현재 업무가 직무로 세분화되어 가는지(업무의 미래 참조)

그리고 이런 세분화가 결과적으로 학교에 어떤 기회를 제공하는지
(교육의 미래 참조) 좋은 기회로 삼을 수 있다.

예를 들어 '간호'라는 업무를 직무로 나누어 개별 단위의 강의요
강과 교과과정 주제에 매치시킬 수 있다. 그리고 이것들은 자동적
으로 흥미로운 교육 컨텐츠로 활성화될 수 있을 것이다(교육의 미
래-수업 디자인 지도와 에듀방 참조). 이런 교육 컨텐츠는 잠재적으로
시뮬레이션 기술을 통해 학교에서 배울 수도 있다(업무의 미래와 교
육의 미래 참조).

이로써 우리는 시민들에게 기초적인 간호 역량을 갖추게 하고
필요시 지역사회가 의지할 수 있는 사용 가능 인력을 많이 확보하
게 된다. 기초적 임상의료에 도움을 줄 누군가가 항상 어딘가에 있
는 것이다.

이보다 더 큰 이점도 있다. 지역사회 기반의 생태계로 넘어간다는
것은 간호 관련 직업과 일반적으로 간호 행위 자체가 가치있게 여
겨진다는 것이다. 그렇지 않고서는 어떻게 지역사회가 간호의 가치
를 인정하고 튼튼한 지역사회 기반 생태계를 구축할 수 있겠는가?

모든 시민을 교육시킴으로써 그들은 간호와 관련 직업 종사자들
에 대한 소중함을 더 잘 느끼게 된다. 이는 단순히 시민들에게 기
술을 가르치는 것이 아니라 도시가 소중하게 여기는 것들의 공유
된 가치를 키우는 것이다.

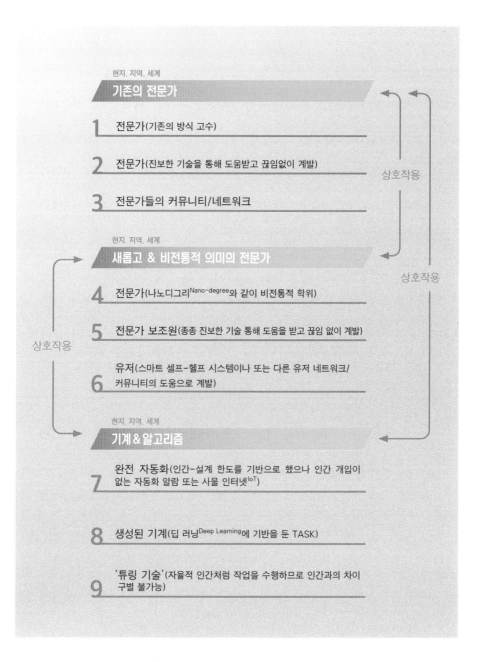

기존의 전문가

1 전문가(기존의 방식 고수)

2 전문가(진보한 기술을 통해 도움받고 끊임없이 계발)

3 전문가들의 커뮤니티/네트워크

상호작용

현지, 지역, 세계

새롭고 & 비전통적 의미의 전문가

4 전문가(나노디그리Nano-degree와 같이 비전통적 학위)

5 전문가 보조원(종종 진보한 기술 통해 도움을 받고 끊임 없이 계발)

6 유저(스마트 셀프-헬프 시스템이나 또는 다른 유저 네트워크/ 커뮤니티의 도움으로 계발)

상호작용

상호작용

현지, 지역, 세계

기계&알고리즘

7 완전 자동화(인간-설계 한도를 기반으로 했으나 인간 개입이 없는 자동화 알람 또는 사물 인터넷IoT)

8 생성된 기계(딥 러닝Deep Learning에 기반을 둔 TASK)

9 '튜링 기술'(자율적 인간처럼 작업을 수행하므로 인간과의 차이 구별 불가능)

그림 6.2.5 헬스케어 전문지식은 세분화, 민주화, 다양화될 것이다

상호작용 활성화하기

헬스케어의 미래에 사람들, 지역사회와 사회 전반을 기량, 가치로 무장한다면 우리는 실질적으로 도시 전체에 새로운 종류의 전문지식을 창조한 것이다. '업무의 미래' 편에서는 이를 TASK(기술^{technology}, 태도^{attitudes}, 기량^{skills}, 지식^{knowledge} - '그림 6.2.5 민주화, 세분화, 다양화' 참조)라고 명명했다.

헬스케어의 미래에는 많은 전문지식의 자원이 존재한다. 그리고 이 새로운 전문지식의 자원들은 끊임없이 존재하는 기존의 전문가 및 관련 종사자들과 상호작용하게 될 것이다. 이는 결국 우리가 이들 간의 상호작용을 좀 더 주시해야 한다는 의미이기도 하다.

6) 전문가-환자의 관계 개선: 어른-어른 간의 성숙한 파트너십 관계 설정

한 가정의학과 의사는 의사-환자의 관계는 의사가 환자에게 해야 할 것을 일러주므로 어른-아이의 관계에 가깝다고 볼 수 있다고 했다. 어떤 경우에는 어른-반항아의 관계가 성립되기도 하는데 환자들은 그들 스스로 얻은 많은 정보를 가지고 매순간 의사들의 권위에 도전하기 때문이다.

우리는 이보다 더 잘할 수 있다. 우리는 그 어떤 헬스케어 종사자들과 환자와의 관계를 어른과 어른 간의 파트너십으로 격상시킬 수 있다. 기술은 관련 분야 종사자들과 사람들에게 자율권을 제공했다. 관련 분야 종사자들은 오랜 경험을 통해 최신 의학연구 결과에 접근할 수 있다.

사람들은 점점 더 적극적이고 박학다식해지며 전문 분야 종사자들에게도 영향을 끼친다. 정리해서 말하자면, 전문 분야 종사자들과 사람들은 서로를 위해 더욱 많은 것을 할 수 있게 되는 것이다.

그들의 관계 개선을 권장하는 것 이외에도 우리는 이 같은 결과를 유도할 방법을 탐색하고 연구해야 한다. 이는 권고 5에서 요약된 교육의 일부가 될 수도 있을 것이다. 또는 행동적 제안과 소셜 네트워크 인센티브도 있다. 새로운 기술이나 공동 플랫폼의 개발도 가능하다.

이 모든 것은 새로운 현상으로 점점 더 일반화될 것이고 우리는 이런 현상을 공부하고 이해해야 한다.

7) 전문가-전문가의 관계 개선: 일방적인 교육이 아닌 협력하고 배울 수 있는 기회 강화

디지털은 헬스케어 종사자들이 업무를 진행하고 서로 배워가는 과정을 강화할 수 있다. 대개의 경우 헬스케어 종사자들은 함께 일을 한다. 수술실 안에서는 많은 역할이 존재한다.

- 수술실 간호사(예시: 외과의사 보조)
- 순회간호사(예시: 서류작업)
- 회복 담당 간호사(예시: 수술 후)
- 마취 담당 간호사(예시: 정맥주사 삽입)
- 보조(예시: 환자의 포지션 잡기)
- 외과의사

우리는 상호 간의 업무를 진행하고 배워가는 과정을 강화할 수 있다. 우리가 인터뷰한 두 명의 헬스케어 종사자들은 이미 시나리오 기반의 가상 팀 교육을 이용할 것을 제안했다.

예를 들어 미국의 아너 의료 메디컬 시뮬레이션 센터^{Honor Health Medical Simulation Center}에서는 팀 기반의 '현실적인 메디컬 교육과 시나리오'가 사용된다. 시나리오는 경험이 많은 선임자들이 구성하며, 이를 통해 아직 경험이 부족하거나 어린 후배들이 팀 단위로 필요한 지식을 전수받을 수 있다.

우리는 이를 시뮬레이션, 시나리오, 센서, 로봇공학, 증강현실과 같은 첨단기술을 통해 더욱더 강화할 수 있다. 이 같은 첨단 기술은 전문가들이 빠르게 개인적으로 또는 팀으로 업무를 습득시킬 수 있으며 각기 다른 업무를 수행하면서도 협업 능력 등을 향상시킬 수 있을 것이다.

또한 기존 전문가 간의 협업뿐 아니라 관련 분야에 뛰어드는 새로운 전문가들(예를 들어 데이터 과학자)과의 협업도 더 강화시킬 수 있다. 하지만 동시에 기술이 관련 전문가들간의 관계를 약화시킬 수도 있다는 사실을 명심해야할 것이다.

우리는 물론 관련 분야에 뛰어드는 새로운 전문가들까지 시야를 넓힐 수 있다. 최근 생긴 새로운 큰 집단은 데이터 과학과 분석정보 분야일 것이다. 이 분야 종사자들은 빅데이터에는 조예가 깊지만 의료와 헬스케어 분야는 상대적으로 낯설 수밖에 없다. 반대로 기존의 헬스케어 분야 종사자들은 헬스케어에는 빠삭하지만 데이터 과학에는 문외한일 수도 있다.

우리가 이들의 상호 교류를 그들에게만 맡겨둔다면 이들이 서로를 이해하는 단계에 도달하기까지 너무나 많은 시간이 걸릴 것이다. 이 같은 상황은 잠재적으로 환자들의 상태에도 영향을 끼칠 수 있는 만큼 위험 가능성이 있다. 기존의 전문가들과 새로 뛰어든 전문가들을 시뮬레이션 교육을 받게 하는 것은(위에서 언급되었던 것처럼) 이들의 교류 속도를 더 증가시키고 관련 종사자들의 수를 더 빠르게 늘릴 수 있을 것이다.

각기 다른 분야 종사자들 간의 협업의 중요성은 다가오는 10년 동안 더 급증할 것이다. 더욱이 헬스케어 시스템이 의료 생태계와 지역 기반 또는 가정 기반의 케어로 진화함에 따라 많은 학문들이 의료 분야로 편입될 것이고 반대의 경우도 다르지 않다.

우리는 이러한 변화를 양육은 어떻게 단순한 아기 턱받침이 경제지리학부터 소재, 교육, 의료에 이르기까지 첨단 디지털기기로까지 확대되는지 나타 양육$^{Ne\ Zha\ Bib*}$의 예를 통해 확인할 수 있었

그림 6.2.6 나타 양육 턱받이(확대 화면을 원하는 경우 섹션 6.3-미래로부터의 가공품 참조)

다(섹션 6-3-미래로부터의 가공품 참조).

이들의 상호 도움과 교류를 강화하는 것은 전문가-전문가 간의 관계 강화를 위한 방편 중 하나에 불과하다. 우리는 또한 기술이 이들 간의 관계를 약화시키지 않도록 조심해야 한다.[122]

X-레이는 이 같은 우려를 여실히 보여준다. X-레이가 디지털화 되기 전, 의사들은 라이트박스 주위에 모여 관찰한 것에 대해 토론 하곤 했다. 이는 전문지식을 나눌 수 있는 뛰어난 방법으로, 젊은 새내기들에게는 배울 기회를 제공하고 더 정확한 진단을 내릴 수 있다. 현재 X-레이는 디지털화되어 곧바로 담당의사의 메일 수신 함으로 직접 보내진다. 그래서 우리가 인터뷰한 한 의사는 우리도 모르는 사이 과거의 상호적 학습활동Mutual Learning을 잊은 건 아닌 지 우려했다.

사용할 기술을 고를 때 우리는 이 같은 손실, 즉 전문가들의 업 무와 학습에서의 잠재적 약화 가능성도 고려해야 하지만 이 부분 에서 소홀했다. 한 조직 안에서 기술이 어떻게 평가되는지에 관한 인터뷰에서 우리는 다학제 팀이 투자수익률 계산ROI calculations 과 비용편익Cost-Benefit 분석을 사용한다고 듣게 되었다. 우리가 손실

---

* Ne Zha Bib: 나타구바라의 약칭으로 신화 속 신의 이름.

에 관한 분석도 되었는지 묻는 질문에 인터뷰이는 놀란 기색을 감추지 못하다가 일반적으로 손실 계산은 하지 않지만 미래에는 분석에 포함시킬 필요가 있다는 사실을 인정했다.

8) 사람/동료/전문가-기계 관계 개선: 통합된 상호작용

우리의 헬스케어 인터뷰이들은 종종 기술 솔루션이 체제 프로세스^{Organisational process}와 잘 작동하는지, 어떻게 작동하는지 여부와 잘 통합되어 있지 않은 예를 들었다.

예를 들어 헬스케어 직종 종사자는 많은 환자들의 비슷한 업무를 일괄처리하는 것을 선호하지만 그들이 사용하는 기계는 한 환자에 관한 모든 직무를 끝내야만 다른 환자로 넘어가도록 프로그램되어 있기 때문이다. 또 다른 경험 많은 헬스케어 종사자는 기술 판매자에게 하고 싶은 첫번째 질문이 병원의 업무 과정과 작업 흐름을 이해하는지 여부라고 털어놓았다.

우리는 어떻게 인간과 기계가 함께 일할 수 있는지에 관한 질문에 진전이 필요하다. 그렇지 않다면 얼마나 잘(또는 얼마나 잘못) 사람, 동료, 전문가들이 여러 다양한 기술을 이용해 일을 하는지가 걸림돌이 될 수도 있다

사용되는 기술이 점점 증가하고 많은 지역사회들도 헬스케어의 미래의 한 축을 담당함에 따라 사람, 동료 그리고 전문가들이 다양한 기계와 기술을 제대로 잘 이용하는지 자체가 걸림돌이 될 수도 있다. 스탠

포드 대학교는 인공지능의 예를 들어 '똑똑한 기계Intelligent machines 와 돌보미, 환자 그리고 환자 가족들과의 자연스러운 상호작용에 관한 진보는 결정적'이라고 강조했다.[123]

우리는 기술들을 알맞게 설계해 다양한 측면에서 사람, 동료, 전문가들이 순조롭게 일할 수 있도록 돕는 방법을 배워야 한다. 관련된 모든 사람들은 개인적 직무(예를 들어 수술 도중 주사 놓을 위치 찾기), 조직(병원, 클리닉 등등), 지역사회, 가정(예를 들어 미래의 스마트홈)과도 문제없이 일할 수 있어야 한다. 조직, 지역사회, 회사들을 관통하는 IT 시스템을 통한 매끄러운 데이터와 정보 공유, 사람, 동료 전문가 사이의 촘촘하게 진행되는 의사소통과 전문지식 공유까지 분야에 상관없이 잘 작동되어야 하는 것이다.

결론: 사회적, 경제적 기회 창출

성공적인 지역사회 기반 생태계를 만들기 위해서는 기술, 기반시설, 상호작용, 네트워크 그리고 지역사회가 함께 구축되어야 한다. 동시에 이들은 공공, 민간, 사람의 부문에서 사회적, 경제적 기회를 창출한다. 생태계 내의 각각의 분야는 협업을 통해 서로를 강화시킬 것이고 서로가 더 나아지고 혁신할 수 있도록 도울 것이다.

생태계 전체는 동시에 지역적이고 세계적일 수도 있다. 우리는 세계의 필요 자원 그리고 공공지성에 접근할 수 있고 이런 방식으로 세계 각지의 좋은 아이디어, 혁신, 기술을 끌어 모을 수도 있다. 반대로 생태계 내에서 개발된 아이디어, 혁신 그리고 기술이 세계로 뻗어나갈 수도 있을 것이다.

이 생태계는 무엇보다 우리의 건강과 헬스케어 필요를 충족시킨다. 또한 공공적이고 사회적 목적을 내포하고 있다.

흥미롭게도 이 같은 목적을 달성하면 혁신과 경제적 생태계를 창조하는 데 기여할 수도 있다. 생태계는 사회적 자본과 도시 경제의 미래도 강화시킨다.

6.3 2040년 헬스케어

사회적 산타 Santa Social

머리 끝부터 발끝까지 그리고 당신이 어디를 가든 건강은 어디나 존재한다.

도시와 기업들은 이것을 '24/7 케어' '365 보호막' 그리고 '360도 보호'라고 불렀고 시민들은 유머감각을 발휘해 '산타'라고 불렀다.

왜 아니겠는가?

'그(산타)는 나쁘게 행동했는지 잘 행동했는지도 알고 있다'

전자 의료 기록 The Electronic Health Rcords 은 전자 모든 기록 The Eelectronic Everything Records 이 되었다. 이 기록은 당신이 언제 잠이 들었는지, 일어났는지 또는 운동을 했는지를 끊임없이 기록하는 것을 넘어, 슈퍼슈트와 감자기들은 상상할 수 있는 모든 개인적, 행동적 그리고 환경적 척도를 측정할 수 있다.

'그(산타)는 당신이 잘 때도 당신을 보호하고 당신이 언제 깨어

있는지 알고 있다'

이런 모든 건강 관련 데이터와 정보는 최신 연구 결과를 바탕으로 고속처리된다. 당신이 방금 참여했던 지루하기만 한 관리 회의, 당신이 점심에 먹은 여분의 프라이드치킨 윙 또는 공공자율차 안 지독한 냄새가 당신의 건강에 위협이 되는지 즉각 예측할 수 있다. 짧게 말하자면 당신이 당신 스스로에게 '무례했는지 또는 친절했는지' 여부를 말해줄 수 있는 것이다.

'그러니 아무쪼록 착하게 지내는 게 좋다'

이 같은 예측들은 각각의 상황에 맞는 필요한 충고, 행동, 제안, 치료를 제공할 수 있다. 올바른 가치와 적정한 가격으로 말이다. 그리고 때를 놓치지 않는 적절한 시점에.

많은 이들이 너무 늦기 전 예방적, 선제적 대응책을 취하는 데 대해 의욕적인 모습을 보였다. 스스로를 잘 관리하는 방법이 너무 쉬운데 뭐하러 스스로에게 해를 가하겠는가?

이런 식으로 시민들에게 자율권을 제공하는 것은 헬스케어 시스템이 지역사회기반 건강 생태계로 변모하는 데 주요한 역할을 했다. 시스템이 사회적 성격을 더욱 강화하는 것만큼이나 주요했던 것이다.[124]

가족과 친구들은 이 대열에 합류했다. 학교, 사무실, 공장, 식당, 쇼핑몰, 운송회사 그리고 다른 조직들도 힘을 보탰다. 사람들, 동료들 그리고 전문가들은 서로 함께 일할 수 있는 새로운 방법을 강구했다. 그들은 함께 더 건강해질 수 있다면 개개인도 더 건강해질 것이라는 것을 잘 알고 있었다. 그들의 개인적 건강은 사회적, 공공적 건강에 달려 있었기 때문이다.

필요한 비용은 인구 내 다양한 세대들에게 나누어지고 분배되었다.[125] 비용은 또한 적절한 곳에 투입되었다. 예방 대책을 통해 절감된 비용은 말년을 앞두고 있는 노령화 인구와 급성, 만성질환에 필요한 고품질의 치료를 위해 전용될 수 있는 것이다.[126]

자율권을 제공하고 사회적 성격을 추구하는 것은 지역 사회 기반 건강 생태계에 중요하다. 이것은 헬스케어 지출을 대비한 경제적 완충제, 은퇴, 만일의 상황에 대비할 수 있는 건강 준비 연금과 같은 흥미로운 아이디어를 이끌어 냈다.

이렇게 건강 준비 연금Health Provident Fund이라는 흥미로운 아이디어가 떠올랐다. 이 아이디어는 사회적 관점에서의 '산타'로 불리우는 사회적 성격과도 결부되었다. 만약 모든 사람들이 그들의 전자 의료 기록 수집에 동의한다면, 그들은 전자 모든 기록 보관소The Eelectronic Everything Records Repositary 를 만들게 되는 것이다. 이 전자 모든 기록은 데이터계의 노다지였다. 도시는 인구 건강 세분화를 위해, 과학자들은 연구를 위해 이 기록들을 사용할 수 있고 기업들은 정확한 해결책을 강구할 수 있다. 이를 위해 모두는 데이터에 대한 대가를 치룰 준비가 되어 있었다.

적당한 프라이버시, 비밀유지, 보안, 규제, 정책과 실행이 마련 된다면 그리고 적당한 비즈니스 모델이 구축된다면 모든 시민들 은 끊임없이 수집되는 그들의 의료 데이터의 대가를 누릴 수 있을 것이다.[127] 복리이자가 생기는 수익을 수 년간 고스란히 모아둔 다면, 건강 준비 연금 납입금은 시민들에게 건강과 헬스케어 지출, 은퇴 그리고 만약의 경우를 대비한 경제적 완충제 역할도 할 수 있다.

마침내 건강이(조금이나마) 모두의 자산이 된 것이다.

자즈의 조부모

디지털 또래교수법을 받는 중

(병원에서 회복하며)

2030년: 슈퍼슈트/슈퍼케어/공감슈트[128-152]

최종 착용기술: 나노섬유Nanofibres, 감지기, 4D 인쇄 그리고 산업 디자인

모두는 헌신적으로 임했다. 의사, 간호사 그리고 관련된 전문가들까지. 그들은 세계적 전염병이 유행할 때에도 낙심하지 않고 시민, 기업들과 힘을 합쳐 도시를 안전하게 지켜냈다.

그렇게 도시는 거대 자동화^{Big Automation} 시대에 극단적인 자동화에 저항해낸 것을 다행이라고 여겼다.

유혹은 너무나 강렬했다. 노령화되는 인구, 증가하는 임상적 복잡성, 늘어나는 전문화, 기술투자 그리고 새로운 기술 오남용 신드롬(거북목 신드롬-IHunch-)까지 수많은 판매자들이 병원 문을 두드리며 상당한 원가절감을 약속했다.

이러한 제안은 달콤하기만 했다.

다행히 도시와 병원들은 셀 수 있는 모든 것이 꼭 세거나 비용이 책정되어야 하는 것은 아니라고 결론내렸다. 도시와 병원들은 기술뿐 아니라 사람에 대해서도 현명해져야 된다는 것을 알고 있었다. 결국 사람이 헬스케어 시스템의 핵심이기 때문이다. 이는 대다수의 헬스케어 종사자들이 애초에 동 분야를 선택하게 된 원인이며, 또한 지금까지 동 분야에 종사하고 있는 이유이기도 하다. 기술은 비단 비용 절감을 위한 것만이 아니며, 관련 분야의 종사자들과 환자를 돕는 역할도 한다.

슈퍼슈트 기술의 예

슈퍼슈트는 전자회전을 통해 간호사들의 등을 지지하는 슈퍼간호사^{SuperNurse} 유니폼이다. 환자들은 점점 더 무거워졌고 간호사들은 나이가 들어갔다. 환자들을 들거나 옮기는 데 로봇이 큰 도움이 되었지만 환자를 보조하기 위한 나머지 업무는 간호사의 몫이었다. 슈퍼간호사는 간호사들이 이러한 업무를 수행할 때 등에 부상을 입지 않도록 고안되었다.

슈퍼슈트의 일환인 슈퍼케어^{SuperCare} 병원 가운도 현명했다.

슈퍼케어는 환자의 개인 건강과 문화적 욕구에 맞춰 조정 가능해 환자에게 최고의 육체적, 심리적 편안함을 제공할 수 있다. 슈퍼케어는 방해가 되지 않는 선에서 지속적으로 환자의 컨디션을 감지해 문제가 있을 경우 의사, 간호사, 관련 종사자들에게 알리도록 구성되었다. 특히 환자의 상태를 감지하는 데 굉장히 뛰어났고 적재적소에서 의사와 간호사에게 큰 도움이 되었기에 '공감슈트^{Empathy Suit}'라는 별명이 붙기도 했다.

이 슈퍼케어 병원가운(또는 공감슈트)은 지난 수십 년간 시행된 많은 환자 중심 혁신들 중 하나였다. 누구도 입원하고 싶어하지는 않는다. 하지만 꼭 입원해야 한다면 병원에서의 경험을 필요 이상으로 불쾌해 할 필요는 없었다. 병원에는 환자들의 욕구를 충족시키기 위한 케어, 동정심, 편안함, 배려도 있기 때문이다.

병원은 따뜻하고, 안전하며 치유되는 장소였다. 그리고 온라인과 자원봉사자의 현장 수업 덕분에 어떤 환자들은 새로운 기술, 스킬과 지식을 습득하거나 잊고 있던 유년기의 즐거움과 취미를 되찾을 수 있었다.

물론 고질적인 불평거리 하나는 끊이지 않았다. 바로 음식이다.

병원 측에서 얼마나 많은 노력을 하든 환자들은 항상 그들에게 제공되는 음식에 대해 불만을 가졌다. 그래서 병원은 컴퓨터를 사용한 창조 슈퍼 딥러닝 4D 음식 제조기인 iYummy를 구매했다. iYummy는 세계 각지의 요리 레시피와 개인 레시피를 처리해 현지에서 구할 수 있는 유기농 작물들을 기반으로 환자들의 기호와 식이요법에 맞는 건강하고 맛있는 음식을 제공하는 등 미슐랭 급의 수준을 보여줬음에도 환자들의 음식에 대한 불만은 사라지지 않았다. 충분히 입맛을 당기지 않는다는 환자들의 음식에 대한 열정은 만족할 줄 몰랐던 것이다.

이처럼 가장 최신의 기술을 사용하더라도 충족시킬 수 없는 것들도 있다. 심지어 가장 진보한 헬스케어 시스템도 예외는 아니다.

슈퍼케어 병원 가운

미래 기술과 기회들

적층 가공(Additive Manufacturing): 최고의 편안함, 지원(약하거나 부상당한 부분) 그리고 스타일(자신감)을 위해 코팅되거나 늘려진 나노 재료와 4D 프린팅 기술로 만들어진 똑똑한 섬유(Intelligent Textile)이다. 가운은 엘리트를 나타낼 수도 있고(예를 들어 슈퍼히어로 역할 놀이를 하는 아이들) 향수를 불러 일으키도록 제작될 수도 있다(예를 들어 성인들이 어렸을 때 좋아하던 드레스).

감지 & 동작(Sensing & Actuationg): 가운은 착용한 사람의 생리적 신호를 감지하고 모니터한다. 이 같은 신호에 기반해 착용한 이에게 최대한의 편안함과 지지를 제공할 것이다. 가운에 사용된 스마트 패브릭은 작동에 필요한 에너지를 공급할 수도 있다(예를 들어 태양광).

커뮤니케이션 & 공감: 응급상황 시 가운 전체의 색이 변하면서 주변에 있는 이들에게 즉각적 지원이 필요하다고 알린다. 또한 가장 가까운 곳에 있는 헬스케어 전문가에게 도움을 요청한다. 기존의 정맥 투여기와 선을 대체하기 위해 가운이 약물을 방출하거나 치료를 제공하는 것으로, 약물치료와 처치를 담당한다. 가운의 일부분은 환자가 고통을 느낄 때 형광색으로 변할 수 있다. 착용하는 이의 모든 경험은 헬스케어 전문가들이 스킬과 공감의 역량을 키울 수 있도록 미래 트레이닝 시나리오로 이전될 것이다.

똑똑한 섬유 기술
이어폰은 착용한 사람의 심장박동수, 체온 그리고 분당 호흡수와 같은 활력 징후를 정확하게 측정하고 청각적 편안함을 제공하기 위해 가운과 함께 프린트된다.

감지와 경보
환자 목 주변 나노스펀(Nano spun) 이어폰의 색이 변하는 것은 헬스케어 종사자들의 관심이 필요한 긴급성의 정도를 나타낸다.

4D 프린트가 된 부분은 소매 부분에 이미 프로그램된 여러 모양으로 롤플레이를 할 수 있도록 고안되었다. 이 기술은 착용자의 불안에 반응해 어린 이의 기분을 좋게 해줄 수도 있다.

스마트 엑세스(Smart Access)는 가운을 벗거나 입고 싶어하는 환자들에게 손쉬운 탈의를 보장하고, 헬스케어 전문가들에게 편의를 제공한다(4D 프린팅 기술로 구현)

나노패브릭 기술은 착용자의 생리적 상태에 맞춰 온도를 조절한다. 이 기술은 박테리아의 성장을 막고 습기와 악취를 막아준다. 정전기도 예방한다.

몸에 딱 맞는

기분이 아주 좋은

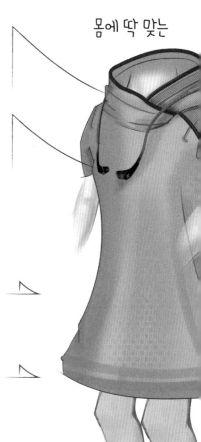

축제와 같은 기분이 드는   예전 향수가 떠오르는

감지와 경보
응급상황에는 옷 컬러의 색 패턴 변화
(향수를 느낄 경우 색 전체가 변함)

스마트 엑세스는 가운을 벗거나 입고
싶어하는 환자의 직관적인 '탈의'를
보장하고 헬스케어 전문가들에게 편
의를 제공한다(4D 프린팅 기술로 구현된)

나노패브릭 기술은 착용자의 생리적
상태에 맞춰 온도를 조절한다. 이 기
술은 박테리아 성장을 막고 습기와 악
취를 막아준다. 정전기도 예방한다.

그림 6.3.1 슈퍼케어(SuperCare)/**공감슈트**(Empathy Suit)/**슈퍼슈트**(SuperSuit)

미래의 가공품: 나타 양육 턱받이

자즈, 30대
그리고 **그녀의 아이**

투자자, 디자이너 Bib 유저

2040년: 나타 양육 턱받이[153-179]

인공지능[AI], 게놈학[Genomics], 센서, 4D 프린팅 그리고 산업 디자인을
이용해 아동 발달 돕기

방대한 어휘를 갖춘 교사. 금슬 좋은 부부의 수호자. 유전자 환경 간 상호작용Gene-environment interaction의 모범. 귀엽지만 잘 발달된 침 흡수작용.

오늘날에는 기술의 발달로 인해 기존의 초라한 턱받이의 기능이 완전히 변모했다.

이 기술을 장착한 턱받이 뒤에는 아시아 투자자들의 합작 투자가 있었다. 아시아 투자자들은 아시아에 기반을 둔 이 범아시아 기업의 제품을 세계 무대로 가져갈 계획으로 투자했고 나타 양육 턱받이는 세계적으로 성공했다.

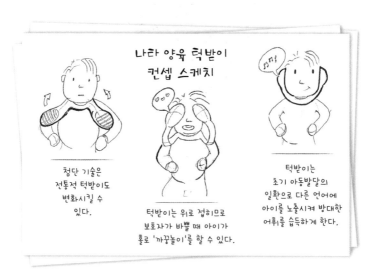

그림 6.3.2   나타 양육 턱받이 컨셉 스케치

각지의 부모들은 이런 턱받이를 환영했다. 이런 성공은 단지 시중 턱받이들 중 가장 빨리 건조되어서만은 아니었다. 태양열로 작동하는 염료 감응형 태양 직물을 사용하는 환경친화적 제품이라는 특성 때문도 아니었다.

이유는 바로 이 턱받이의 가격이 아주 적당했고(수십 년간 아시아가 축적한 제조 노하우 덕분이다) 특히 저소득층 가정에게는 초기 아동 발달의 어려움을 극복하는 데 도움이 되었기 때문이다.

턱받이는 아이들을 여러 언어에 노출시켰다. 이런 노출은 아이들을 두 개 또는 여러 언어를 습득할 수 있는 재능을 키우게 했다. 혹자는 범용 통역기Universal Translator가 흔해짐에 따라 필요 없는 기능이라고 생각할 수도 있지만 세계화된 세상에서는 다른 문화의 문학, 예술, 무역을 해당 언어로 이해하는 것이 그 어느 때보다 소중한 자산이 된다.

이 턱받이는 아이가 흘리는 침과 필수적인 생리학적 신호를 측정할 수 있었다. 이를 통해 아이의 건강에 이상에 있는지 부모에게 알려 필요에 따라 부모는 예방 조치를 취할 수 있다.

부모들이 이 턱받이를 좋아하게 된 또 다른 이유는 아이들도 좋아했기 때문이다. 턱받이는 장난감 같았다. 아이들에게 이야기를 했기 때문이다. 아이들과 까꿍놀이도 해주었다. 영리하게도 아이들이 좋아하는 디자인을 선택하면 턱받이는 4D 인쇄되어 아이들이 원하는 디자인으로 변했다. 심지어 부모들은 아이들이 그린 크레용 모양의 그림을 인쇄해 턱받이에 삽입할 수도 있었다.

자녀가 우울증을 유발하는 위험 대립유전자(염색체의 같은 위치에서 발견되는 돌연변이 유전자)를 진단받은 부모들은 첨단기술을 갖춘 이 턱받이를 특히 반겼다. 연구를 통해 유전 효과가 아이가 처해진 스트레스 환경에 영향을 받는다는 것이 밝혀졌기 때문이다. 턱받이는 필요시 부모들 개인의 피곤한 삶에서 시작된 심한 다툼이 아이들의 '스트레스 요인'으로 번지는 상황을 줄이는 효과를 기대할 수 있었다. 턱받이는 위험 대립유전자들의 영향을 상쇄해 아이들을 보호했을 뿐만 아니라 시각적으로 부모들이 차분해지게 하는 효과도 있었다.

턱받이의 놀랄만한 성공은 오랜 시간의 결과로 투자자들의 많은 인내 자본$^{Patient\ Capital}$과 세대를 거쳐 진보한 디자인 덕분이다.

턱받이에 포함된 1차적 기술로는 2020년대 초반이면 주류 기술이 되어 있을 인공지능^{AI}과 챗봇 기술$^{Chatbot\ technologies}$이 있다. 이 두 기술은 부모의 거친 말투를 감지하고 감지한 단어들을 좀 더 부드러운 어투로 바꾸어 아이에게 전달한다. 그리고 이 두 기술은 턱받이를 좀더 상호작용적으로 바꿀 수 있다. 턱받이는 아이의 불완전한 발음도 이해할 수 있었다(때로는 횡설수설하는 아이의 말까지도). 그리고 다중 언어 노출을 위한 범용 통역기가 등장했다.

Environment Stress Level >>

그림 6.3.3 나타 양육 턱받이

2차적 기술로는 재료와 제조과정의 발달을 들 수 있다. 직물, 나노섬유 방적의 4D 프린팅과 더 넓게 보자면 적층 가공의 발달은 인쇄된 제품의 모양과 성질을 주문 제작이 가능하게 만들었다. 부모들은 손쉽게 인터넷에 접속해 그들이 원하는 특징과 기능을 고르기만 하면 된다.

턱받이에 적용된 기술들 중 가장 흥미로운 기술은 유전체 순서 결정Genomic sequencing과 관련 있었다. 부모들은 아이들의 유전자 서열을 검사하는 것이 잠재적 질병을 조기에 발견할 수 있다는 장점에 수긍했다. 게다가 이 같은 검사의 가격은 저렴해지고 방법도 쉬워졌다. 더 중요한 것은 전장유전체 연관성 분석 연구Genome-Wide Associations Studies의 발전 덕분에 검사의 정확도도 높아졌다는 점이다.

이런 유전자 관련 기술 발전이 들어간 나타 양육 턱받이의 성공에 싱가포르는 큰 역할을 했다. 수십 년 전부터 연구되어 온 생물의학 분야, 디자인에 대한 관심, 게놈 산업 디자이너 클러스터는 진화해왔다. 그들은 유전자의 영향 자체가 아닌 주위 환경을 바꾸고 싶어하는 디자이너였다. 그들은 특정 유전자의 영향이 주위 환경에 달려 있다는 사실을 알고 있었다. 턱받이는 이런 디자인 철학의 결론이었던 것이다.

육아, 투자, 연구 또는 디자인, 모두에게 나타는 하늘의 선물이었다(말장난)

참 그리고 한 가지 더. 이러한 턱받이의 압권은 바로 세탁기로 세탁이 가능하다는 것이다.

향수

건강 모니터 그 이상

안심담요 그 이상

자즈퍼(Jazper)를 통해 당신은 우리의 덕망 있는 디지털 또래교사와 연결될 수 있습니다. 이 디지털 또래교사는 당신의 아이에게 언어, 외국어, 방언, 노래, 이야기, 동요 그리고 옛날 게임들을 가르칠 수 있습니다.

Dayung Sampan의 예를 들자면, xxx, xxx 또는 쎄쎄쎄(in Korean) 등이 있으며 당신은 자녀를 새로운 세상으로 인도할 것입니다.

자즈퍼

편안함, 동행, 문화

---

* Dayung Sampan 은 말레이시아 전통 동요, Xxx(Dim Chung Chung)은 광둥지방의 동요, xxx(Nann Anai Ltta)는 유명한 타밀(Tamil) 영화음악이다. 쎄쎄쎄(Ssae Ssae Ssae)는 박수 게임이다.

7

결론:
확장 가능한 도시

Conclusion: The Scalable City

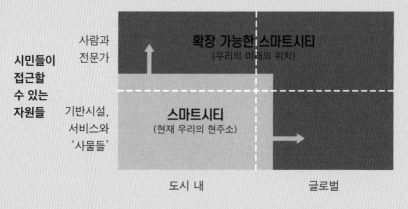

그림 7.1 확장 가능한 스마트시티

디지털 덕분에 도시들은 확장 가능한 도시가 되었다.

업무의 미래를 점쳐보자면 도시들은 시민뿐 아니라 세계의 다른 사람들을 위해 업무를 분화하고 재구성하게 될 것이다. 직무가 너무 작거나 너무 과중하지도 않을 것이다. 도시는 개인이나 네트워크 그리고 기존 또는 새로운 기계 기반 전문성을 통해 현지, 지역, 세계적 전문성을 원하는 대로 재구성할 수 있을 것이다.

《부의 로드맵》은 업무, 교육 그리고 헬스케어의 미래 역시 확장 가능하다는 것을 밝혀냈다. 확장성이라는 디지털의 특성은 소도시들이 물리적 경계를 극복할 수 있다는 희망을 보여주었다. 다가올 디지털 시대, 데이터, 정보, 직무 그리고 전문지식에서 디지털의 역할을 상상해보라, 운송 컨테이너는 물리적 상품을 위해 무엇을 해주었는가?

교육의 미래를 살펴보자면 개인화된 학습과 수업의 규모를 조정할 수 있게 될 것이다. 모든 아동과 교사는 각각 세계를 무대로 가르칠 수 있게 된 것이다. 또한 모든 아동과 교사는 세계 각지의 전문가들로부터 지도를 받을 수도 있다. 개인의 최고 능력 배양에 관해서는 어떠한 흥미도 보잘 것 없거나 야망이 지나치다고 할 수 없다.

헬스케어의 미래는 지역사회 기반 건강 생태계가 필요한 만큼 축소되고 원하는 만큼 확대될 수 있다. 해결책은 지역 단위에서 논의되더라도 생태계는 세계적 단위일 수도 있고 반대로 개인 단위일 수도 있다. 시민들은 현지에서, 지역에서 그리고 세계적으로 서로 상부상조하는 것이 자신을 위한 행동임을 잘 알게 되었다.

이 같은 확장적 성질은 디지털 기술이 지금까지 '비싸고, 불가능하거나 또는 한번도 상상해 보지 못한 것'들을 가능하게 만들었기 때문이다.[1] 유니버시티 칼리지 런던UCL의 마이클 바티Michale Batty 교수는 '새로운 정보 통신 기술은 상호작용의 비용을 크게 바꾸어 놓아 네트워크, 케뮤니케이션 그리고 상호작용의 역할을 전면에 놓지 않고서는 현대성과 미래 도시를 상상할 수 없을 것'이라고 이야기했다. 결과적으로 보자면 한 도시가 미래를 준비할 때 '세계를 포괄하는 네트워크를 고려하지 않는다면 실패할 것'이라는 것이다.[1]

우리는 물리적인 것의 한계를 넘어서야 한다. 마이클 바티 교수는 그의 최신작《도시의 새로운 과학The New Science of Cities》에서 '오직 위치에만 기반한 이론의 과학은 존재할 수 없으며 …[그리고] 우리는 어떻게 서로를 연결할 수 있을지 고민하는 방향으로 이론을 보강하고 … [그리고] 위치에 도착했던 과거의 전통에서 벗어나 상호작용에 관심을 가질 필요가 있다'라고 서술했다.[2]

바티 교수에 따르면, '금세기 말이면 위치의 측면에서 도시의 물리적 형태는 굉장히 다를 것이고 … [그리고] 이러한 변화는 엄청나서 우리는 도시의 중단기적 미래에 대해선 예측할 수 없을 것이다'.[3]

《부의 로드맵》연구는 우리가 살아갈 미래가 어떨지 상상해보는 시도였다. 우리는 업무, 교육 그리고 헬스케어와 같이 우리의 내밀한 경험과 우리의 많은 상호작용과 연결이 앞으로 구축되는 미래를 탐구하려는 시도였다.

이 연구를 통해 우리는 확장 가능한 도시^{Scalable City}의 미래가 어떤 모습일지도 점쳐볼 수 있었다.

확장 가능한 도시가 되는 것은 싱가포르와 같은 작은 도시(국가)에겐 굉장히 중요한 일이다. 작은 도시국가도 물리적 경계를 극복할 수 있다는 희망을 보여주었기 때문이다.

지난 세기 디지털 이전의 시대에는 운송컨테이너가 물리적 상품의 분해와 조립을 담당했다. 이것은 세계 선박운송, 무역 그리고 사회경제 시스템 전반을 변화시켰다.[4] 다가올 미래에는 운송컨테이너과 물리적 상품의 관계가 디지털과 데이터, 정보, 직무 그리고 전문지식과의 관계로 치환된다고 생각해보면 어떨까? 그리고 이 같은 변화가 도시 규모의 법칙을 교란한다면?[5]

우리는 마찬가지로 세계적, 사회적 경제적 시스템의 광범위한 변화를 목도할 수 있을 것이다. 우리가 고비용이거나 불가능하다고 여겨진 변화와 우리가 실현하지 못했거나 아직 상상해보지 못한 기회들에 대한 이야기이다.

그리고 만약 이미 스마트시티에서 진행되고 있는 것들을 토대해 보는 것은 어떨까? 이미 많은 스마트시티 전략은 도시 내에서 일어나는 일에 초점을 맞추어 수립되고 있다.

디지털이라고 물리적 한계에 자유로운 것만은 아니다. 《부의 로드맵》은 물리적 토대를 기반으로 디지털 단위로 규모를 조절하면 크고 광범위한 혜택을 누릴 수 있다는 것을 잘 보여준다.

우리는 스스로 시민, 기업 그리고 세계 도시에 유의미한 역할을 할 수 있을지에 대한 새로운 인식을 하게 되었다.[4] 이러한 역할은 개인적으로도 세계적으로도 더 잘 수행할 수 있을 것이다. 디지털이 우리를 변화시킨 만큼 우리도 도시를 변화시킬 수 있다.

우리도 똑똑해지고 확장 가능해질 수 있는 것이다.

연구방법

본 연구를 위해 우리는 질적 연구방법을 채택했다. 질적 연구방법은 사람들이 그들의 이야기와 세계관에 부여하는 가치의 의미와 이 의미들에 대한 해석에 중점을 맞추게 된다.

우리는 사람들이 그들을 둘러싼 주위환경, 행동에 대한 의미를 부여하는 방식과 어떻게 기술을 사용하거나 피하는지에 대한 깊이, 정의 그리고 다양성에 대해 연구했다.

우리는 사람들이 그들을 둘러싼 주위환경, 행동에 대한 의미를 부여하는 방식과 어떻게 기술을 사용하거나 피하는지에 대한 깊이, 정의 그리고 다양성에 대해 연구했다.

우리는 조직, 업무[1][2][3], 교육[4][5] 그리고 헬스케어[6][7][8][9] 연구에 알맞은 질적연구의 일환으로 심도 있는 인터뷰, 참여 관찰 그리고 집단 토의와 같은 기존의 데이터 수집 방식을 채택했다. 또한 의도적으로

기술에 부정적인 Technology bent 관련 분야 실증연구도 참고했다.

그 결과, 설문조사나 확률 추출과 같은 양적 연구방법은 채택하지 않았다. 구조화된 설문 조사 질문지 Structured survey questionnqires 내의 제한된 답변과('예/아니오'와 같은 닫힌 답변이나 질문에 대한 '강한 동의'부터 '강한 동부정'까지의 넓은 범위)와 통계적 표적집단의 대표 표본 Statistically representative sample of a target population 을 추출하는 것은 우리의 연구 목적에 필요한 자료를 수집하는 데 적절하지 않았다.

일전에 강조되었듯이 우리는 헬스케어, 교육 그리고 업무, 세 가지 분야에 초점을 맞추었다. 이 세 분야를 선택한 이유는 이 분야들이 우리 모두가 어떻게 살고, 일하고, 즐기는지에 지대한 영향을 끼치기 때문이고 동시에 각 분야가 우리 모두 한 번쯤은 다양한 방식으로 직접 경험하는 사회제도로 간주되기 때문이다.

물론 각각의 분야가 개별, 분리되어 있지만 동시에 서로 긴밀하게 연결되어 있다는 사실을 잘 인식하고 있다. 그러므로 우리는 특

정 분야와 그 하위영역에 중점을 맞추지만 동시에 필요한 시점에는 관여된 여타 분야를 소개하고 기존의 분야와 연결시키려 노력했다.

예를 들어 우리는 업무에 관한 조사에 참여한 응답자들에게 그들의 대학 경험도 같이 설명해줄 것을 주문했는데 특히 그들이 들었던 수업들이 어떻게 개선되어 응답자들의 기대와 커리어 여정에 부응할 것인지 그리고 개선을 위해 변화가 필요한지 여부에 관한 것이었다. 이런 방식의 조사는 우리의 현장 연구가 업무와 교육을 연결하도록 했다.

우리는 유의 추출Purposive sampling과 눈덩이표집Snowball Sampling 방법을 함께 사용해 특정한 특성과 경험을 가진 개인들을 적극적으로 모집하려고 했고 이를 통해 우리 데이터의 다양성과 깊이를 만족스러운 정도까지 끌어내고자 했다. 실례를 들어보자면 교육의 영역을 연구하기 위해 기술을 이용해 성공적이고 혁신적인 프로그램을 실시한 경험이 있는 교육자들을 만났다. 또한 요직을 맡고 있는 교장과 '평사원인' 교사들도 만나 이야기를 나누었다.

이렇게 '방대한' 데이터로부터 얻은 통찰력은 풍부하고 경험을 기반으로 한 시나리오, 페르소나와 인공품을 설계하는 데 산파 역할을 했다.

이렇게 생각의 다양성과 깊이에 초점을 맞춘 접근법은 미래지향적 관점을 주지하는 우리의 연구와 결을 같이 했는데 그 이유는 연구를 통해 아직은 부족하거나 상상하지 못한 시나리오 요소들을 발견하고 설명하고자 했기 때문이다.

또한 참여자들의 집단과 분야를 바꿔가면서 인터뷰를 진행했다. 이는 우리가 인터뷰에서 이해한 내용이 보편적으로 적용되는지를 확인하고, 한 집단에서 인터뷰의 관점에 매이지 않고 중립적인 시각을 유지하기 위함이다.[10] 동시에 우발적인 상황에 대해서도 고려하였다.

예를 들어, 스케줄이 바쁜 사람들(조직의 임원 등)과 퇴사자들은 당사자들의 스케줄을 고려하여 우선적으로 인터뷰를 진행해야 했다.

우리는 현장과 분석 도중에 제기된 이슈와 주제의 빈도 역시 연구에 포함했으며 그동안 당연하다고 여겨져온 규범적 일반적 통념이나 다수의 의견에 도전하며 새롭지만 덜 불분명하고 반직관적, 반대적인 견해에도 세심한 주의를 기울였다.

예를 들어 한 응답자는 노화가 우리의 예상보다 훨씬 광범위한 주제라는 것을 상기시켜 주었다. 환자들만 노화를 겪는 것이 아니라 간호직 종사자들과 자택 요양사들의 노화도 주목해야 된다는 것이다. 간호직 종사자, 자택요양사들도 환자들의 샤워를 돕고 욕창을 막기 위해 침대 위 환자의 자세를 뒤집는 반복적이고 지루한 직무를 수행하는 데 도움이 필요하기 때문이다.

생각의 다양성과 깊이를 고려한 접근방법은 미래지향적 관점과 잘 융화된다. 왜냐하면 상상치 못했거나 아직까지는 불충분한 요소들을 발견하고 기술하는 데 집중하고 싶었기 때문이다.

이 같은 연구 방식은 우리에게 좀 더 명확하게 생각하고 반대의 관점에서 생각할 수 있는 심리적 안전 공간을 제공했다.

우리는 9개의 워크샵과 71개의 인터뷰를 통해 174명과의 인터뷰를 진행했다. 오른쪽 표는 이 174명과 진행한 인터뷰의 문맥과 그들의 프로필을 요약한 것이다.

현장 연구 타입	참여자 수	특징
인터뷰 응답자: 전문가와 의사 결정자	41	예로는 학자, 기업과 헬스케어 조직의 최고중역(실례로 병원) 그리고 학교 교장들.
인터뷰 응답자: 유저와 기술 관리자	40	예로는 교사, 부서 책임자, 학생, 의사, 간호사 그리고 기업의 하급 직원(Junior associate)과 관리자.
워크샵($n = 9$)	93	이 숫자는($n = 14$) '기술과 함께 살기 프로젝트와 무관한 한 워크샵 참가자들의 수로, 이 워크샵에 참가했던 프로젝트 멤버들의 관찰 노트가 쓰여진 곳이다 많은 주제를 가진 워크샵들 중 GCE(General Certificate of Euducation/교육 자격 검정 시험) A 레벨 경제학 수업 플랜 프로토타이핑, 헬스케어의 미래와 웨어러블 그리고 교육의 미래와 같은 주제를 다루는 워크샵이었다.
총계	**174**	

그림 A1 현장 연구 요약

이처럼 구별된 개인들의 그룹은 우리에게 탑다운 방식과 바텀업(바이어스-위로)과 같은 기존의 양가적 서열을 가진 의사 결정 과정에 대한 좀 더 균형적인 관점을 제공해 주었다.

게다가 우리는 다양한 목적을 가지고 여러 넓은 문맥을 통해 한 번 이상 우리가 '정보원'이라 부르는 다른 20명의 개인들과 폭넓은 대화를 나누었다. 일례로, 몇몇 정보원은 우리와 같은 미래지향적인 계획에 관련되었거나 그 분야 전문가들이었다.

또 다른 이들은 기업, 학교와 병원의 의사 결정자들에게 접근을 도와주는 문지기^{Gatekeepers}였다. 출입 제한과 바쁜 스케줄을 생각해볼 때 정보원이 없었더라면 우리는 의사 결정자들을 만날 수 없었을 것이다.

이처럼 구별된 개인들의 그룹은 우리에게 탑다운 방식과 바텀업과 같은 기존의 양가적 서열을 가진 의사 결정 과정에 대한 좀 더 균형적인 관점을 제공해주었다. 우리에게 귀중한 참고 자료와 학습 과정을 원활하게 도와준 그들과의 상호작용을 우리는 모두 메모했다. 이 기록들은 우리의 분석, 시나리오, 페르소나 그리고 가공품에 심도와 의미를 더해주었다.

현장 연구

우리는 2015년 8월 초 싱가포르 국립대^{SUTD}의 기관감사위원회의 허가를 받은 후 현장 연구를 시작했다. 우리의 현장 연구는 2015년 8월부터 2016년 10월까지 약 14개월 동안 지속되었다.

대부분의 인터뷰는 일대일로 진행되었지만 새롭거나 비주류의 주제를 다룰 경우 친숙한 얼굴들을 선호하거나 덜 부담스러운 환경을 선호하는 이들과는 그룹 인터뷰를 진행했다.[11][12] 회고계량에서 주목되는 회상치우침^{Recall Biases}의 한계를 인정하며 우리는 보관기록자료 분석과 가능하다면 실제 현장 관찰(학교의 경우)을 통해 논의된 이벤트와 이슈 그리고 테마들을 적극적으로 확증했다. 때에 따라 인터뷰이들이 언급하지 않은 내용이나 우리가 발견한 모순적인 부분에 대해서는 질문을 했다.

인터뷰를 위해 우리는 반구조화된 면접 가이드^{Semistructured Interview Guide}를 사용했다. 우리는 일반적으로 광범위한 질문을 통해 인터뷰 응답자들과 그룹 토의와 워크샵에 참가한 참가자들의 배경을 이해하기 위해 노력했다. 토론과 토의가 진행됨에 따라 핵심분야(예를 들어 헬스케어, 교육, 업무)와 이 핵심분야들의 '기능'(주제전문가, 유저, 의사 그리고 의사결정자와 같은)에 초점을 맞추었다.

평균적으로 일대일 인터뷰와 그룹 인터뷰는 75분 정도 걸렸는

데 가장 짧은 경우는 45분, 가장 긴 인터뷰는 약 160분간 진행되었다.

우리는 응답자들의 명확한 동의를 받았을 경우에만 인터뷰를 녹음했다. 하지만 인터뷰 도중 녹음이 자연스럽고 심도 있는 대화를 방해한다고 느껴질 때는 중단했다. 또 응답자가 녹음을 선뜻 받아들이지 않을 것이라 예측될 경우 녹음을 요청하거나 시도하지 않았다.

우리는 변화무쌍한 현장 상황에 유연하게 대응하기 위해 다양한 역할을 맡았다. 또한 현장 직원들에게 우리가 현장 연구 중이라는 사실을 공개하기를 원했다.[13] 그렇기 때문에 현장에서 인터뷰에 참여한 사람들과 정보 제공자, 현장감독자 등은 우리가 그들의 업무를 이해하기 위해 현장에 참여하고 있다는 사실에 대해 인지하고 있었다.

소개를 위한 전략의 일환으로 '적당한 무능함' 전략을 사용해 응답자들의 상세한 설명을 이끌어 냈다.[14] 이 같이 본질적으로 학생에 준하는 역할은 응답자들이 현실의 예시를 통해 추상적인 생각들을 구체화하도록 스스로 그들의 논지에 살을 붙이게 이끌었다. 다른 경우에는 '선택적 무능함'[15] 전략을 활용해 해당 커뮤니티 소식에 무심하지 않다는 것을 주지시킴으로써 우리에 대한 신뢰를 높힐 수 있었다. 예를 들어 헬스케어 분야 종사자들과의 헬스케어의 미래에 관한 토론을 나눌 때 우리는 '환자 활성화'와 같은 용어를 사용했다.

우리는 또 반구조화된 면접 가이드는 반복된 수정을 통해 자료를 더 용이하게 수집하고 정리할 수 있는 다이나믹 도큐먼트Dynamic document 방식을 취급했다.[16] 이런 접근방식은 엄격한 프로토콜을 따르는 질문지보다는 '가이드가 있는' 대화에 가까웠다.

인터뷰 도중 내용을 필기하기도 했다. 이렇게 모인 노트들은 현장 연구 시 후속 질문이나 인터뷰 시 느꼈던 전체적 인상, 핵심적 아이디어나 분석적이고 방법론적인 요점을 잘 포착할 수 있는 심도 있는 메모Reflective memo의 기초가 되었다.

우리는 격주로 팀 진행 업데이트 회의를 가졌는데 이 회의는 다른 연구자들이 추가로 해명이 필요한 질문을 하거나 대안적 해석을 제공하는 선의의 비판자Devil's advocate 역할을 맡을 기회와 질적데이터의 해석을 명확하게 할 기회를 제공했다.

적극적으로 인터뷰이들에게 질문을 던지는 연구자들도 있었고 기록하는 이들도 있었다. 기록하는 연구자들은 토론을 방해하지 않았다. 때때로 응답자들이 흥미로운 주제에 대해 활기 넘치는 대화를 하는 경우 우리는 기록하고 싶은 충동을 의도적으로 가라앉히고 대화가 좀 더 일반적인 주제로 넘어가길 기다렸다. 관찰과 기록 사이사이의 이런 전략적 지체^{Strategic delay}는 특히 정보원이 민감한 정보에 대해 언급할 경우와 같이 정보원들의 부정적 대답 유도 가능성을 줄이기 위한 방책이었다.

물리적으로 기록하는 것이 불가능할 때, 우리는 '암기노트^{Head notes}'를 적으려 노력했다.[17] 또 민족지학적^{Ethnographic} 연구 방법론에 따라 기억 손실을 덜기 위해 현장 노트를 하루 내에 기록하려 노력했다.[18] 인터뷰와 토론 메모/노트 그리고 인터뷰 전사^{Interview transcripts}가 있는 경우 연구팀의 모든 연구자들에게 공유되었다.

현장에서 일어난 일을 기록하는 것 이외에도 우리는 불확실한 주제들을 표면화시키고, 차후 현장에서 맞닥트리거나 고심할 기술적 의문과 방법론적 염려를 식별해냈다.

또한 우리의 연구방법이 정보 시스템, 조직 그리고 관리 연구와 같은 관련 학문이나 사회과학 분야에서 인정받은 민족지학적/질적 현장 연구에 관련된 기준과 가이드라인을 충실히 따르도록 최선을 다했다.[19][20][21]

우리는 격주로 팀 진행 업데이트 회의를 가지며 다른 연구자들이 추가로 해명이 필요한 질문을 하거나 대안적 해석을 제공하는 선의의 비판자 역할을 맡을 기회와 우리의 질적데이터의 해석을 명확하게 할 기회를 마련했다. 본질적으로 보자면 우리는 연구팀이 우리의 분석을 성급하게 결론 내리지 않도록 확인하고자 했다.

분석과 시나리오 개발,
페르소나 그리고 가공품

우리는 우리 스스로가 데이터에 무감각해지는 것을 막기 위해 현장 연구가 진행되고 있는 중에도 현장 노트, 메모 그리고 인터뷰 전사의 생생한 느낌을 최대한 신속하게 담아내려 노력했다.[23]

연구 데이터와 자료의 초기 해석 당시 '표준화될 수 있는 순간' 들끼리 묶는 일에 초점을 맞추었는데[24] 표준화될 수 있는 순간들 이란 우리의 현장 노트, 메모, 인터뷰 전사와 다른 자료 내 텍스트 의 단편들을 가리킨다. 이런 코드화 가능한 문장들은 첫 번째와 두 번째 사이클 코드를 작성하는 데 기반을 제공했다.[25] 예를 들어 응답자들이 어떻게 기술에 관해 이야기하는지 그리고 기술이 그들 의 직업과 삶에 도움이 되거나 위협이 되는지 여부까지 포괄적으 로 묶어 연구했다.

우리는 첫 주기의 코딩을 진행하면서 '동시 코딩'(혹은 이중 코딩), '서술적 코딩', '생체 코딩in vivo coding', '프로세스 코딩'(혹은 '-ing' 코딩), '초기 코딩'(혹은 오픈 코딩) 등을 복합적으로 사용하여 주요 예시들을 분류하고자 했다.

두 번째 주기의 코딩 작업에서는 개념적 토대를 세우는 데 중점 을 두었다. 단계들에 구애받지 않고 자유롭게 이동한 이유는 도출한 코드들을 개선해 데이터에 충실한 동시에 우리가 따로 구분해 묶고자 하는 코드와 그 코드들을 체계화하는 작업을 좀 더 정확하고 개략적으로 만들기 위함이었다.

우리가 이 같은 코딩 전략을 선택한 이유는 디지털 기술이 우리에게 어떤 영향(예를 들어 '변화의 요인들^{Drivers of Change}'에서 '살고, 사랑하고 배우고 얻어라' '보고 느끼고 경험하고 공감하라')과 시나리오의 측면(예를 들어 '업무의 미래' 몸부림 대 노력)을 확인하고 개선하기 위함이었다.

이렇게 생성된 다양한 코드와 개념들은 우리 시나리오, 페르소나 그리고 가공품을 구성하는 기초를 제공했다. 임시 시나리오, 페르소나와 가공품(슈퍼슈트 환자의 스케치 그림 A2 참조)은 인터뷰 도중 논의된 내용에 집중할 수 있게 구체적 자료를 제공했고 일관성 있고 목적의식이 뚜렷한 분위기에서 보고서의 다양한 요소들을 연결할 수 있는 이야기를 다듬을 수 있도록 했다. 이런 토론과 계속되는 개선과정을 통해 다른 미래 또는 시나리오 플래닝 계획에는 이질적이고 개연성이

페르소나 가족을 고안한 이유는 가족관계를 분명히 하고 사회에서 가장 기본적이고 긴밀한 사회관계와 상호작용으로 여겨지는 가족관계도를 만들어가기 위함이었는데, 페르소나 가족은 다양한 라이프스테이지(학창시절, 취업, 은퇴 등의 단계)를 조사하고, 노화의 과정을 우리의 내러티브에 담아낼 수 있는 수단을 제공했다.

없는 산만한 자료집 대신 '페르소나 분류체계'를 만들 수 있었다.

이러한 내러티브는 우리 페르소나들의 열망, 두려움, 욕구를 나타내고 우리 페르소나들이 살고 있는 사회적 맥락을 구체적으로 보여준다는 점에서 우리의 분석적이고 창의적 과정에 주요했다.

결국 이러한 일련의 과정은 우리가 고안한 가공 시나리오와 특징에 영향을 끼쳤다.[27][28] 내러티브와 페르소나와 가공품과의 관계는 다른 연구 커뮤니티(예를 들어 인간 컴퓨터와의 대화HCI)에서 빈약하든 모호하든 아이디어가 탐구, 개선되고 심지어 폐기될 수 있는 '문제 공간Problem Space'을 수립하는 데 종종 쓰이는 '디자인 픽션'과 많은 면에서 유사했다.[29]

이러한 방식으로 연구가 진행된 만큼 우리는 우리가 고안하고 창조한 페르소나, 가공품이 진정한 삶의 경험을 바탕으로 한 특성과 특질의 추상적 개념들뿐 아니라 '분석적 상상력Disciplined Imagination일 것이라 확신한다.

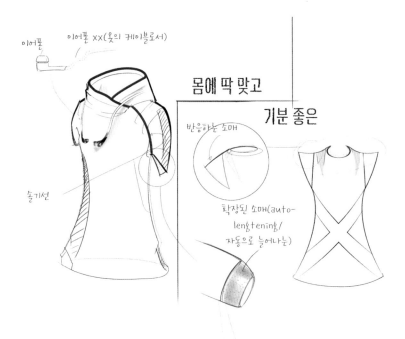

이어폰

이어폰 XX(옷의 케이블로서)

몸에 딱 맞고

반응하는 소매

기분 좋은

솔기선

확장된 소매(auto-
lengtening/
자동으로 늘어나는)

Kirta 영향을
받은 칼라 디자인
②

칼라 XXX 스트립 디스플레이

축제 같은 기분이 드는

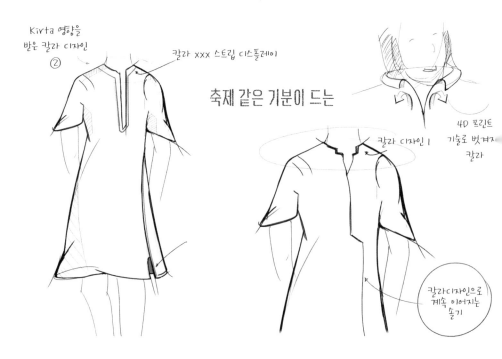

4D 프린트
기술로 벗겨지는
칼라

칼라 디자인 1

칼라디자인으로
계속 이어지는
솔기

주요 기술 진보의 선택과 예상

분야	2020년까지	2025년까지	2030년까지	출처
자동항법(Automous Navigation)	자율주행 자동차는 뚜렷한 노선이 있는 어떠한 현대식 마을이나 도시를 운전할 수 있고 인간 운전자에 비견되는 안전 운전 능력을 증명. 자율주행차의 성과는 공단지대나 공사지역, 하역장으로 돌아가기, 평행주자, 급브레이크나 급정차에서는 인간 운전자보다 뛰어난 수행능력을 보임.	자율주행 자동차는 어떤 도시나 비포장도로를 운행할 수 있고 인간이 직접 운전하는 오프로드 환경에서 제한된 역량을 발휘하고 일반인이 운전하는 차만큼 안전할 것임. 자율주행 자동차는 다른 차들의 예상치 못한 움직임에도 안전하게 대응할 수 있다. 또한 다른 고장난 차를 견인할 수도 있다. 센서 고장에도 안전상태를 유지할 수 있음.	자율주행 자동차는 인간이 운전할 수 있는 어떤 환경에서도 운전 가능. 자율주행 자동차의 주행 능력은 인간 운전자와 구별하기 어렵지만 1년 미만의 주행 경험이면 로봇 운전자가 인간보다 안전하고 예측할 것임. 학습한 적 없는 시나리오를 스스로 배울 수 있음.	US 로봇공학을 위한 로드맵[1]

분야	2020년까지	2025년까지	2030년까지	출처
인간과 같은 안정조작 (Human-like Dexterous Manipulation)	1) 적은 수의 독립적 관절을 통해 강력한 전체 손 습득 (Whole-hand grasp이 가능한 낮은 복잡도 손(Low-complexity hands) 2) 수술을 위한 로봇 조작기는 미세한 움직임을 깊이 있게 수행할 수 있어야 함. 일반적 용도로 사용되는 조작기는 좀 더 광범위한 물건과 직무를 수행하는 것까지 확장(물건 줍기, 배달, 돌려놓기, 문 열기, 버튼 누르기, 슬라이더 밀기). 3) 미세한 로봇공학 기계들은 수술의가 위를 통해 배의 간단한 무흉 내시경 수술을 도울 수 있다. 로봇 어시스턴트는 헬스케어 종사자들이 안전하게 병원 침대에서 내려놓거나 들어올릴 수 있음.	1) 10개나 그 이상의 독립적 관절과 새로운 메커니즘, 작동기를 갖춘 복잡도 손(Medium-complexity hands)으로 전체 손 습득(Whole-hand grasp)과 제한되었지만 안정된 조작이 가능함. 2) 마이크로 단위의 로봇이 눈과 같은 작은 구조나 세포 단위의 수술과 같은 안정된 미세 수술을 보조할 수 있음. 3) 미세한 수술 로봇은 신체에 고도의 손재주를 요구하는 수술적 직무를 수행하고 소형화되어 정밀한 미세수술 복구 가능. 무선의 센티미터 단위 로봇은 폴립 제거(Polyps)나, 혈류 조절과 같은 신체 내 중재적 직무 수행. 보조 로봇은 장애를 가진 개인들이 몸단장, 위생 관련, 옷 입기와 같은 자가 간호(Self-care) 직무를 도울 수 있음.	1) 인간에 가까운 촉각 어레이 밀도(Tactile array densities)를 갖췄으면서 동시에 동적 수행능력까지 갖춘 높은 복잡소 손(High-complexity hand)는 인간 노동자들이 일하는 제조구역에서 발견된 물건들을 전체 손 습득(Whole-hand grasp acquisition)하거나 안정된 조작할 수 있는 로봇이 될 것이다. 2) 무선 밀리미터 그리고 미크론 스케일(Micron scale) 로봇 집단은 체액 사이를 돌아다니고 조직에 구멍을 뚫어 고도로 국지적인 치료를 수행할 것이다. 보조로봇은 인간 중심의 환경에서 높은 수준의 감독 아래 자율적으로 일반적인 인간 케어 관련 직무를 수행할 것이다.	US 로봇공학을 위한 로드맵[2] 의학 & 헬스케어 로봇공학을 위한 연구 로드맵.[3]
에듀테인먼트 (Edutainment)	감정적 & 생리학적 상태에 대한 자동화된 이해: 무선 웨어러블 센서는 감지하고 분류할 수 있고 동시에 사용자의 생리학적 상태를 어느 정도 예측할 수 있다.	인간을 교육하고 즐겁게 해주는 로봇으로 다중 형식 통신(Multi-modal communication) - 사람의 감정적 상태와 감정과 몸짓의 물리적 표현 평가, 충분한 기능성을 통해 신선함과 매력을 발산해 적당한 가게에 상당한 기간 사용자의 관심을 유지하는 것이 관건.	내용 없음	US 로봇공학을 위한 로드맵.[4] 2010 유럽 로봇공학을 위한 로드맵.[5]

분야	2020년까지	2025년까지	2030년까지	출처
로봇 상호작용 동안 인간 상태 (Human State)와 행동에 대한 자동화된 이해	1) 문맥에 알맞은 안내: 로봇은 인간의 행동과 의도를 인식하고 구별할 수 있어야 함 – 수정된 환경에서/또는 인식을 쉽게 하기 위해 사람의 수가 증가되었을 경우. 2) 로봇은 제한된 환경이며(물리치료 세션, 의원) 이미 습득한 구조와 상호작용의 성격이 예상되는 경우 사람의 상태와 행동을 감지할 수 있음(웨어러블 센서의 도움). 치료 세션 동안 쌓인 데이터들은 로봇 상호작용을 최적화 하기위한 포괄적 구조가 개발되어 유용한 사용자 모델을 만드는 데 쓰임	로봇은 덜 구조화된 상황에서(예를 들어 의원이나 낯설 수 있는 가정) 간단한 장치를 장착한 사용자들의(가벼운 센서) 상태와 행동을 자동적으로 분류하고 이 데이터들을 사용자와 헬스케어 제공자에게 시각적으로 전달할 수 있고 사용자를 위해 분류에 따라 적절한 상호작용을 선택할 수 있음.	눈에 띄는 센서의 사용을 최소화하고 이미 알고 있는 광범위한 상황에서(운동, 사무실 업무, 옷 입기)인간의 활동을 감지, 분류, 예측하고 조언할 수 있음. 로봇은 각 유저의 필요와 욕구에 따라 직관적으로 유저의 시각화된 자료를 제공할 수 있음. 진행되고 있는 상태와 행동에 기반한로봇 상호작용에 대한 결정은 다른 실험 연구에서도 효과를 인정 받은 알고리즘을 사용.	US 로봇공학을 위한 로드맵[6] 의학 & 헬스케어 로봇공학을 위한 연구 로드맵.[3]
보안과 안전 로봇 행동	비용 효율이 좋고 작동이 안전하며, 가벼운 무게와 강력한 힘을 가진 수술이나 사회적 보조 로봇으로 클리닉이나 집에서 특별한 직무를 수행하기 위해 사용되는 보조로봇의 등장. 우리는 원격 조종 수술 장치의 보안 관련 취약성을 최대한 인지시키고 이론적으로 대응할 것.	다른 유저(헬스케어 제공자, 가족, 환자)의 클리닉과 가정 내 안전을 위한 가격이 적당하고 표준화된 초국적 연구 플랫폼을 개발(하드웨어와 소프트웨어). 안전과 유용성에 대한 종단 연구자료 수집. 안전한 원격의료 치료를 위해 보안 통신회선 테스트.	최소한의 트레이닝과 직관적 인터페이스를 사용 해체계가 없는 환경에서 모르는 사용자와의 실시간 상호작용을 포함한 인간과 기계의 상호작용 로봇 시스템의 안전한 배치(집, 야외상황). 인간 수술의보다 정확도가 더 뛰어난 로봇으로 부분적 자율능력과 안전성이 입증된 수술 로봇을 배치. 원격의료 치료를 위해 보안 통신회선 테스트.	US 로봇공학을 위한 로드맵.[7]
지속 가능한 것과 제조	제조과정에 10%의 원자재를 재활용, 장비의 50% 재사용 그리고 같은 공정을 위해 2010년에 사용된 에너지의 90%만 사용.	제조과정에 25%의 원자재를 재활용, 장비의 75% 재사용 그리고 같은 공정을 위해 2010년에 사용된 에너지의 50%만 사용.	제조과정에75%의 원자재를 재활용, 장비의 90% 재사용 그리고 같은 공정을 위해 2010년에 사용된 에너지의 10%만 사용. 2040: 탄력성을 위해 공급망으로 짜여진 유휴생산능력(Spare capacity)으로 제품들은 회복을 염두해놓고 재제조되고 재디자인됨, 제품에 대한 엄격한 환경 기준, 환경을 '가격책정'하는 새로운 방식, 재사용과 재제조 서비스를 기반으로한 비즈니스 모델. 2050+: 제품이 원래/더 뛰어난 스펙으로 다시 제조되는 '생산고리(Production loop)'에 보관.	US 로봇공학을 위한 로드맵.[8] UK 제조를 위한 로드맵.[8]
나노-생산 (Nano-manufacturing)	내용 없음	내용 없음	약물 투여, 치료와 진단 나노 로봇을 위한 나노 생산.	US 로봇공학을 위한 로드맵.[10]

분야	2020년까지	2025년까지	2030년까지	출처
안전로봇 (Safe Robort)	중풍 환자를 위한 정교한 테라피와 같은 인간의 웰빙과 의료장비에 유용한 서비스를 수행하기 위한 인간을 보조.	내용 없음	내용 없음	2010 유럽 로봇공학 로드맵.[11]
감시와 개입	감정적&생리학적 상태에 대한 자동화된 이해: 무선 웨어러블 센서는 감지하고 분류할 수 있고 동시에 사용자의 생리학적 상태를 어느 정도 예측할 수 있다.	감시를 위한 날 수 있는 로봇식 플랫폼의 사용이 증가하고 장기적으로 갑작스럽거나 예상치 못한 상황에 대응하거나 비정상적 활동 또는 잠정적으로 위험한 상황 좀 더 복잡한 직무를 수행할 수 있다	1) 감정적&생리학적 상태에 대한 자동화된 이해: 실시간 생체-피드백과 유저의 생리적이고 감정적 상태 분류를 위한 사용이 바로 가능한(off-the-shelf) 무선 생리감지장치부터 컴퓨터로 상호 운용되는 로봇기반 코칭 시스템. 2) 로봇시스템은 인간 운용자의 생리학적 피드백을 제공할 수 있음. 외과의사나 돌보미는 힘과 디테일한 표면조직 그리고 다른 원격환자의 다른 생리학적 특성을 느낄 수 있음. 3) 정량 진단(Quantiative diagnosis)&평가: 웨어러블 기기나 피하에 삽입할 수 있는 장치로, 생체전기신호에 연결하고 접근. 데이터 정량분석으로 진단의 정보를 제공하고 장기적으로 환자 추적. 4) 완벽하게 실시간 이미지 모형(Imiage to model) 세대의 기술을 사용하는 반자동화되었거나 자동화된 수술 보조 결과 성취.(기하학, 역학 그리고 생리적 감지)	US 로봇공학을 위한 로드맵.[10] 2010 유럽 로봇공학 로드맵.[13]
요리	내용 없음	평범한 가정의 식사 준비와 같은 복잡한 직무 습득이 프로그래밍된 로봇의 시연	내용 없음	US 로봇공학을 위한 로드맵.[14]

분야	2020년까지	2025년까지	2030년까지	출처
정량 진단 (Quantiative diagnosis))	내용 없음	로봇 수술, 보철, 재활 그리고 집에서 사는 것과 같은 주요 연구 분야를 위해 공유가능한 데이터 세트 만들기.	실시간 웨어러블 기기나 피하에 삽입할 수 있는 장치로 생체전기신호에 연결하고 쉽게 접근을 가능하게 함. 이는 돌보미와 사용자를 위한 방해받지 않는 다중 감지와 직관적 데이터 시각화 환경에 통합되어 있음. 실시간 알고리즘은 온/오프라인 정량 진단 분석을 위해 이러한 데이터의 적절한 위치 진단이나 장기 환자 추적 또는 스킬 습득 관련 정보를 제공. 집안 내에서의 사용이나 자폐 범주성 장애(Autisme spectrum disorder)과 같은 도착적 질환들의 초기 증상을 감시. 유사한 방법으로 파킨슨 병(Parkinson's)이나 근육 위축병(Muscular dystrophy)와 같은 퇴행성 운동 질환의 진행을 관찰할 수 있다. 마지막으로,정량 평가에 기반한 훈련 알고리즘은 허점을 보완함으로서 외과의사의 절차훈련을 위한 개인화된 프로토콜과 또는 감각운동 장애나 인지장애를 위한 개별화된 재활 식이요법을 가능하게 한다.	US 로봇공학을 위한 로드맵. [15]
건강 데이터/ 센서기반	데이터 수집과, 최근에 개발된 ROS bag을 토대로 공통적이고 개방형체를 구축해 더 광범위한 종류의 의학 로봇과 장치들까지로 확장.	로봇 수술, 보철, 재활 그리고 집에서 사는 것과 같은 주요 연구 분야를 위해 공유가능한 데이터 세트 만들기.	기존의 알고리즘의 기초 성과로 클라우드 기반의 체계를 구축해 빠른 디자인, 발전과 의료 로봇 연구의 평가주기를 앞당기기.	US 로봇공학을 위한 로드맵 (의학 & 헬스케어 로봇공학을 위한 연구 로드맵). [16]
원격의료	내용 없음	안전한 원격의료 치료를 위해 보안 통신회선 테스트.	오픈 인터넷을 통해 안전한 원격의료 치료개발	US 로봇공학을 위한 로드맵. [17]
실내 GPS	특히 역동적인 환경에서 이동형 마니플레이터(Mobile manipulator)을 위한 정확한 실내 위치잡이(positioning)	내용 없음	내용 없음	

분야	2020년까지	2025년까지	2030년까지	출처
이동성과 조작	로봇은 연구소에서 다양한 유동성 메커니즘 체계가 없는 2D 환경에서 안전하게 이동할 수 있는데 활용되거나 단순한 집기 놓기 직무를 수행할 수 있음. 관련된 개체는 아주 제한된 집합이거나 특정한 특징을 가지고 있음. 로봇은 탐색과 인간의 지시를 통해 그들의 환경에 대한 의미구조도 (Semantic map)를 만듦. 이 로봇들은 장애물 제거, 보관장 열기 등부터 다른 물체에 접근하기와 같이 복잡성을 관리해야 하는 직무를 추론하고 판단할 수 있음.	주위 환경의 정적인 부분의 아직은 완벽하지 않으나 미완성 모델을 고려해 볼 때, (아마 인터넷으로부터 입수한 데이터베이스 등) 서비스 로봇은 확실하게 업무 위주의 유동성이나 조작 직무 서비스를 계획하고 실행함. 로봇은 지각, 물리적 상호작용과 지시를 통해 주변 환경에 대한 깊은 이해를 할 수 있음. 또 계단과 같은 다층 환경에서도 이동할 수 있으며 주어진 직무 성공 확률을 높이기 위해 주위 환경을 변경하고(예를 들어 장애물/방해물 제거, 불 켜기) 실패를 감지하고 회복할 수 있음.	다리, 자국, 휠(Wheels)과 같은 다양한 유동성 메커니즘을 포함하는 서비스 로봇들은 고속, 충돌 방지, 완전히 새롭고, 구조가 없고, 역동적 환경에서 이동조작을 수행할 수 있음. 이 로봇들은 주위환경을 지각해 적절하고 가능하다면 직무 중심의 국지적이고 전체적/단기와 장기적 환경적 묘사(의미구조도)를 해석하고 전반적인 직무 목적 달성을 위해 지속적으로 계획을 짤 수 있음. 서비스 로봇은 강건하게 역동적 변화에 대응할 수 있음(예를 들어 눌려지거나 밀려지는 등 예상치 못한 움직임이 생길 경우). 로봇은 직무 중심의 행동이 필요할 때 탐구적 행동을 추가할 수 있음. 주변환경과 상호작용할 수 있으며 직무 완수를 이행하고 쉽게 하기 위해 현명한 방법으로 주위 환경을 수정할 수 있음. 이는 로봇과 접촉이 되는 물체 그리고 환경의 정적 부분 사이의 물리적 특성(미끄러지기, 밀기, 던지기 등)을 판단을 포함.	US 로봇공학을 위한 로드맵.[18]
인식, 스킬과 습득	1) 몸짓과 음성 상호작용을 통해 인간의 스킬을 습득하는 로봇 시연. 게다가 모형이 없는 실내환경의 모델 습득. 2) 로봇은 시연으로부터 관찰, 시험, 실수를 통해 다양한 기초 스킬을 학습할 수 있음. 이러한 스킬은 스킬이 학습된 환경과 약간 상이한 상황에서 동일하게 적용될 수 될 수 있음. 로봇은 익힌 기술 기존 상황과의 차이를 지각하고 자율적으로 경미한 수정과 수행 가능.	1) 로봇은 복잡한 조립이나 행동을 수행하기 위해 사용자와의 상호작용을 통해 일련의 새로운 스킬을 습득. 이 로봇은 단순 실수가 일어났을 경우 회복이 용이함. 2) 지각 능력이 증가됨에 따라 로봇은 더욱 복잡한 스킬을 습득하고 상황에 적절한 스킬을 구분할 수 있음. 다양한 스킬은 자율적으로 좀 더 복잡한 스킬로 결합될 수 있음. 로봇은 성공적으로 적용될 수 있는 상황의 타입을 식별하고 판단할 수 있음. 로봇은 직무 달성 성공에 영향을 끼칠 수 있는 계획과정 지휘 요인들에 대한 충분한 이해가 있어 성공 확률을 최대화함.	1) 동반자 로봇(Companion robot)은 사용자를 보조하기 위해 스킬 적응을 통해 다양한 서비스 직무를 보조할 수 있음. 이 상호작용은 인간의 의도 인식과 작업자를 보조하기위한 재계획을 기반으로 함. 2) 로봇은 지속적으로 새로운 스킬을 습득하고 이미 습득한 스킬의 효과를 증대시킬 수 있음. 스킬과는 무관한 지식을 학습해 단일 스킬을 각기 다른 직무와 상황으로 전달하고 스킬을 새로운 직무로 전달하며 단일 스킬과 스킬을 통해 매개 변수화(parameterization)를 위한 일반화 패턴을 식별할 수 있음.	US 로봇공학을 위한 로드맵.[19]

Chapter 1

1) Negroponte, N. (2014, March). *A 30-year history of the future.*
Retrieved from https://www.ted.com/talks/nicholas_negroponte_a_30_year_history_of_
the_future where 1980 was identified as the year he first conceived of this point.

2) Transcript of Prime Minister Lee Hsien Loong speech at Smart Nation launch on 24
November 2014. Retrieved October 17, 2016, from http://www.pmo.gov.sg/mediacentre/
transcript-prime-minister-lee-hsien-loongs-speech-smart-nation-launch-24-november
"Therefore our vision is for Singapore to be a Smart Nation – A nation where people
live meaningful and fulfilled lives, enabled seamlessly by technology, offering exciting
opportunities for all. We should see it in our daily living where networks of sensors and
smart devices enable us to live sustainably and comfortably. We should see it in our
communities where technology will enable more people to connect to one another more
easily and intensely. We should see it in our future where we can create possibilities for
ourselves beyond what we imagined possible."

3) MIT openDOOR (2003, August). Interview with: Professor Sherry Turkle. (2003, August).
Retrieved October 17, 2016, from http://web.mit.edu/sturkle/www/pdfsforstwebpage/
ST_Open%20Door%20interview.pdf

4) Manyika, J., Lund, S., Bughin, J., Woetzel, J., Stamenov, K., & Dhingra, D. (2016, February).
Digital globalization: The new era of global flows. Retrieved from http://www.mckinsey.
com/business-functions/digital-mckinsey/our-insights/digital-globalization-the-new-era-
of-global-flows

5) Glasmeier, A., & Christopherson, S. (2015). *Thinking about smart cities. Cambridge Journal
of Regions, Economy and Society, 8*(1), 3-12. doi:10.1093/cjres/rsu034

6) Jacobs, J. (1964). *The death and life of great American cities (Vintage Books Edition,
December 1992).* London: Pelican Books.

7) Batty, M. (2013). *The new science of cities.* Cambridge, MA: MIT Press.
Professor Batty also reiterated this in his talk and conversations at the Lee Kuan Yew
Centre for Innovative Cities at the Singapore University of Technology on 31st March 2016.

8) Sassen, S. (2012). *Cities in a world economy (4th ed.).* Los Angeles, CA: Sage.

9) Fukuda-Parr, S. (2001). Making new technologies work for human development. *United
Nations Development Programme, Human Development Report.* Retrieved from http://hdr.
undp.org/en/content/human-development-report-2001

10) Goldin, I., & Kutarna, C. (2016). *Age of discovery: Navigating the risks and rewards of our
new renaissance.* New York, NY: St. Martin's Press.

From p. 77:
"Education is both a consequence of development- something
people who can choose, do choose- and a catalyst for further health and income gains..."
From p. 79:
"Article 26 of the 1948 Universal Declaration of Human Rights... affirms that 'Everyone has the right to education' and 'Education shall be directed to the full development of the human personality.'"

11) Lee, K. Y. (2006). Good governance and the wealth of nations. Speech presented at Singapore 2006 Annual Meetings of the Boards of Governors of the International Monetary Fund (IMF) and World Bank Group in Singapore. Retrieved October 17, 2016, from http://www.mas.gov.sg/annual_reports/annual20062007/42_TEAM.htm
Excerpt (from podcast that was available for download then): "...we watched the developed world and said what is it they have which we don't have? Good infrastructure. Highly educated workforce that knows how to use that infrastructure."

12) Rosling, H. (2006, June). Hans Rosling: The best stats you've ever seen [Video file]. Retrieved from http://www.ted.com/talks/hans_rosling_shows_the_best_stats_you_ve_ever_seen
Transcript retrieved October 17, 2016, from http://www.ted.com/talks/hans_rosling_shows_the_best_stats_you_ve_ever_seen/transcript
"The countries are moving more or less in the same rate as money and health, but it seems you can move much faster if you are healthy first than if you are wealthy first... but health cannot be bought at the supermarket. You have to invest in health. You have to get kids into schooling. You have to train health staff. You have to educate the population..."

13) The Economist Intelligence Unit (2016). High aspirations, stark realities: Digitising government in South-east Asia. Retrieved October 17, 2016, from https://www.eiuperspectives.economist.com/sites/default/files/EIU_Microsoft%20DigitisingGov_briefing%20paper_Jan2016.pdf
Health, education and finance are deemed as the top 3 areas where cloud computing will have the greatest impact both now and in 3 years.

14) Acemoglu, D. (2012). *The world our grandchildren will inherit: The rights revolution and beyond.* (NBER Working Paper No. 17994). Cambridge, MA: National Bureau of Economic Research. doi:10.3386/w17994

15) Topol, E. J. (2015). *The patient will see you now: The future of medicine is in your hands.* New York, NY: Basic Books.

16) Ford, M. (2015). *Rise of the robots: Technology and the threat of a jobless future.* New York, NY: Basic Books.

17) Brynjolfsson, E., & McAfee, A. (2014). *The second machine age: Work, progress, and prosperity in a time of brilliant technologies.*
New York, NY: WW Norton & Company.

18) Wagner, T., & Compton, R. A. (2012). *Creating innovators: The making of young people who will change the world.* New York, NY: Scribner.

19) Stanford University (2016, September). Artificial Intelligence and Life in 2030. In *One Hundred Year Study on Artificial Intelligence: Report of the 2015-2016 Study Panel.* Stanford, CA: Stanford University. Retrieved October 17, 2016, from https://ai100.stanford.edu/2016-report

Not coincidentally, Stanford University's September 2016 report for the "One Hundred Year Study on Artificial Intelligence (AI100)" is not only titled "Artificial Intelligence and Life in 2030", it also chooses to focus on what life will be like in North American cities, and the "specific changes affecting the everyday lives of the millions of people who inhabit them." The areas it chose included employment, education and healthcare, in addition to the domains of transport, low-resource communities, public safety and security, service robots, and entertainment.

The report also suggests why the impact of technology should be analysed according to specific domains. They write "[t]hough drawing from a common source of research, each domain reflects different AI influences and challenges…"

Chapter 2

1) Pinker, S. (2015). *The sense of style: The thinking person's guide to writing in the 21st century*. New York, NY: Penguin Books.

2) MacGregor, N. (2010). Episode 1- Mummy of Hornedjitef [Radio programme transcript]. BBC. Retrieved October 17, 2016, from http://www.bbc.co.uk/programmes/articles/1Ryz8 NYSgfT4Llx7rHQ1hPf/episode-transcript-episode-1-mummy-of-hornedjitef

3) Schwartz, P. (1996). *The art of the long view: Paths to strategic insight for yourself and your company*. New York, NY: Doubleday.

4) United Kingdom, HM Government. (n.d.). The futures toolkit: Tools for strategic futures for policy-makers and analysts. Retrieved from https://www.gov.uk/government/uploads/system/uploads/attachment_data/file/328069/Futures_Toolkit_beta.pdf

5) Dunne, A., & Raby, F. (2013). *Speculative everything: Design, fiction, and social dreaming*. Cambridge, MA: MIT Press.

6) Tetlock, P. E., & Gardner, D. (2016). *Superforecasting: The art and science of prediction*. New York, NY: Broadway Books.

7) Saffo, P. (2007). Six rules for effective forecasting. *Harvard Business Review, 85*(7/8), 122-131.

8) Personas. (n.d.). Retrieved October 17, 2016, from http://www.usability.gov/how-to-and-tools/methods/personas.html

9) Nesta. (n.d.).Future Londoners. Retrieved October 17, 2016, from http://www.nesta.org.uk/news/future-londoners

10) Norman, D. (2004, November 16). Ad-Hoc Personas & Empathetic Focus. Retrieved October 17, 2016 from http://www.jnd.org/dn.mss/personas_empath.html

11) Institute for the Future (n.d.) Artifacts from the Future. Retrieved October 17, 2016, from http://www.iftf.org/what-we-do/foresight-tools/artifacts-from-the-future/
Silicon Valley-based Institute for the Future writes "Imagine that you could take an archaeologist's expedition to the future to collect objects and fragments of text or photos to understand what daily life will be like in 10, 20, or 50 years. Artifacts from the Future give us this tangible experience of the future. They make the details of a scenario concrete, helping us to understand, almost first-hand, what it will be like to live in a particular future."

12) MacGregor, N. (2011). *A history of the world in 100 objects*. New York, NY: Viking.

13) Hon, A. (2013). *A history of the future in 100 objects*. Amazon Digital Services.

Chapter 3

1) Diamandis, P. H., & Kotler, S. (2012). *Abundance: The future is better than you think*. New York, NY: Free Press.

2) TheDrawShop. (2014, January 23). Peter Diamandis- Exponential technology [Video file]. Retrieved October 17, 2016, from https://www.youtube.com/watch?v=laZOux1Qqwg

3) Perez, C. (1983). Structural change and assimilation of new technologies in the economic and social systems. *Futures, 15*(5), 357-375.

4) The Economist. (1999, February 18). Innovation in industry- Catch the wave. Retrieved October 17, 2016, from http://www.economist.com/node/186628

5) Moody, J. B., & Nogrady, B. (2010). *The sixth wave: How to succeed in a resource-limited world*. Sydney: Vintage Books.

6) Schwab, K. (2016). The fourth industrial revolution. Geneva: World economic forum. Retrieved October 17, 2016, from http://www3.weforum.org/docs/Media/KSC_4IR.pdf

7) George, B. J., & Devarajan, V. (2016, June 27). Industry 4.0: Business in the age of personalisation. Retrieved October 17, 2016, from https://www.weforum.org/agenda/2016/06/industry-4-0-business-in-the-age-of-personalisation

8) The Economist (2012, April 21). The third industrial revolution. Retrieved October 18, 2016, from http://www.economist.com/node/21553017

9) Rifkin, J. (2011). *The third industrial revolution: How lateral power is transforming energy, the economy, and the world*. New York, NY: Palgrave Macmillan.

10) Brynjolfsson, E., & McAfee, A. (2014). *The second machine age: Work, progress, and prosperity in a time of brilliant technologies*. New York, NY: W. W. Norton & Company.

11) United Nations Educational, Scientific and Cultural Organization. (n.d.). What are Open Educational Resources (OERs)? Retrieved October 17, 2016, from http://www.unesco.org/new/en/communication-and-information/access-to-knowledge/open-educational-resources/what-are-open-educational-re-sources-oers/

12) DARPA | Cyber Grand Challenge. (n.d.). Retrieved October 17, 2016, from http://archive.darpa.mil/grandchallenge/

13) Davidson, L. (2016, July 3). Using Facebook to transfer money? That could be a reality sooner than you think. Retrieved October 17, 2016, from http://www.telegraph.co.uk/business/2016/07/03/using-facebook-to-transfer-money-that-could-be-a-reality-sooner/ The social media scheme is part of a plan to build "a system for the future with capabilities to store multiple [proxy IDs]"

14) Dutta, N. (2016, July 20). Adaptive hearables- JWT intelligence. Retrieved October 17, 2016, from https://www.jwtintelligence.com/2016/07/adaptive-hearables/

15) Stanford University (2016, September). Artificial intelligence and life in 2030. In *One hundred year study on artificial intelligence: Report of the 2015-2016 study panel*.

Stanford, CA: Stanford University. Retrieved October 17, 2016, from https://ai100.stanford.edu/2016-report

16) Gibney, E. (2016). Chinese satellite is one giant step for the quantum internet. Nature, 535, 478–479. doi:10.1038/535478a
The craft that launched in August is first in a wave of planned quantum space experiments.

17) Claburn, T. (2016, January 31). Google AI can spot image location with 'superhuman' accuracy. Retrieved October 19, 2016, from http://www.informationweek.com/big-data/big-data-analytics/google-ai-can-spot-image-location-with-superhuman-accuracy-/d/d-id/1324489

18) The World Bank (n.d.). Identification for development. Retrieved October 19, 2016, from http://www.worldbank.org/en/programs/id4d
"Identification is core to development because it is a key enabler for... Financial Inclusion: Accessible, secure, and verifiable ID systems can help expand the use of financial services by approximately 375 million unbanked adults in developing countries."

19) Whittaker, Z. (2016, August 7). 'Quadrooter' flaws affect over 900 million Android phones. Retrieved October 19, 2016, from http://www.zdnet.com/article/quadrooter-security-flaws-affect-over-900-million-android-phones/

20) Simmons, A. C. (2016, June 13). Artificial intelligence produces realistic sounds that fool humans. Retrieved October 19, 2016, from http://news.mit.edu/2016/artificial-intelligence-produces-realistic-sounds-0613
"Video-trained system from MIT's Computer Science and Artificial Intelligence Lab could help robots understand how objects interact with the world... For robots to navigate the world, they need to be able to make reasonable assumptions about their surroundings and what might happen during a sequence of events. One way that humans come to learn these things is through sound. For infants, poking and prodding objects is not just fun; some studies suggest that it's actually how they develop an intuitive theory of physics. Could it be that we can get machines to learn the same way? Researchers from MIT's Computer Science and Artificial Intelligence Laboratory (CSAIL) have demonstrated an algorithm that has effectively learned how to predict sound... When shown a silent video clip of an object being hit, the algorithm can produce a sound for the hit that is realistic enough to fool human viewers. This "Turing Test for sound" represents much more than just a clever computer trick: Researchers envision future versions of similar algorithms being used to automatically produce sound effects for movies and TV shows, as well as to help robots better understand objects' properties."

21) Ho, O. (2015, April 29). Restoring sights and sounds from past for future generations. The Straits Times. Retrieved October 19, 2016, from http://news.asiaone.com/news/singapore/restoring-sights-and-sounds-past-future-generations

22) Turkle, S. (2012). Alone together: Why we expect more from technology and less from each other. New York, NY: Basic Books.

23) Boyd, D. (2014). It's complicated: The social lives of networked teens. New Haven, CT: Yale University Press.

24) Topol, E. J. (2015). The patient will see you now: The future of medicine is in your hands. New York, NY: Basic Books.

25) Weinswig, D. (2016, July 7). Are you smarter than my clothing?
Retrieved October 17, 2016, from http://www.forbes.com/sites/
deborahweinswig/2016/07/07/are-you-smarter-than-my-clothing-2/#3217bb937598
"The idea is to add an additional function to textiles," Juan Hinestroza, Associate Professor
of Fiber Science at Cornell, told Syracuse's News Channel 9. "Our ultimate goal is to have
fibers that can hear, fibers that can see, fibers that can sense, fibers that can act, and your
clothing becomes like a second skin."

26) Christensen, C. M. (1997). *The innovator's dilemma: When new technologies cause great
firms to fail*. Boston, MA: Harvard Business School Press.
Disruptive change is also often typically associated with radical innovation. Due to the long
term time frame (~25 years) of our report, we assume that disruptive change can also be
associated with incremental innovation. Incremental innovations that build on each other
over years and decades eventually tip over, causing disruption. Recent examples of this
include the personal computing, gaming, and mobile communications.
This can also be seen in the case studies in Harvard professor Clayton Christensen's The
Innovator's Dilemma:

Entrant Disruptive Technology	Year of Entry into Market	Year Entrant Disruptive Technology Met Existing Market's Needs	Number of Years Taken
8-inch rigid disk drive	1978	1988	10 years
5.25 inch rigid disk drive	1980	1987	7 years
3.5 inch rigid disk drive	1985	1988	3 years

It took at least 3 years for new entrants to disrupt the incumbents. Disruption did not
appear silently. It also did not happen suddenly. Our emphasis is thus on the pace of
change i.e. whether disruptive change happens rapidly or incrementally.

27) Norman, D. A., & Verganti, R. (2014). Incremental and radical innovation: Design research
vs. technology and meaning change. *Design Issues, 30*(1), 78-96.
"Radical or disruptive change are driven by changes in technology and meaning (such as
the purpose of the technology or innovation), thus offering a different proposition."

28) Pratt, G. A. (2015). Is a Cambrian explosion coming for robotics?. *The Journal of Economic
Perspectives, 29*(3), 51-60.
Rapid and incremental are also dynamic. The field of robotics provides an excellent
example of this. Past incremental improvements feed into present accelerating advances,
which feed into future potential rapid disruption. Where possible in the table below, we
have quoted the text verbatim, except where additional explanations to aid readability are
deemed to be necessary.

Where robotics is today is because of past incremental improvements in:	Why the pace of change is picking up today – accelerating advances in:	What could rapidly disrupt the field – Artificial Intelligence (AI) innovations in
1. Computing performance 2. Electromechanical design tools and numerically controlled manufacturing tools 3. Electrical energy storage 4. Electronics power efficiency 5. Wireless digital local communications 6. Performance and scale of Internet 7. Worldwide data storage 8. Global computation power	1. Learning (e.g. through mimicking) from what people do (e.g. through vision systems or videos) 2. Deep learning and/or new AI algorithms and techniques that replicate the perceptual parts of the human brain 3. High speed sharing and access across robots of each robot's learning 4. Simulation – robots can explore and experiment with possible solutions and options	Current deep learning and/or new AI algorithms and techniques only replicate some of the perceptual parts of the human brain. The game changer will be when it can replicate more of those perceptual parts, as well as other human cognitive functions like episodic memory and "unsupervised learning" (the clustering of similar experiences without instruction). We should also keep in mind that when we say "replicate", it might not mean that we mimic exactly how the human brain does it. It could be a clever combination of technology that achieves the same end point but using different methods.

29) Susskind, R. E., & Susskind, D. (2016). *The future of the professions: How technology will transform the work of human experts.* New York, NY: Oxford University Press.
Authors interviewed both established firms and new entrants across a spectrum of professions (healthcare, education, consulting, tax, audit, architecture, divinity). They all agreed their professions were being transformed by technology. Where they disagreed was on the 'pace of change'. In other words, whether it would be rapid or incremental depends on their view of the future.

30) Nordhaus, W. D. (2015). *Are we approaching an economic singularity? Information technology and the future of economic growth* (NBER Working Paper No. 21547). Cambridge, MA: National Bureau of Economic Research. doi: 10.3386/w21547
Yale Professor William Nordhaus examined if we are approaching a Singularity. Singularity is the point where "rapid growth in computation and artificial intelligence will cross some boundary or Singularity, after which economic growth will accelerate sharply at an ever-increasing pace of improvements and cascade through the economy".
He put this idea through seven economic tests. The tests suggest that we are not approaching a Singularity, and even if we were, it would be at least 100 years from now.

31) Frey, C. B., Osborne, M., Holmes, C., Rahbari, E., Garlick, R., Friedlander, G., ... & Wilkie, M. (2016). *Technology at work v2. 0: the future is not what it used to be.* CitiGroup and University of Oxford.
"The cost of investing in and implementing robotics are coming down, all around the word. For example, 'payback periods for robots... 1.7 years for the most popular auto robot used in China; less than half a year in metal manufacturing in Germany; less than 2 years for hospital co-bots...'); we expect that this trend of falling costs are also happening for other technological advances.

32) Saffo, P. (2007). Six rules for effective forecasting. *Harvard Business Review, 85*(7/8), 122-131. Retrieved October 19, 2016, from https://hbr.org/2007/07/six-rules-for-effective-forecasting
"As futurist Roy Amara pointed out to me three decades ago, there is a tendency to

overestimate the short term and underestimate the long term. Our hopes cause us to conclude that the revolution will arrive overnight. Then, when cold reality fails to conform to our inflated expectations, our disappointment leads us to conclude that the hoped-for revolution will never arrive at all — right before it does."

33) Gartner Hype Cycle. (n.d.). Retrieved October 19, 2016, from http://www.gartner.com/technology/research/methodologies/hype-cycle.jsp
Technologies take time to reach wide adoption is also echoed by Gartner's Hype Cycle Research Methodology.

34) World Economic Forum. (2015, September). Deep shift: Technology tipping points and societal impact. Retrieved October 19, 2016, from http://www3.weforum.org/docs/WEF_GAC15_Technological_Tipping_Points_report_2015.pdf

35) Martin-Brualla, R., Gallup, D., & Seitz, S. M. (2015). Time-lapse mining from internet photos. *ACM Transactions on Graphics (TOG), 34*(4), 62:1-62:8. New York, NY: ACM

36) Karp, H. (2015, March 06). Turning a profit from music mashups. Retrieved October 19, 2016, from http://www.wsj.com/articles/turning-a-profit-from-music-mashups-1425687517

37) Seenit. (n.d.). Retrieved October 19, 2016, from https://seenit.io/

38) Musical Orbit. (n.d.). Lessons with the very best classical and jazz musicians in the world. Retrieved October 19, 2016, from http://www.musicalorbit.com/

39) Retelny, D., Robaszkiewicz, S., To, A., Lasecki, W. S., Patel, J., Rahmati, N., Doshi, T., Valentine, M., & Bernstein, M. S. (2014, October). Expert crowdsourcing with flash teams. In *Proceedings of the 27th Annual ACM Symposium on User Interface Software and Technology* (pp. 75-85). New York, NY: ACM.

40) Andrews, B. (2016). The future of work could be "flash teams". Retrieved October 17, 2016, from https://engineering.stanford.edu/news/melissa-valentine-re-inventing-way-we-work

41) Edmondson, A. C. (2012, April). Crisis management- Teamwork on the fly. Retrieved October 17, 2016, from https://hbr.org/2012/04/teamwork-on-the-fly-2

42) Deng, J., Dong, W., Socher, R., Li, L. J., Li, K., & Fei-Fei, L. (2009, June). Imagenet: A large-scale hierarchical image database. In *IEEE Conference on Computer Vision and Pattern Recognition*, 2009. (pp. 248-255). IEEE.

43) Markoff, J. (2012, November 19). Seeking a Better Way to Find Web Images. Retrieved October 17, 2016, from http://www.nytimes.com/2012/11/20/science/for-web-images-creating-new-technology-to-seek-and-find.html?_r=1
In an example of breaking down and scaling up, in 2009, the world's largest visual database- ImageNet- was built using Amazon's
Mechanical Turk service. In 2012, it had 14 million objects labelled, and over 300 publications had used or cited it for computer vision research. By Sep 2016, the research paper detailing the research had been cited close to 2800 times.

44) O'Connor, S. (2016, June 14). The gig economy is neither 'sharing' nor 'collaborative'. Retrieved October 17, 2016, from https://www.ft.com/content/8273edfe-2c9f-11e6-a18d-a96ab29e3c95

45) Aloisi, A. (2015). Commoditized workers: The rising of on-demand work, a case study

research on a set of online platforms and apps. *4th Conference of the Regulating for Decent Work Network*. (July 2015).

Different platforms facilitate the slicing up of different types of jobs. These include:
- Task Rabbit for manual tasks
- MBA & Company, and Eden McCallum for consultants
- TopCoder and Innocentive for programmers, engineers and scientists
- Axiom and Upcounsel for lawyers

46) The Economist. (2015, January 03). The on-demand economy- Workers on tap. Retrieved October 19, 2016, from http://www.economist.com/news/leaders/21637393-rise-demand-economy-poses-difficult-questions-workers-companies-and

47) O'Connor, S. (2015, October 9). The human cloud: A new world of work. A drive to divvy up and scatter jobs into a virtual world of workers raises questions about the outcome. Retrieved October 19, 2016, from http://www.ft.com/cms/s/2/a4b6e13e-675e-11e5-97d0-1456a776a4f5.html#axzz4J0jv232W

48) Hill, A. (2015, November 25). After 17 Harvard case studies, Haier starts a fresh spin cycle. Retrieved October 19, 2016, from http://www.ft.com/intl/cms/s/0/4afb31b0-91eb-11e5-bd82-c1fb87bef7af.htm

An example of breaking down work into smaller pieces and drawing on global resources is Haier. "In its home country, the group is reinventing itself again as a set of open "entrepreneurial platforms", serving — and served by — hundreds of "microenterprises". Not only will these micro-enterprises compete to design, build and distribute products Haier users say they want, but they will also be able to vie with one another for staff and for capital, from Haier and from outside investors... Its 20 platforms include its "diet ecosystem" (based around smart fridges), its "atmosphere ecosystem" (air conditioners and purifiers) and Goodaymart Logistics, a distribution network that is the key to fulfilling the company's promise that it can deliver anywhere in China within 24 hours. Goodaymart now operates independently, in partnership with Alibaba, the ecommerce group, distributing goods for Haier's competitors as well as its original parent. It works through some subcontracted "vehicle micro-enterprises" (truck-owners, in other words)... One entrepreneurial team, calling itself iSee Mini, uncovered a market for televisions that projected the image on to the ceiling so pregnant women could watch more comfortably. China Daily recounted recently that another part of the group had supplied a loving son in Hefei with an air-conditioner for his calligrapher father, embossed with his dad's favourite phrase — "God Rewards the Diligent"."

49) Udacity. (n.d.). Nanodegree Programs. Retrieved October 23, 2016, from https://www.udacity.com/nanodegree

50) edX. (n.d.). MicroMasters programs : Advance your career & accelerate your masters. Retrieved October 23, 2016, from https://www.edx.org/micromasters

51) The Scientist. (2016, October 1). Thirty years of progress. Retrieved October 23, 2016, from http://www.the-scientist.com/?articles.view/articleNo/47150/title/Thirty-Years-of-Progress/

52) Horne, M., Khan, H., & Corrigan, P. (2013, April). People powered health: health for people, by people and with people. London: Nesta, 2013. Retrieved October 23, 2016, from https://www.nesta.org.uk/sites/default/files/health_for_people_by_people_and_with_people.pdf

53) The Economist. (2015, September 10). Digital Taylorism. Retrieved October 18, 2016, from http://www.economist.com/news/business/21664190-modern-version-scientific-management-threatens-dehumanise-workplace-digital

54) Acemoglu, D. (2012). *The world our grandchildren will inherit: the rights revolution and beyond* (NBER Working Paper No. 17994). Cambridge, MA: National Bureau of Economic Research. doi:10.3386/ w17994

55) Ibid.

Chapter 4

1) Stanford University (2016, September). Artificial intelligence and life in 2030. In *One hundred year study on artificial intelligence: Report of the 2015-2016 study panel*. Stanford, CA: Stanford University. Retrieved September 1, 2016, from https://ai100.stanford.edu/2016-report

2) Frey, C. B., Osborne, M., Holmes, C., Rahbari, E., Garlick, R., Friedlander, G., ... & Wilkie, M. (2016). Technology at work v2.0: The future is not what it used to be. CitiGroup and University of Oxford.

3) Gordon, Robert J. (2016) *The rise and fall of American growth: The U.S. standard of living since the civil war*. Princeton, NJ: Princeton University Press.

4) Mokyr, J., Vickers, C., & Ziebarth, N. L. (2015). The history of technological anxiety and the future of economic growth: Is this time different?. *The Journal of Economic Perspectives, 29*(3), 31-50.

5) Autor, D. H. (2015). Why are there still so many jobs? The history and future of workplace automation. *The Journal of Economic Perspectives, 29*(3), 3-30.

6) Frey, C. B., & Osborne, M. A. (2013). The future of employment: how susceptible are jobs to computerisation. Retrieved on September 1, 2016 from http://www.oxfordmartin.ox.ac.uk/downloads/academic/The_Future_of_Employment.pdf

7) Frey, C. B., & Osborne, M. (2015). Technology at work: *The future of innovation and employment*. Citi GPS: global perspectives & solutions.

8) Brynjolfsson, E., & McAfee, A. (2014). *The second machine age: Work, progress, and prosperity in a time of brilliant technologies*. New York, NY: W. W. Norton & Company.

9) Susskind, R. E., & Susskind, D. (2016). *The future of the professions: How technology will transform the work of human experts*. New York, NY: Oxford University Press.

10) Ford, M. (2015). *Rise of the robots*: *Technology and the threat of a jobless future*. New York, NY: Basic Books.

11) Ross, A. (2016). *The Industries of the future*. New York, NY: Simon and Schuster.

12) Marsh, P. (2012). *The new industrial revolution: Consumers, globalization and the end of mass production*. New Haven, CT: Yale University Press.

13) Diamandis, P. (2012, June 28). Abundance – The future is better than you think. Retrieved October 19, 2016, from http://singularityhub.com/2012/06/28/abundance-the-future-is-better-than-you-think/

14) Harvard Business School. (2000, April 12). Done deals: Venture capitalists tell their story: Featured HBS John Doerr. Retrieved October 19, 2016, from http://hbswk.hbs.edu/archive/1799.html

15) The Economist. (2015, January 03). The on-demand economy- Workers on tap. Retrieved October 19, 2016, from http://www.economist.com/news/leaders/21637393-rise-demand-economy-poses-difficult-questions-workers-companies-and

16) The Economist. (2014, December 29). The future of work- There's an app for that. Retrieved October 20, 2016, from http://www.economist.com/news/briefing/21637355-freelance-workers-available-moments-notice-will-reshape-nature-companies-and

17) Lee, K. Y. (2012). *The Singapore story: Memoirs of Lee Kuan Yew*. Singapore: Marshall Cavendish International (Asia).

18) Solow, R. M. (1987, July 12). We'd better watch out. [Review of the book manufacturing matters: The myth of the post-industrial economy by S.S. Cohen & J. Zysman]. Retrieved October 20, 2016, from http://www.standupeconomist.com/pdf/misc/solow-computer-productivity.pdf

19) Shapiro, C., & Varian, H. R. (1999). Information rules: A strategic guide to the network economy. Boston, MA: Harvard Business School Press.

20) Christensen, C. M. (1997). *The innovator's dilemma: When new technologies cause great firms to fail*. Boston, MA: Harvard Business School Press.

21) Nordhaus, W. D. (2015). *Are we approaching an economic singularity? Information technology and the future of economic growth* (NBER Working Paper No. 21547). Cambridge, MA: National Bureau of Economic Research. doi: 10.3386/w21547

22) Keynes, J. M. (1933). Economic possibilities for our grandchildren (1930). Essays in persuasion. Retrieved from https://assets.aspeninstitute.org/content/uploads/files/content/upload/Intro_Session1.pdf

23) Goldin, I., & Kutarna, C. (2016). Age of discovery: Navigating the risks and rewards of our new renaissance. New York, NY: St. Martin's Press.
The Industrial Revolution is the historical example cited because it was the first revolution where extensive information was collected about what happened between technology, work and society. Professors Ian Goldin and Chris Kutarna of Oxford University go further back. They suggest in their book Age of Discovery- Navigating the Risks and Rewards of Our New Renaissance, that our current times echoes the Renaissance in innovation, globalisation and social issues. They write for example that then as now, unskilled segments of workers suffered, globalisation contributed to populism, but over time societies adjust and adapt. They also point out that the way to win is to be smart, organised, risk-taking, intellectually open, forward looking, supportive of the arts, and open to immigration, amongst others.
Divides must be closed, otherwise "the energies of the neglected... [are] wasted, or the talents of the disheartened have been withdrawn."
Society must also help those who are displaced by the changes by creating social support systems, and by "deliver[ing] more consistently on the promises the moderate world makes, so that more people feel encouraged, and fewer people feel betrayed, by the age they live in."

24) Moretti, E. (2012). *The new geography of jobs*. New York, NY: Houghton Mifflin Harcourt.

25) Alexopoulos, M. (2011). Read all about it! What happens following an economic shock? *American Economic Review, 101*(4): 1144-79.

26) Maddison, A. (1997). Causal influences on productivity performance 1820–1992: A global perspective. *Journal of Productivity Analysis, 8*(4), 325-359.

27) Banks, D. (2014, September 4). The problem of excess genius. Retrieved October 19, 2016, from http://archive.is/HEFEt

28) Ho, O. (2016, July 14). S'pore's future: Be flexible or be first? *The Straits Times*. Retrieved October 19, 2016, from http://www.straitstimes.com/singapore/health/spores-future-be-flexible-or-be-first

29) Lee, W. U. (2016, July 14). Digital age means companies can be born global players: Iswaran. The Business Times. Retrieved October 19, 2016, from http://www.businesstimes.com.sg/government-economy/digital-age-means-companies-can-be-born-global-players-iswaran

30) Klingebiel, R., & Joseph, J. (2015, August 11). When first movers are rewarded, and when they're not. Retrieved October 20, 2016, from https://hbr.org/2015/08/when-first-movers-are-rewarded-and-when-theyre-not

31) Klingebiel, R., & Joseph, J. (2016). Entry timing and innovation strategy in feature phones. *Strategic Management Journal, 37*(6), 1002-1020.

32) Moon, Y. (2010). *Different: Escaping the competitive herd*. New York, NY: Crown Business.

33) Broughton, P. D. (2016, June 30). How viral upstarts wipe the floor with conformity. Retrieved October 20, 2016, from https://www.ft.com/content/fc1ddc32-54d1-11e6-9664-e0bdc13c3bef

34) Frey, C. B., & Osborne, M. A. (2013). The future of employment: How susceptible are jobs to computerisation. Retrieved on September 1, 2016 from http://www.oxfordmartin.ox.ac.uk/downloads/academic/The_Future_of_Employment.pdf

35) Schumpeter, J. (1950). *Capitalism, socialism and democracy* (3d ed.) New York, NY: Harper & Row.

36) Goldin, I., & Kutarna, C. (2016). *Age of discovery: Navigating the risks and rewards of our new renaissance*. New York, NY: St. Martin's Press.
"Since 1960, global average life expectancy has risen by almost two full decades- from about fifty-two to seventy-one years. It took 1000 years to achieve the previous twenty-year improvement (although most of those gains happened after 1850); this time, it took only fifty. In 1990, only one-third of those who died had passed their seventieth birthday. By 2010, it was closer to one-half, and almost one-quarter of all who died had passed their eightieth. In just two decades, eighty has become the new seventy."
The last Renaissance saw schooling transformed from a relative luxury to a more and more precious commodity, of practical and spiritual necessity to many... In the span of a century, education's place in popular society broadened from a curiosity meant for a few to a means of unlocking the potential of many..."
"We are well on our way to realising this vision, beginning with the foundation of all education: literacy. In 1980, almost half the global population (44 per cent) was illiterate. Today, despite rapid population growth, that share has fallen to just one-sixth. In just over a generation, humanity has added three billion literate brains to its ranks."

37) Piketty, T., & Ganser, L. J. (2014). *Capital in the twenty-first century*. Cambridge, MA:

Harvard University Press.

"... it was not the lack of inventive ideas that set the boundaries for economic development, but rather powerful social and economic interests promoting the technological status quo."

38) Lee, M. X. (2016, July 12). Don't neglect social inclusion as cities urbanise. *The Business Times*. Retrieved October 19, 2016, from http://www.businesstimes.com.sg/government-economy/dont-neglect-social-inclusion-as-cities-urbanise

39) Larson, S. (2014, October 9). Serial: The podcast we've been waiting for. The New Yorker. Retrieved October 20, 2016, from http://www.newyorker.com/culture/sarah-larson/serial-pod-cast-weve-waiting

40) Green, J., & Green, H. (Directors). (n.d.). Vlogbrothers. Retrieved October 19, 2016, from https://www.youtube.com/user/vlogbrothers

41) Zoella (Director). (n.d.). Zoella. Retrieved October 19, 2016, from https://www.youtube.com/user/zoella280390

42) RSA (n.d.). Basic income. Retrieved October 19, 2016, from https://www.thersa.org/action-and-research/rsa-projects/economy-enterprise-manufacturing-folder/basic-income

43) BBC News. (2016, June 5). Switzerland's voters reject basic income plan. Retrieved October 19, 2016, from http://www.bbc.com/news/world-europe-36454060

44) Thornhill, J., & Atkins, R. (2016, May 26). Universal basic income: Money for nothing- Amid anxiety over technological disruption, is a guaranteed payment from the state the future of welfare? Retrieved October 19, 2016, from https://www.ft.com/content/7c7ba87e-229f-11e6-9d4d-c11776a5124d#axzz4IngM2TqJ

45) Acemoglu, D., & Autor, D. (2011). Skills, tasks and technologies: Implications for employment and earnings. Handbook of Labor Economics, 4, 1043-1171.

46) Autor, D. H. (2013, January). *The" task approach" to labor markets:* An overview (NBER Working Paper No. 18711). Cambridge, MA: National Bureau of Economic Research. doi: 10.3386/w18711

"The canonical production function found in economic models... features a role for labor and a role for machinery (capital), and, in general, these roles are distinct....what precisely is distinctive about the role of each input is left opaque, and the nature of the interactions among them is highly constrained. In particular, capital is either a complement or a substitute for labor, different types of labor are either complements or substitutes for one another, and these roles are essentially fixed. Changes in the supply of each input can of course affect marginal products, but each factor's "purpose" in the production function is both distinct and static.

These restrictions stem from the fact that the canonical production function implicitly equates two distinct aspects of production. One aspect is which factors are used as inputs, e.g., capital, high skill labor, low skill labor. The other is what services these factors provide. In the canonical setup, a factor's identity and its role in the production function are synonymous. In reality, however, the boundary between "labor tasks" and "capital tasks" in production is permeable and shifting....

For the purposes of this discussion, it is essential to draw a distinction between skills and tasks. A task is a unit of work activity that produces output. A skill is a worker's stock of capabilities for performing various tasks. Workers apply their skills to tasks in exchange for wages.

Canonical production functions draw an implicit equivalence between workers' skills and their job tasks, as noted above. Here, we emphasize instead that skills are applied to tasks to produce output — skills do not directly produce output. This distinction is of course inconsequential if workers of a given skill always perform the same set of tasks. It is relevant, however, when the assignment of skills to tasks is subject to change, either because shifts in market prices mandate reallocation of skills to tasks or because the set of tasks demanded in the economy is altered by technological developments, trade, or offshoring. In my view, we are currently in such an era."

47) Autor, D. H. (2016, August 15). The shifts- great and small- in workplace automation [Blog post]. *MIT Sloan Management Review*. Retrieved October 19, 2016, from http://sloanreview.mit.edu/article/the-shifts-great-and-small-in-workplace-automation/

48) Smith, A. (2016, March 10). Public predictions for the future of workforce automation. Retrieved October 19, 2016, from http://www.pewinternet.org/2016/03/10/public-predictions-for-the-future-of-workforce-automation/

49) Ross, A. (2016). *The industries of the future*. New York, NY: Simon and Schuster.

50) Stanford University (2016, September). Artificial intelligence and life in 2030. In *One hundred year study on artificial intelligence: Report of the 2015-2016 study panel*. Stanford, CA: Stanford University. Retrieved October 19, 2016, from https://ai100.stanford.edu/2016-report

51) Chui, M., Manyika, J., & Miremadi, M. (2016, July). Where machines could replace humans - and where they can't. Retrieved October 19, 2016, from http://www.mckinsey.com/business-functions/business-technology/our-insights/Where-machines-could-replace-humans-and-where-they-cant-yet

52) Kok, S., & Weel, B. T. (2014). Cities, tasks, and skills. *Journal of Regional Science, 54*(5), 856-892.
The interplay between location and interactions is nuanced and complex. But it is useful to note that if task connectivity explains employment change better than spatial concentration of tasks, this is in fact consistent with the premise in Chapter 1 that we need to look beyond physical locations to interactions. As the authors points out, their "framework relies upon the idea that employment grows when job tasks need to be performed in close vicinity and human interactions are important."
Besides the finding described in the main text, the authors also found that:
  - "task connectivity and co-agglomeration strongly correlate (0.63 (0.00))" but when co-agglomeration is used in lieu of task connectivity, the coefficient is insignificant i.e. "spatial concentration seem to be less important at the task level".]
  - "spatial concentration of our 41 tasks does not seem to explain employment growth."

In addition, they found:
  - "insignificant effect of the [diverse task composition] index on employment growth."
  - "estimated coefficient for this [labour pool suitability of tasks] index is insignificant and small."
  - "task connectivity of high-skilled workers has a stronger impact on employment growth than task connectivity of low-skilled workers... [and] the connectivity between tasks of medium-skilled workers is only moderately correlated with employment growth [which are also consistent with studies on the polarisation of jobs]"
  - "co-efficient of task connectivity is similar for both samples [of male and females]"

- "connectivity of job tasks of young workers has a stronger impact on employment growth than connectivity of jobs tasks of older works. This is line with the findings that older workers perform more 'declining' jobs tasks (Autor and Dorn, 2009; Bosch and Ter Weel, 2013)"

The authors also found that:

- "cities with a relatively highly connected task structure seem to be larger, less specialized and more skilled than cities with lower levels of task connectivity. These cities also seem to employ workers for which social skills are relatively more important.. but much less than human capital and [degree of] specialisation [i.e. not as highly correlated]."
- "connectivity between worker skills [calculated in the same way as task connectivity] does not explain employment growth of cities."

53) Ibid.

54) Ibid.

55) Employability & employment centre- Autism resource centre. (n.d.). Retrieved October 19, 2016, from http://www.autism.org.sg/core-services/e2c

56) Tippins, N. T., & Hilton, M. L. (Eds.). (2010, January). *A database for a changing economy: review of the occupational information network (O* NET)*. Washington, DC: National Academies Press.
The O*NET database "includes information on skills, abilities, knowledges, work activities, and interests associated with occupations. This information can be used to facilitate career exploration, vocational counseling, and a variety of human resources functions, such as developing job orders and position descriptions and aligning training with current workplace needs".
It was first built in 1939 as the Dictionary of Occupational Titles (DOT).
It is telling that the "first edition of the DOT appeared in 1939, when millions of American were out of work." In its Strategic Plan for 2006-2011, the USA Department of Labor spells out two purposes for the O*NET:

- To support individuals in making education and training decisions and investments, and
- To support business and community needs for a prepared and globally competitive workforce.

57) Ibid.

58) Susskind, R. E., & Susskind, D. (2016). *The future of the professions: How technology will transform the work of human experts*. New York, NY: Oxford University Press.

59) Smith, A. (2016, March 10). Public predictions for the future of workforce automation. Retrieved from http://www.pewinternet.org/2016/03/10/public-predictions-for-the-future-of-workforce-automation/

60) Susskind, R. E., & Susskind, D. (2016). *The future of the professions: How technology will transform the work of human experts*. New York, NY: Oxford University Press.

61) Topol, E. J. (2015). The patient will see you now: *The future of medicine is in your hands*. New York, NY: Basic Books.

62) Mokyr, J., Vickers, C., & Ziebarth, N. L. (2015). The history of technological anxiety and the future of economic growth: Is this time different?. *The Journal of Economic Perspectives,*

29(3), 31-50.

63) Autor, D. H. (2015). Why are there still so many jobs? The history and future of workplace automation. *The Journal of Economic Perspectives, 29*(3), 3-30.

64) Frey, C. B., & Osborne, M. A. (2013). The future of employment: how susceptible are jobs to computerisation. Retrieved on September 1, 2016 from http://www.oxfordmartin.ox.ac.uk/downloads/academic/The_Future_of_Employment.pdf

65) Schwab, K. (2016). The fourth industrial revolution. Geneva: World Economic Forum. Retrieved from http://www3.weforum.org/docs/Media/KSC_4IR.pdf

66) Brynjolfsson, E., & McAfee, A. (2014). *The second machine age: Work, progress, and prosperity in a time of brilliant technologies*. New York, NY: W. W. Norton & Company.

67) Ford, M. (2015). *Rise of the robots: Technology and the threat of a jobless future*. New York, NY: Basic Books.

68) Ross, A. (2016). *The industries of the future*. New York, NY: Simon and Schuster.

69) Kirman, B., Linehan, C., Lawson, S., & O'Hara, D. (2013, April). CHI and the future robot enslavement of humankind: A retrospective. In *CHI'13 Extended Abstracts on Human Factors in Computing Systems* (pp. 2199-2208). New York, NY: ACM.

70) Autor, D. H. (2016, August 15). The shifts- great and small- in workplace automation [Blog post]. *MIT Sloan Management Review*. Retrieved October 19, 2016, from http://sloanreview.mit.edu/article/the-shifts-great-and-small-in-workplace-automation/

71) Bloom, B. S. (1956). Taxonomy of educational objectives. *Vol. 1: Cognitive domain*. New York, NY: McKay.

72) Autor, D. H. (2016, August 15). The shifts- great and small- In workplace automation. *MIT Sloan Management Review*. Retrieved October 19, 2016, from http://sloanreview.mit.edu/article/the-shifts-great-and-small-in-workplace-automation/

73) CSR [Personal interview]. (2016).
As a CSR practitioner shared with us, CSR should be "360 degrees". CSR is the social conscience of the company, and it is as much about how the company treats it employees and partners, as it is about philanthropy and social work etc.

74) DARPA | Cyber Grand Challenge. (n.d.). Retrieved October 18, 2016, from http://archive.darpa.mil/grandchallenge/

75) Coldewey, D. (2016, August 5). Carnegie Mellon's mayhem AI takes home $2 million from DARPA's Cyber Grand Challenge. Retrieved October 20, 2016, from https://techcrunch.com/2016/08/05/carnegie-mellons-mayhem-ai-takes-home-2-million-from-darpas-cyber-grand-challenge/

76) Arthur, W. B. (2000, September). *Myths and realities of the high-tech economy*. Talk given at Credit Suisse First Boston Thought Leader Forum (Sep. 10, 2000). Retrieved October 18, 2016, from http://tuvalu.santafe.edu/~wbarthur/Papers/Credit_Suisse_Web.pdf
"Deep craft" is a term used by Professor Brian Arthur of Santa Fe Institute to describe knowledge and applied science fed through a culture of praxis [i.e. practice] that is taken for granted [by the practitioner] and difficult to reproduce... or impossible to transfer.

77) Goldin, I., & Kutarna, C. (2016). *Age of discovery: Navigating the risks and rewards of our new renaissance*. New York, NY: St. Martin's Press.

78) The Economist. (2009, February 16). Business process re-engineering.

Retrieved October 20, 2016, from http://www.economist.com/node/13130298

79) The Economist. (2008, July 28). Downsizing. Retrieved October 20, 2016, from http://www.economist.com/node/11773794

80) The Economist. (2015, September 10). Digital Taylorism. Retrieved October 20, 2016, from http://www.economist.com/news/business/21664190-modern-version-scientific-management-threatens-dehumanise-workplace-digital

81) Hammer, M. (1990, August). Reengineering work: Don't automate, obliterate. Retrieved October 20, 2016, from https://hbr.org/1990/07/reengineering-work-dont-automate-obliterate

82) Davenport, T. H. (1995, October 31). The fad that forgot people. *In Fast Company*. Retrieved October 20, 2016, from https://www.fastcompany.com/26310/fad-forgot-people

83) Davenport, T. H., & Stoddard, D. B. (1994). Reengineering: business change of mythic proportions?. *MIS Quarterly*, 18(2), 121-127.

84) Denning, S. (2010, July 2). What HBR won't say: Why BPR failed [Blog post] Retrieved October 20, 2016, from http://stevedenning.typepad.com/steve_denning/2010/07/what-hbr-wont-say-why-bpr-failed.html

85) Highsmith, J., & Cockburn, A. (2001). Agile software development: The business of innovation. *Computer, 34*(9), 120-127.

86) Sutherland, J., Viktorov, A., Blount, J., & Puntikov, N. (2007, January). Distributed scrum: Agile project management with outsourced development teams. In *Proceeding of 40th Annual Hawaii International Conference on System Sciences*, pp. 274a-274a. IEEE.

87) Sousa, A. F. D. (2013). Business oriented applications for Android platform (Doctoral dissertation, Instituto Politécnico de Leiria).

88) The Economist. (2015, September 10). Digital Taylorism. Retrieved October 20, 2016, from http://www.economist.com/news/business/21664190-modern-version-scientific-management-threatens-dehumanise-workplace-digital

89) Dhar, V. (2016, May 17). When to trust robots with decisions, and when not to. Retrieved October 20, 2016, from https://hbr.org/2016/05/when-to-trust-robots-with-decisions-and-when-not-to

90) Ayres, I. (2007). *Super crunchers: Why thinking-by-numbers is the new way to be smart.* New York, NY: Bantam Books.

91) Lee, C. (2016, March 24). Big data predicts who will be invited for a job interview. Retrieved October 19, 2016, from http://discovery.rsm.nl/articles/detail/218-big-data-predicts-who-will-be-invited-for-a-job-interview/

92) Gershgorn, D. (2016, September 6). When artificial intelligence judges a beauty contest, white people win. Retrieved October 19, 2016, from http://qz.com/774588/artificial-intelligence-judged-a-beauty-contest-and-almost-all-the-winners-were-white/

93) Autor, D. H. (2015). *Why are there still so many jobs?* The history and future of workplace automation. The Journal of Economic Perspectives, 29(3), 3-30.

94) Autor, D. H. (2013). *The "task approach" to labor markets: An overview* (NBER Working Paper No. 18711). Cambridge, MA: National Bureau of Economic Research. doi: 10.3386/w18711

"If the boundary between 'labor tasks' and 'capital tasks' is fluid, what determines the division of labor — or, more precisely, the allocation of tasks — between these factors? At least two forces are central, one technological, the other economic. On the technological front, the boundary between labor and capital shifts primarily in one direction: capital typically takes over tasks formerly performed by labor; simul- taneously, workers are typically assigned novel tasks before they are automated. This sequence of task allocation makes intuitive sense: when a task is unfamiliar or poses unexpected obstacles, workers can often draw on outside knowledge and problem-solving skills to devise work-arounds. By contrast, few machines can improvise. Consequently, automating a task requires attaining a level of mastery beyond what is required for a worker to simply perform the task; it must be codified to the point where a relatively inflexible machine can perform the work semi-autonomously.

Even when a task is fully codified, however, this does not mean it will be automated.... At the intersection of these two forces — technological feasibility and economic cost — lies the principle of comparative advantage."

95) Frey, C. B., & Osborne, M. A. (2013). The future of employment: How susceptible are jobs to computerisation. Retrieved on September 1, 2016 from http://www.oxfordmartin.ox.ac.uk/downloads/academic/The_Future_of_Employment.pdf

96) Carr, N. G. (2015). *The glass cage: How our computers are changing us*. New York, NY: W. W. Norton & Company.

97) Brody, R. G., Kowalczyk, T. K., & Coulter, J. M. (2003). The effect of a computerized decision aid on the development of knowledge. *Journal of Business and Psychology, 18*(2), 157-174.

98) McCall, H., Arnold, V., & Sutton, S. G. (2008). Use of knowledge management systems and the impact on the acquisition of explicit knowledge. *Journal of Information Systems, 22*(2), 77-101.

99) Sparrow, B., Liu, J., & Wegner, D. M. (2011). Google effects on memory: Cognitive consequences of having information at our fingertips. *Science, 333*(6043), 776-778.

100) Henkel, L. A. (2014). Point-and-shoot memories the influence of taking photos on memory for a museum tour. *Psychological science, 25*(2), 396-402.

101) Carr, N. G. (2015). *The glass cage: How our computers are changing us*. New York, NY: W. W. Norton & Company.

102) Brody, R. G., Kowalczyk, T. K., & Coulter, J. M. (2003). The effect of a computerized decision aid on the development of knowledge. *Journal of Business and Psychology, 18*(2), 157-174.

103) McCall, H., Arnold, V., & Sutton, S. G. (2008). Use of knowledge management systems and the impact on the acquisition of explicit knowledge. *Journal of Information Systems, 22*(2), 77-101.

104) van Nimwegen, C. (2008). *The paradox of the guided user: assistance can be counter-effective*. Utrecht, NL: Utrecht University.

105) van Nimwegen, C., & van Oostendorp, H. (2009). The questionable impact of an assisting interface on performance in transfer situations. *International Journal of Industrial Ergonomics, 39*(3), 501-508.

106) Burgos, D., & van Nimwegen, C. (2011) Games-based learning, destination feedback and adaptation: A case study of an educational planning simulation. In *Gaming and*

Simulations: Concepts, Methodologies, Tools and Applications (pp. 1048-1059). Hershey, PA: IGI Global.

107) Dowling, C., Leech, S. A., & Moroney, R. (2008). Audit support system design and the declarative knowledge of long-term users.
Journal of Emerging Technologies in Accounting, 5(1), 99-108.

108) Baxter, G., & Cartlidge, J. (2013). Flying by the seat of their pants: What can high frequency trading learn from aviation?. *In Proceedings of the 3rd International Conference on Application and Theory of Automation in Command and Control Systems* (pp. 64-73). Naples, Italy: ACM IRIT Press.

109) Haldar, V. (2014). Sharp tools, dull minds. Retrieved October 19, 2016, from http://blog.vivekhaldar.com/post/66660163006/sharp-tools-dull-minds

110) Burnett, G. E., & Lee, K. (2005). The effect of vehicle navigation systems on the formation of cognitive maps. In *International Conference of Traffic and Transport Psychology*.

111) Fenech, E. P., Drews, F. A., & Bakdash, J. Z. (2010, September). The effects of acoustic turn-by-turn navigation on wayfinding. In *Proceedings of the Human Factors and Ergonomics Society Annual Meeting, 54*(23), 1926-1930.

112) Maguire, E. A., Gadian, D. G., Johnsrude, I. S., Good, C. D., Ashburner, J., Frackowiak, R. S., & Frith, C. D. (2000). Navigation-related structural change in the hippocampi of taxi drivers. In *Proceedings of the National Academy of Sciences, 97*(8), 4398-4403.

Chapter 5

1) Fleming, N. D. (1995, July). *I'm different; not dumb. Modes of presentation (VARK) in the tertiary classroom*. Paper presented at the 1995 Annual Conference of the Higher Education and Research Development Society of Australasia (HERDSA), 18, 308-313.

2) Fleming, N., & Baume, D. (2006). Learning styles again: VARKing up the right tree!. *Educational Developments, 7*(4), 4.

3) Bloom, B. S. (1956). *Taxonomy of educational objectives. Vol. 1: Cognitive Domain.* New York, NY: McKay.

4) Orey, M. (2010). Emerging perspectives on learning, teaching and technology. Retrieved October 20, 2016, from http://textbookequity.org/Textbooks/Orey_Emergin_Perspectives_Learning.pdf

5) McLoughlin, C., & Lee, M. J. (2010). Personalised and self-regulated learning in the web 2.0 era: International exemplars of innovative pedagogy using social software. *Australasian Journal of Educational Technology, 26*(1), 28-43. Retrieved October 20, 2016, from http://www.todayonline.com/singapore/challenge-maintaining-social-mobility-defies-easy-solutions-tharman

6) Sharples, M., Adams, A., Alozie, N., Ferguson, R., FitzGerald, E., Gaved, M., ... & Roschelle, J. (2015). Innovating pedagogy 2015: *Open university innovation report 4.* Milton Keynes: The Open University.

7) Roehl, A., Reddy, S. L., & Shannon, G. J. (2013). The flipped classroom: An opportunity to engage millennial students through active learning. *Journal of Family and Consumer Sciences, 105*(2), 44.

8) Gray, P. (2008, August 20). A brief history of education. In *Psychology Today*. Retrieved October 20, 2016, from https://www.psychologytoday.com/blog/freedom-learn/200808/brief-history-education

9) Goh, C. B., & Gopinathan, S. (2008). Education in Singapore: Development since 1965. In B. Fredriksen & J. P. Tan (Eds.), *An African Exploration of the East Asian Education* (pp. 80-108). Washington, DC: The World Bank.

10) World Economic Forum (2016, March). New vision for education: Fostering social and emotional learning through technology. Retrieved October 20, 2016, from http://www3.weforum.org/docs/WEF_New_Vision_for_Education.pdf

11) Ministry of Education, Singapore (2015). 21st century competencies. Retrieved October 20, 2016, from https://www.moe.gov.sg/education/education-system/21st-century-competencies

12) Ministry of Education, Singapore (n.d.). Values at the core of 21st century competencies. Retrieved October 20, 2016, from https://www.moe.gov.sg/docs/default-source/document/education/21cc/files/annex-21cc-framework.pdf

13) Organisation for Economic Co-operation and Development. (n.d.). Global competency for an inclusive world. Retrieved October 20, 2016, from http://www.oecd.org/pisa/aboutpisa/Global-competency-for-an-inclusive-world.pdf

14) Wagner, T., & Compton, R. A. (2015). *Creating innovators: The making of young people who will change the world*. New York, NY: Simon and Schuster.

15) Bootle, R. (2016, June 16). *Is the recovery just getting going – or running out of steam?* Speech presented at The Capital Economics Annual Conference, Singapore.

16) Williams, M. (2016, June 16). *Is the China crisis over?* Speech presented at The Capital Economics Annual Conference, Singapore.

17) Shah, S. (2016, June 16). *Is it time to re-think emerging markets?* Speech presented at The Capital Economics Annual Conference, Singapore.

18) Sharma, R. (2012). *Breakout nations: In pursuit of the next economic miracles*. New York, NY: W.W. Norton & Company.

19) Sharma, R. (2016). *The rise and fall of nations: Forces of change in the post-crisis world*. New York, NY: W. W. Norton & Company.

20) Cocco, F. (2016, August 18). Students opt for job-friendly A-levels. Retrieved October 20, 2016, from https://www.ft.com/content/6e8b7e9c-652a-11e6-8310-ecf0bddad227

21) Othman, L. (2016, May 26). Social mobility 'in trouble' as social gaps widen: Tharman. *Channel NewsAsia*. Retrieved October 20, 2016, from http://www.channelnewsasia.com/news/singapore/social-mobility-in/2818920.html

22) Chin, N. C. (2016, May 27). Challenge of maintaining social mobility defies easy solutions: Tharman. Today. Retrieved October 20, 2016, from http://www.todayonline.com/singapore/challenge-maintaining-social-mobility-defies-easy-solutions-tharman

23) Fletcher, J., & Wolfe, B. L. (2016). *The importance of family income in the formation and evolution of non-cognitive skills in childhood* (NBER Working Paper No. 22168). Cambridge, MA: National Bureau of Economic Research. doi: 10.3386/w22168

24) Gutman, L. M., & Schoon, I. (2013). The impact of non-cognitive skills on outcomes for young people. Education Endowment Foundation. Retrieved October 20, 2016, from

http://educationendowmentfoundation.org.uk/uploads/pdf/Non-cognitive_skills_ literature_review.pdf

25) Vedanta, S. (2016, June 30). Researchers examine family income and children's non-cognitive skills. Retrieved October 20, 2016, from http://www.npr. org/2016/06/30/484129501/researchers-examine-family-income-and-childrens-non-cognitive-skills

26) Asbury, K., & Plomin, R. (2013). *G is for genes: The impact of genetics on education and achievement*. New York, NY: John Wiley & Sons.

27) Adams, P. C. (1998). Teaching and learning with SimCity 2000. *Journal of Geography, 97*(2), 47-55.

28) Michael, D. R., & Chen, S. L. (2005). *Serious games: Games that educate, train, and inform. Boston*, MA: Thomson Course Technology.

29) Connolly, T. M., Boyle, E. A., MacArthur, E., Hainey, T., & Boyle, J. M. (2012). A systematic literature review of empirical evidence on computer games and serious games. *Computers & Education, 59*(2), 661-686.

30) The Economist (2016, June 15). The Economist explains: Predicting the success of "Hamilton". Retrieved October 20, 2016, from http://www.economist.com/blogs/economist-explains/2016/06/economist-explains-12

31) Flanagan, L. (2016, March 14). How Teachers Are Using 'Hamilton' the Musical in the Classroom. Retrieved January 15, 2017, from https://ww2.kqed.org/mindshift/2016/03/14/how-teachers-are-using-hamilton-the-musical-in-the-classroom/

32) Gorman. N. (2015, January 11) Broadway musical 'Hamilton' revitalizes civic education. Retrieved October 21, 2016, from http://www.educationworld.com/a_news/broadway-musical-'hamilton'-revitalizes-civic-education-157001260

33) Eastwood, J., & Hinton, E. (n.d.). How does 'Hamilton,' the non-stop, hip-hop broadway sensation tap rap's master rhymes to blur musical lines? Retrieved October 20, 2016, from http://graphics.wsj.com/hamilton/

34) Eastwood, J., & Hinton, E. (n.d.). How WSJ used an algorithm to analyze 'Hamilton' the musical. Retrieved October 20, 2016, from http://graphics.wsj.com/hamilton-methodology/

35) Carnegie Mellon University (n.d.) The CMU pronouncing dictionary. Retrieved October 20, 2016, from http://www.speech.cs.cmu.edu/cgi-bin/cmudict

36) Weisstein. E.W. (n.d.). Travelling salesman problem. Retrieved January 15, 2017, from http://mathworld.wolfram.com/TravelingSalesmanProblem.html

37) Kennedy, L. (2002, January 6). Spielberg in the twilight zone. Retrieved October 20, 2016, from https://www.wired.com/2002/06/spielberg/

38) Rodrigues, M., & Carvalho, P. S. (2013). Teaching physics with Angry Birds: exploring the kinematics and dynamics of the game. *Physics Education, 48*(4), 431.

39) Mohanty, S. D., & Cantu, S. (2011). Teaching introductory undergraduate physics using commercial video games. *Physics Education, 46*(5), 570.

40) Sun, C. T., Ye, S. H., & Wang, Y. J. (2015). Effects of commercial video games on cognitive elaboration of physical concepts. *Computers & Education, 88*, 169-181.

41) Allan, R. (2010, August 10). The physics of Angry Birds. WIRED. Retrieved October 20, 2016, from https://www.wired.com/2010/10/physics-of-angry-birds/

42) McLeod, A., & Carabott, K. (2016, August 22). How Pokemon Go can be a positive tool for learning. *The Straits Times*. Retrieved October 20, 2016, from http://www.straitstimes.com/singapore/education/how-pokemon-go-can-be-a-positive-tool-for-learning

43) Modafferi. M. (2016, July 18). 5 ways to trick students into learning with Pokémon Go. Retrieved October 20, 2016, from https://blog.education.nationalgeographic.com/2016/07/18/4-ways-to-trick-students-into-learning-with-pokemon-go/

44) Gorman, N. (2016, July 14). Education world: How Pokémon GO is the perfect tool for encouraging summer learning. Retrieved October 20, 2016, from http://www.educationworld.com/a_news/how-pokemon-go-perfect-tool-encouraging-summer-learning-1687680210

45) LINKX-app. (n.d.). Retrieved October 20, 2016, from http://www.facebook.com/LINKXapp

46) Wilson, M. (2016, December 12). "Pokémon Go" is quietly helping people fall in love with their cities. Retrieved October 20, 2016, from https://www.fastcodesign.com/3061718/pokemon-go-is-quietly-helping-people-discover-their-cities

47) Poon, K. W., Tay, E., Chae, Y., Balasubramanian, G., & Yong, A. (2016). Teaching economics in 2020- What it means for 2040. *Economics & Society, Man and Environment, 1*, 26-31.

48) Gardner, H. (2006). *Five minds for the future*. Cambridge, MA: Harvard Business Press.

49) Levina, N., & Vaast, E. (2005). The emergence of boundary spanning competence in practice: implications for implementation and use of information systems. *MIS Quarterly, 29*(2), 335-363.

50) Azoulay, P., Zivin, J. G., & Manso, G. (2011). Incentives and creativity: Evidence from the Howard Hughes medical investigator program. *The RAND Journal of Economics, 42*(3), 527-554.

51) Lee, H. (2016, August 12). EduBang video explanation- revised [Video file]. Retrieved October 22, 2016, from https://www.youtube.com/watch?v=OSI7utAYbOU

52) Susskind, R. E., & Susskind, D. (2016). *The future of the professions: How technology will transform the work of human experts*. New York, NY: Oxford University Press. The authors discuss "[e]merging skills and competencies" such as different ways of communication with new technologies, mastery of data, how to work alongside technology, to know when technology can do a better job, and to diversify and extend their expertise into new disciplines (often with the help of technologies). These are effectively new "digital literacies".

53) Tapscott, D. (2009). *Grown up digital*. New York, NY: McGraw-Hill.

54) Pollack, L. (2016, August 17). Ageing out of the 25-34 bracket, one app at a time. Retrieved October 20, 2016, from https://www.ft.com/content/de0e26c8-62f2-11e6-a08a-c7ac04ef00aa#axzz4IngM2TqJ

55) Topping, K. J., Dehkinet, R., Blanch, S., Corcelles, M., & Duran, D. (2013). Paradoxical effects of feedback in international online reciprocal peer tutoring. *Computers & Education, 61*, 225-231.

56) Tsuei, M. (2012). Using synchronous peer tutoring system to promote elementary students' learning in mathematics. *Computers & Education, 58*(4), 1171-1182.

57) Evans, M. J., & Moore, J. S. (2013). Peer tutoring with the aid of the Internet. *British Journal of Educational Technology, 44*(1), 144-155.

58) Tolosa, C., East, M., & Villers, H. (2016). Online peer feedback in beginners' writing tasks: Lessons learned. *IALLT Journal of Language Learning Technologies, 43*(1), 1-24.

59) Yang, S., & Wahab, N. (2016, March 9). Reading without borders: Volunteer in Singapore helps student in Malaysia learn English. *Channel NewsAsia*. Retrieved October 20, 2016, from http://www.channelnewsasia.com/news/singapore/reading-without-borders/2579892.html
As the technologies used improve (e.g. feedback, communications AI, etc.), we expect the potential benefits to expand too.

60) Yenn, T. Y. (2016, March 10). Why low-income parents may make 'poor choices'. *The Straits Times*. Retrieved October 20, 2016, from http://www.straitstimes.com/opinion/why-low-income-parents-may-make-poor-choices

61) Ministry of Education, Singapore. (n.d.). ICT Masterplan 4. Retrieved October 20, 2016, from http://ictconnection.moe.edu.sg/masterplan-4/overview

62) Examples of ICT used in schools (from our interviews and public sources)

63) Stanford University (2016, September). "Artificial Intelligence and Life in 2030." One hundred year study on artificial intelligence: Report of the 2015-2016 study panel. Stanford, CA: Stanford University. Retrieved October 20, 2016, from https://ai100.stanford.edu/2016-report

64) The Economist. (2016, June 9). Teaching the teachers. Retrieved October 20, 2016, from http://www.economist.com/news/briefing/21700385-great-teaching-has-long-been-seen-innate-skill-reformers-are-showing-best

65) Singer, N. (2015, September 5). A sharing economy where teachers win. Retrieved October 20, 2016, from http://www.nytimes.com/2015/09/06/technology/a-sharing-economy-where-teachers-win. html

66) Bloom, B. S. (1984). The 2 sigma problem: The search for methods of group instruction as effective as one-to-one tutoring. *Educational researcher, 13*(6), 4-16.

67) Aloisi, A. (2015). Commoditized workers the rising of on-demand work, a case study research on a set of online platforms and apps.
Retrieved October 20, 2016, from http://ssrn.com/abstract=2637485

68) The Economist (2015, January 03). The on-demand economy- Workers on tap. Retrieved October 19, 2016, from http://www.economist.com/news/leaders/21637393-rise-demand-economy-poses-difficult-questions-workers-companies-and

69) O'Connor, S. (2015, October 9). The human cloud: A new world of work. Retrieved October 19, 2016, from http://www.ft.com/cms/s/2/a4b6e13e-675e-11e5-97d0-1456a776a4f5.html#axzz4J0jv232W

70) Jagdish, H. (2016, February 27). Singaporean musicians need to find ways to be Singaporean. *Channel NewsAsia*. Retrieved October 20, 2016, from http://www.channelnewsasia.com/news/singapore/singaporean-musicians/2552856.html

71) Teng, A. (2014, October 23). Singapore maths is travelling the world. *The Straits Times*.

72) Pivotplanet (n.d.). Retrieved October 20, 2016, from https://www.pivotplanet.com/

73) Institute for Personal Leadership. (n.d.). Virtual mentor (Pilot). Retrieved October 20, 2016,

from http://www.personalleadership.com/virtual-mentor-pilot

74) Ilyer, B. & Murphy, W. (2016, April 26). The Benefits of Virtual Mentors. *Harvard Business Review*. Retrieved October 20, 2016, from https://hbr.org/2016/04/the-benefits-of-virtual-mentors

75) [Personal interview]. (2016).
During an interview, the interviewers and interviewees joked that bringing the professions into school education would be akin to having a KidZania for school.

76) Sin, Y. (2016, July 11). 'Externships' growing in popularity in Singapore. The Straits Times. Retrieved October 20, 2016, from http://www.straitstimes.com/singapore/education/externships-growing-in-popularity-here At one level, one could argue this is taking vocationalisation of education to its extremes – students are already embarking on multiple internships (one student we interviewed said his advice to his juniors was "do internships at every opportunity to explore your options") and externships, and schools at different levels are also encouraging industry exposure programs.

77) Poon, K. W., Tay, E., Chae, Y., Balasubramanian, G., & Yong, A. (2016). Teaching economics in 2020- What it means for 2040. *Economics & Society, Man and Environment, 1*, 26-31.

78) Lee, H. (2016, August 12). EduBang video explanation- revised [Video file]. Retrieved October 22, 2016, from https://youtu.be/8QkqNnKIGPA

Chapter 6

1) Ministry of Health, Singapore. (2016, August 22). Singapore health facts. Retrieved October 23, 2016, from http://www.moh.gov.sg/content/moh_web/home/statistics/Health_Facts_Singapore.html

2) Ministry of Health, Singapore. (2015, October 15). Hospital services. Retrieved October 23, 2016, from http://www.moh.gov.sg/content/moh_web/home/our_healthcare_system/Healthcare_Services/Hospitals.html

3) Ministry of Health, Singapore. (2016). Singapore health facts.
Retrieved October 24, 2016, from https://www.moh.gov.sg/content/moh_web/home/statistics/Health_Facts_Singapore/Health_Facilities.html

4) Ministry of Education, Singapore. (2015). *Education Statistics Digest 2015*. Retrieved October 23, 2016, from https://www.moe.gov.sg/docs/default-source/document/publications/education-statistics-digest/esd-2015.pdf

5) Cai, H. X. (2014, March 24). A stroll through the shopping mall sector. *The Business Times*. Retrieved October 24, 2016, from http://www.btinvest.com.sg/personal_finance/young-investors-forum/a-stroll-through-the-shopping-mall-sector/
There are more than 80 malls in Singapore, scattered over all parts of the island, usually located near an MRT station.

6) Department of Statistics, Singapore. (n.d.). Retrieved October 23, 2016, from http://www.singstat.gov.sg/statistics/

7) Department of Statistics, Singapore. (2016, October 17). Statistics Singapore- Latest data. Retrieved October 23, 2016, from http://www.singstat.gov.sg/statistics/latest-data

8) Department of Statistics, Singapore. (2015). Profile of enterprises in Singapore. Retrieved October 23, 2016, from https://www.singstat.gov.sg/docs/default-source/default-document-library/statistics/visualising_data/profile-of-enterprises-2015.pdf

9) Department of Statistics, Singapore. (n.d.). Retrieved October 23, 2016, from http://www.singstat.gov.sg/

10) Giraldo, J.P., Landry, M.P., Faltermeier, S.M., McNicholas, T.P., Iverson, N.M., Boghossian, A.A., ... & Strano, M.S. (2014). Plant nanobionics approach to augment photosynthesis and biochemical sensing. *Nature Materials, 13*(4), 400-408.

11) Trafton, A. (2014, March 16). Bionic plants. *MIT News*. Retrieved October 20, 2016, from http://news.mit.edu/2014/bionic-plants

12) Bhavnani, S. P., Narula, J., & Sengupta, P. P. (2016). Mobile technology and the digitization of healthcare. *European Heart Journal*, 37(18), 1428-1438.

13) Misfit & Digital Health group on LinkedIn (2014, August) health infographic.jpg [Online image]. (n.d.). Retrieved October 21, 2016, from http://innotechtoday.com/wp-content/uploads/2014/08/graph.png

14) The Economist. (2012, December 1). The dream of the medical tricorder. Retrieved October 21, 2016, from http://www.economist.com/news/technology-quarterly/21567208-medical-technology-hand-held-diagnostic-devices-seen-star-trek-are-inspiring

15) Qualcomm tricorder XPRIZE. (n.d.). Retrieved October 21, 2016, from http://tricorder.xprize.org/

16) Cyrcadia Health (n.d.) Cyrcadia health-early detection technology for breast cancer. Retrieved October 20, 2016, from http://cyrcadiahealth.com/
"The iTBra consists of two wearable, comfortable intelligent breast patches which detect circadian temperature changes within breast tissue. Through your smartphone or PC, anonymized data obtained from the iTBra is communicated directly to the Cyrcadia Health core lab for analysis. Developed in conjunction with the world class Nanyang Technological University of Singapore, the Cyrcadia Health solution employs machine learning predictive analytic software, a series of algorithms to identify and categorize abnormal circadian patterns in otherwise healthy breast tissue. Once the data is submitted, Cyrcadia Health will deliver accurate, reproducible and automated results to health care providers automatically and within minutes."

17) Langley, L. (2016, March 19). How dogs can sniff out diabetes and cancer. *National Geographic*. Retrieved October 20, 2016, from http://news.nationalgeographic.com/2016/03/160319-dogs-diabetes-health-cancer-animals-science/
"Numerous studies have shown man's best friend can detect various cancers, including prostate cancer, colorectal cancer and melanoma."

18) Taverna, G., Tidu, L., Grizzi, F., Torri, V., Mandressi, A., Sardella, ... & Graziotti, P. (2015). Olfactory system of highly trained dogs detects prostate cancer in urine samples. *The Journal of Urology, 193*(4), 1382-1387.

19) Sonoda, H., Kohnoe, S., Yamazato, T., Satoh, Y., Morizono, G., Shikata, K., ... & Inoue, F. (2011). Colorectal cancer screening with odour material by canine scent detection. *Gut, 60*, 814-819. doi:10.1136/gut.2010.218305

20) Pickel, D., Manucy, G. P., Walker, D. B., Hall, S. B., & Walker, J. C. (2004). Evidence for canine olfactory detection of melanoma. *Applied Animal Behaviour Science, 89*(1), 107-116.

21) Scutti, S. (2016, July 26). Does it pass the 'smell test'? Seeking ways to diagnose Alzheimer's early. Retrieved October 20, 2016, from http://edition.cnn.com/2016/07/26/health/alzheimers-eye-and-smell/

"Two studies presented Tuesday at the Alzheimer's Association International Conference 2016 suggested that older adults with worsening ability to identify odors might be on the road to cognitive decline. Two other presentations explored different types of eye tests as possible predictors of the disease."

22) Solon, O. (2014, December 9). Does your child have eye cancer? Use a smartphone. Retrieved October 20, 2016, from http://www.mirror.co.uk/news/technology-science/technology/your-child-eye-cancer-use-4774686

23) Alzheimer's Society. (2016, July 26). One step closer to eye tests to reveal early signs of memory problems and dementia. Retrieved October 21, 2016, from https://www.alzheimers.org.uk/news/article/85/one_step_closer_to_eye_tests_to_reveal_early_signs_of_memory_problems_and_dementia

24) Vincent, J. (2016, July 5). Google DeepMind will use machine learning to spot eye diseases early. Retrieved October 20, 2016, from http://www.theverge.com/2016/7/5/12095830/google-deepmind-nhs-eye-disease-detection

25) Stanford Medicine. (2014, November 5). Retinal-scan analysis can predict advance of macular degeneration, study finds. Retrieved October 20, 2016, from https://med.stanford.edu/news/all-news/2014/11/retinal-scan-analysis-can-predict-advance-of-macular-degeneratio.html

26) Haiken, M. (2014, July 16). Can an eye test predict Alzheimer's? Scientists unveil new vision scans. Retrieved October 20, 2016, from http://www.forbes.com/sites/melaniehaiken/2014/07/16/a-simple-vision-test-for-alzheimers-scientists-unveil-new-technologies/#3c2968b942b1

27) Singapore National Eye Centre (2010, December 11) Doc pioneers eye scan that can predict disease. Retrieved October 20, 2016, from http://www.snec.com.sg/about/newsroom/news-articles/Pages/11Dec2010_TheStraitsTimes_PgD2.aspx

28) Ventola, C. L. (2014). Mobile devices and apps for health care professionals: uses and benefits. *Pharmacy and Therapeutics, 39*(5), 356.

29) Laksanasopin, T., Guo, T.W., Nayak, S., Sridhara, A.A., Xie, S., Olowookere, O.O., ... & Chin, C.D. (2015). A smartphone dongle for diagnosis of infectious diseases at the point of care. *Science Translational Medicine, 7*(273), 273re1.

30) Desmon, S. (February 13). 'Mini-brains' developed at Johns Hopkins could reshape brain research, drug testing. Retrieved October 20, 2016, from http://hub.jhu.edu/2016/02/12/mini-brains-drug-testing/

31) Ledford, H. (2016, March 7). CRISPR: Gene editing is just the beginning : Nature news ... Retrieved October 20, 2016, from http://www.nature.com/news/crispr-gene-editing-is-just-the-beginning-1.19510

32) Donati, A.R., Shokur, S., Morya, E., Campos, D.S., Moioli, R.C., Gitti, C.M., ... & Brasil, F.L. (2016). Long-term training with a brain-machine interface-based gait protocol induces partial neurological recovery in paraplegic patients. *Scientific Reports, 6.*

33) Heater, B. (2016, August 12). Using VR and an exoskeletons to help paraplegics regain movement. Retrieved October 20, 2016, from https://techcrunch.com/2016/08/12/duke-study/

34) Khalil, S. (2016, August 24). More in Singapore surviving cancer battle. *The Straits Times*. Retrieved October 21, 2016, from http://www.straitstimes.com/singapore/more-surviving-cancer-battle

35) Baker, D.J., Childs, B.G., Durik, M., Wijers, M.E., Sieben, C.J., Zhong, J., ... & Khazaie, K. (2016). Naturally occurring p16Ink4a-positive cells shorten healthy lifespan. *Nature, 530*(7589), 184-189.

36) Mayo Clinic. (2016, February 3). Lifespan of mice extended by as much as 35 percent; no adverse effects found. Retrieved October 21, 2016, from https://www.sciencedaily.com/releases/2016/02/160203145723.htm

37) Sandel, M. J. (2009). *The case against perfection*. Cambridge, MA: Harvard University Press.

38) Gille, L., & Houy, T. (2014). The future of health care demand in developed countries: From the "right to treatment" to the "duty to stay healthy". *Futures, 61*, 23-32.

39) Kraft, D. (2016, August 22). The future of healthcare is arriving — 8 exciting areas to watch. Retrieved October 21, 2016, from http://singularityhub.com/2016/08/22/exponential-medicine-2016-the-future-of-health-care-is-coming-faster-than-you-think/

40) Arivale. (n.d.). Arivale- Your scientific path to wellness. Retrieved October 21, 2016, from https://www.arivale.com/

41) Human Longevity, Inc. (n.d.). Products and services. Retrieved October 21, 2016, from http://www.humanlongevity.com/science-technology/products/

42) Vincent, J. (2015, May 4). Smartphones can detect eye cancer. Retrieved October 21, 2016, from http://www.theverge.com/2015/5/14/8604923/eye-cancer-smartphone-diagnosis-white-glow

43) DeMiranda, M.A., Doggett, A.M. & Evans, J.T. (2005). Medical technology: Context and content in science and technology. Retrieved on October 26, 2016 from https://www.researchgate.net/profile/Mark_Doggett/publication/42831446_Medical_Technology_Contexts_and_Content_in_Science_and_Technology/links/02e7e5367ee83d510a000000.pdf

44) Islam, S. R., Kwak, D., Kabir, M. H., Hossain, M., & Kwak, K. S. (2015). The internet of things for health care: a comprehensive survey. *IEEE Access, 3*, 678-708.

45) Hibbard, J., & Gilburt, H. (2014). Supporting people to manage their health: an introduction to patient activation. London: The King's Fund. Retrieved October 26, 2016 from http://www.kingsfund.org.uk/publications/supporting-people-manage-their-health

46) World Health Organization. (2005). *Preventing chronic diseases: a vital investment*. Geneva: World Health Organization.

47) Chandler, A. D. (2009). *Shaping the industrial century: The remarkable story of the evolution of the modern chemical and pharmaceutical industries*. Cambridge, MA: Harvard University Press.

48) Chandler, A. D., Hikino, T., & Von Nordenflycht, A. (2005). *Inventing the electronic century: The epic story of the consumer electronics and computer industries, with a new preface*. Cambridge, MA: Harvard University Press.

49) Brookings Institution (2016, July 19). The 5G network, the internet of things, and the future of health care: Opening remarks [Video file]. Retrieved October 21, 2016, from

https://www.youtube.com/watch?v=OFLayTwVXIw

50) War on cancer- Wikipedia. (n.d.). Retrieved October 21, 2016, from https://en.wikipedia.org/wiki/War_on_Cancer

51) Cities Changing Diabetes. (n.d.). Retrieved October 21, 2016, from http://citieschangingdiabetes.com/

52) Khalil, S. (2016, April 23). Parliament: Health minister Gan Kim Yong declares 'war on diabetes'; new task force set up. *The Straits Times*. Retrieved October 21, 2016, from http://www.straitstimes.com/singapore/health/moh-declares-war-against-diabetes

53) Nesta. (n.d.). What we have learnt from People Powered Health. Retrieved October 21, 2016, from http://www.nesta.org.uk/what-we-have-learnt-people-powered-health

54) Ibid.

55) Bland, J., Khan, H., Loser, J., Simons, T., & Westlake, S. (2015, July). The NHS in 2030. Retrieved October 21, 2016, from https://www.nesta.org.uk/sites/default/files/the-nhs-in-2030.pdf

56) Hibbard, J., & Gilburt, H. (2014). Supporting people to manage their health: an introduction to patient activation. London: The King's Fund. Retrieved October 26, 2016 from http://www.kingsfund.org.uk/publications/supporting-people-manage-their-health "'Patient activation' ... describes the knowledge, skills and confidence a person has in managing their own health and health care... Patients with low activation levels are more likely to attend accident and emergency departments, to be hospitalised or to be re-admitted to hospital after being discharged... Patient activation is a powerful mechanism for tackling health inequalities. Used in population segmentation and risk stratification, it provides new insights into risk that go beyond those obtained using traditional socio-demographic factors. Patient activation provides a unique measure of engagement and empowerment hat can be used to evaluate the effectiveness of interventions and to measure the performance of health care organisations in involving patients in their own care."

57) Greene, J., & Hibbard, J. H. (2012). Why does patient activation matter? An examination of the relationships between patient activation and health-related outcomes. *Journal of General Internal Medicine, 27*(5), 520-526.

58) National Healthcare Group Polyclinics. (2013). Transform Care. Retrieved October 21, 2016, from https://www.nhgp.com.sg/WorkArea/DownloadAsset.aspx?id=2557 Patient Activation. See also "Dr Darren Seah- Photograph-Assisted Dietary Review amongst Type 2 Diabetics in Primary Care" where "A research study at NHGP [in Singapore] shows that photographic records of patients' dietary intake help patients better manage their condition....The Patient Activation Measure (PAM) scores – a scale to gauge the knowledge, skills and confidence essential to managing one's own health – have also increased significantly. This indicated that patients demonstrated better self-management of the condition."

59) Taltioni. (n.d.). Sitra. Retrieved October 21, 2016, from http://www.sitra.fi/en/taltioni "[Finland's] national Taltioni service, which provides a single platform for the storage of information on the health and well-being of Finns. It can be used by health care providers- in either the public or private sector- and covers all aspects of health; from the treatment of illnesses, to the promotion of general well-being and the spread of advice on how to

prevent ill health.

With Taltioni, people get tangible personal tools for the maintenance of their own health and well-being.

- Taltioni lets people save, collect, produce, use and share information on their own health and well-being
- Health and well-being information can be shared and used independent of time and location
- The health data is safe and secure
- Information on the person remains in his or her own control despite changing jobs, finishing studies or moving to a new town

You own your information and can share selected information with other users or health care professionals as you see fit. For example, shared information can be used to monitor the well-being of a family member. Examples where the Taltioni service can be of use include the treatment of chronic diseases, health and exercise journals, health coaching and delivery of laboratory results."

60) SitraFund. (2010, December 26). Taltioni- Finnish PHR platform [Video file]. Retrieved October 21, 2016, from https://www.youtube.com/watch?v=5h-W7PP9K1o

61) Topol, E. J. (2015). *The patient will see you now: The future of medicine is in your hands.* New York, NY: Basic Books.

62) Haseltine, W. A. (2013). *Affordable excellence: the Singapore healthcare story.* Washington, DC: Brookings Institution Press.

63) Lee, C. E., & Satku, K. (Eds.). (2015). *Singapore's health care system: What 50 years have achieved.* Singapore: World Scientific.

64) Simon, H. A. (1956). Rational choice and the structure of the environment. *Psychological Review, 63*(2), 129.

65) Agency for Healthcare Research and Quality. (n.d.). 5. Improving data collection across the health care system. Race, ethnicity, and language data: Standardization for health care quality improvement. Retrieved October 21, 2016, from http://www.ahrq.gov/research/findings/final-reports/iomracereport/reldata5.html

66) Nature (2013, December 5). The FDA and me. *Nature, 504*, 7-8.
doi: 10.1038/504007b

67) Topol, E. J. (2015). *The patient will see you now: The future of medicine is in your hands.* New York, NY: Basic Books.
From p. 72:
"Creating a massive information resource of millions of customers, and monetizing the anonymized data for pharmaceutical companies or health insurers, represents an unproven strategy, not just because they need customers to buy the data, but because they must protect the data to avoid re-identification... some people are going to be very uncomfortable with the prospect of selling their information to a drug company."

68) PatientsLikeMe. (2009, June 15). UCB and PatientsLikeMe partner to give people with Epilepsy a voice in advancing research. Retrieved January 15, 2017, http://www.marketwired.com/press-release/ucb-patientslikeme-partner-give-people-with-epilepsy-voice-advancing-research-1221273.htm
PatientsLikeMe is an online patient network headquartered in Cambridge, Massachusetts.

Its website was launched on October 10, 2005 with the goal of connecting patients with one another, improving their outcomes, and enabling research.

69) ClinGen. (n.d.). Sharing Clinical Reports Project (SCRP). Retrieved October 21, 2016, from https://www.clinicalgenome.org/data-sharing/sharing-clinical-reports-project-scrp/ Sharing Clinical Reports Project (SCRP) is a volunteer, grass-roots effort to encourage open sharing of breast cancer, BRCA 1|2 gene variant information.

70) Ayres, I. (2007). *Super crunchers: Why thinking-by-numbers is the new way to be smart.* New York, NY: Bantam Books.

71) Mayo Clinic. (n.d.). *Sniffers - Clinical informatics in intensive care lab.* Retrieved October 21, 2016, from http://www.mayo.edu/research/labs/clinical-informatics-intensive-care/ projects/sniffers
"Using near-real-time data feeds from Mayo Clinic's electronic medical record and the intensive care unit (METRIC) datamart, the laboratory of Vitaly Herasevich, M.D., Ph.D., and Brian W. Pickering, M.B., B.Ch., has developed and tested a number of highly sensitive and specific
electronic alerts (sniffers). The laboratory has developed and validated sniffers for acute lung injury, ventilator-induced lung injury and septic shock. Sniffers for ventilator-associated pneumonia, acute kidney injury and a number of other conditions are under development."

72) World Health Organisation. (n.d.). Out-of-pocket expenditure on health as a percentage total expenditure on health (US$) (n.d.).
Retrieved October 21, 2016, from http://www.who.int/gho/health_financing/out_pocket_ expenditure_total/en/

73) Armerding, T. (2016, April 22). Uber fraud: Scammer takes the ride, victim gets the bill. Retrieved October 21, 2016, from http://www.csoonline.com/article/3059461/data-breach/uber-fraud-scammer-takes-the-ride-victim-gets-the-bill.html

74) Pentland, A. (2013). How big data can transform society for the better. *Scientific American, 309*(4).
Pentland writes that our daily "digital traces... could become a privacy nightmare- or it could be the foundation of a healthier, more prosperous world."

75) Delbanco, T., Walker, J., Bell, S.K., Darer, J.D., Elmore, J.G., Farag, N., ... & Ross, S.E. (2012). Inviting patients to read their doctors' notes: a quasi-experimental study and a look ahead. *Annals of internal medicine, 157*(7), 461-470.

76) Simon, H. A. (1956). Rational choice and the structure of the environment. *Psychological Review, 63*(2), 129.

77) Simonite, T. (2014, September 8). Datacoup wants to buy your credit card and Facebook data. Retrieved October 24, 2016, from https://www.technologyreview.com/s/530486/ datacoup-wants-to-buy-your-credit-card-and-facebook-data/
"Datacoup will pay up to $10 for access to your social network accounts, credit card transaction records, and other personal information, and will sell insights gleaned from that data to companies looking for information on consumer behavior... Whether an individual user gets the full $10 a month or not depends on which streams of data he's willing to share. Options include debit card and credit card transactions, and data from Facebook, Twitter, and LinkedIn."

78) Ross, W. (2014, August 26). How much is your privacy worth? *MIT Technology Review*. Retrieved October 24, 2016, from https://www.technologyreview.com/s/529686/how-much-is-your-privacy-worth/
"Despite the outcry over government and corporate snooping, some people allow themselves to be monitored for money or rewards."

79) Our data mutual. (n.d.). Retrieved October 24, 2016, from http://www.ourdatamutual.org/#how-it-works

80) Healthbank. (2016). Retrieved October 24, 2016, from http://www.healthbank.coop/
The introduction goes: "We empower people across the globe to exchange their health data on our uniquely neutral and independent platform. Healthbank drives innovation in health sciences, from prevention to cure, at a better price with better quality for the benefit of both the individual and society."

81) Tanner, A. (2016, February 1). How data brokers make money off your medical records. Retrieved October 24, 2016, from https://www.scientificamerican.com/article/how-data-brokers-make-money-off-your-medical-records/

82) Torres, C. D. (2014, February 19). You want my data? What's it worth? Retrieved October 24, 2016, from http://www.huffingtonpost.ca/carlos-de-torres-gimeno/big-data_b_4817705.html

83) Steel, E., Locke, C., Cadman, E., & Freese, B. (2013, June 12). How much is your personal data worth? Retrieved October 24, 2016 from http://www.ft.com/cms/s/2/927ca86e-d29b-11e2-88ed-00144feab7de.html?ft_site=falcon#axzz2wSAnBCdm
FT created an online calculator for estimating how much your data is worth.

84) Pettypiece, S., & Robertson, J. (2014, September 19). For sale: Your name and medical condition. Bloomberg. Retrieved October 24, 2016, from http://www.bloomberg.com/news/articles/2014-09-18/for-sale-your-name-and-medical-condition

85) theDataMap. (2016). Retrieved October 24, 2016, from http://thedatamap.org/map2013/index.php

86) theDataMap. (2016). Others can learn your medical details.
Retrieved October 24, 2016, from http://thedatamap.org/map2013/staterisks.php
The researchers also claimed that they paid $50 for a public dataset which was anonymized and showed how it's possible to still identify individuals in it. Such datasets are available for sale to companies.

87) Patient Privacy Rights. (2012). Personal health data is for sale- Patient privacy rights. Retrieved October 24, 2016, from http://patientprivacyrights.org/wp-content/uploads/2012/10/PPR-Data-for-Sale-Peel.pdf

88) McGowan, K. (2016, February 11). Our medical data must become free. Retrieved October 24, 2016, from https://backchannel.com/our-medical-data-must-become-free-f6d533db6bed#.cjbn8rirq
"Data generated by your body is routinely captured and sold by healthcare companies. Shouldn't you benefit from it, too? While a stolen credit card account is worth just a few bucks, medical records can sell for $10 to $350 each, depending on the security expert you ask."

89) Humer, C., & Finkle, J. (2014, September 24). Your medical record is worth more to hackers. Retrieved October 24, 2016, from http://www.reuters.com/article/us-

cybersecurity-hospitals-idUSKCN-0HJ21I20140924

"Stolen health credentials can go for $10 each, about 10 or 20 times the value of a U.S. credit card number, according to Don Jackson, director of threat intelligence at PhishLabs, a cybercrime protection company. He obtained the data by monitoring underground exchanges where hackers sell the information."

90) Mangan, D. (2016, March 9). As health data breaches increase, what do you have to lose? CNBC. Retrieved October 24, 2016, from http://www.cnbc.com/2016/03/09/as-health-data-breaches-increase-what-do-you-have-to-lose.html
"...a single medical record tied to an individual can now sell for "up to $1,100."....About two years ago, it was probably worth no more than $50."

91) Rashid, F. Y. (2015, September 14). Why hackers want your health care data most of all. Retrieved October 24, 2016, from http://www.infoworld.com/article/2983634/security/why-hackers-want-your-health-care-data-breaches-most-of-all.html
"The FBI said recently criminals can sell health care information for as much as $50 a record."

92) Walker, J., Leveille, S.G., Ngo, L., Vodicka, E., Darer, J.D., Dhanireddy, S., ... & Ralston, J.D. (2011). Inviting patients to read their doctors' notes: patients and doctors look ahead: patient and physician surveys. *Annals of Internal Medicine, 155*(12), 811-819.

93) Topol, E. J. (2015). *The patient will see you now: The future of medicine is in your hands.* New York, NY: Basic Books.
From p. 135:
"Patient-generated data will, in the years ahead, become the largest and most diverse of all. It encompasses wearable biosensors, imaging, and laboratory tests, including genomics and other omics."
From p. 195:
"When you have gigabytes of data, perhaps hundreds of gigabytes, for each patient, that's more data than has existed in all clinical trials combined up until a couple of years ago."
From p. 246:
"Currently the annual amount of data produced worldwide per individual is about one terabyte... Just the omics from an individual will add at least another five terabytes, and we haven't even gotten to real-time streaming from biosensors..."

94) Smith, M., Saunders, R., Stuckhardt, L., & McGinnis, J. M. (Eds.). (2013). *Best care at lower cost: the path to continuously learning health care in America.* Washington, DC: National Academies Press.

95) Katzan, I. L., & Rudick, R. A. (2012). Time to integrate clinical and research informatics. *Science Translational Medicine, 4*(162), 162fs41-162fs41.

96) Kahn, J. S., Aulakh, V., & Bosworth, A. (2009). What it takes: characteristics of the ideal personal health record. *Health Affairs, 28*(2), 369-376.

97) Kotz, J. (2012). Bringing patient data into the open. *SciBX: Science-Business eXchange, 5*(25).

98) Kierkegaard, P. (2013). eHealth in Denmark: a case study. *Journal of Medical Systems, 37*(6), 1-10.

99) Nature (n.d.). Careless data. *Nature.* Retrieved October 21, 2016, from http://www.nature.com/news/careless-data-1.14802

100) Competition and Markets Authority, UK. (2015, February 26). Online reviews and endorsements. Retrieved October 21, 2016, from https://www.gov.uk/cma-cases/online-reviews-and-endorsements

101) U.S. National Library of Medicine. (n.d.). What is the difference between precision medicine and personalised medicine? What about pharmacogenomics? Retrieved October 21, 2016, from https://ghr.nlm.nih.gov/primer/precisionmedicine/precisionvspersonalized

102) Hibbard, J., & Gilburt, H. (2014). Supporting people to manage their health: an introduction to patient activation. London: The King's Fund. Retrieved October 26, 2016 from http://www.kingsfund.org.uk/publications/supporting-people-manage-their-health

103) Nijman, J., Hendriks, M., Brabers, A., de Jong, J., & Rademakers, J. (2014). Patient activation and health literacy as predictors of health information use in a general sample of Dutch health care consumers. *Journal of Health Communication, 19*(8), 955-969.

104) Hibbard, J., & Gilburt, H. (2014). Supporting people to manage their health: an introduction to patient activation. London: The King's Fund. Retrieved October 26, 2016 from http://www.kingsfund.org.uk/publications/supporting-people-manage-their-health

105) Ibid.

106) Thaler, R. H., & Sunstein, C. R. (2008). *Nudge: Improving decisions about health, wealth, and happiness*. New Haven, CT: Yale University Press.

107) Ministry of Health, Singapore. (n.d.). National Electronic Health Record (NEHR). Retrieved October 21, 2016, from https://www.moh.gov.sg/content/moh_web/home/Publications/educational_resources/2015/national-electronic-health-record--nehr-.html

108) APAC CIO Outlook (2015, August). Holmusk: HealthCare solutions by leveraging big data. Retrieved October 21, 2016, from http://bigdata.apacciooutlook.com/vendor/article5/holmusk

109) Barr, A. (2014, July 27). Google's new moonshot project: The human body. *The Wall Street Journal*. Retrieved October 21, 2016, from http://www.wsj.com/articles/google-to-collect-data-to-define-healthy-human-1406246214

110) Richter, R. (2014, July 25). Stanford partnering with Google [x] and Duke to better understand the human body. Retrieved October 21, 2016, from http://scopeblog.stanford.edu/2014/07/25/stanford-partnering-with-google-x-and-duke-to-better-understand-the-human-body/

111) Advanced Functional Fabrics of America. (n.d.). About – AFFOA. Retrieved October 21, 2016, from http://join.affoa.org/about/

112) Dacanay, M. (2016, April 1). Public private consortium pours $317 million for advanced functional fibers of America: What the project is about. Retrieved October 21, 2016, from http://www.techtimes.com/articles/146287/20160401/public-private-consortium-pours-317-million-advanced-functional-fibers-america.htm

113) Islam, S. R., Kwak, D., Kabir, M. H., Hossain, M., & Kwak, K. S. (2015). The internet of things for health care: a comprehensive survey. *IEEE Access, 3*, 678-708.

114) Pentland, A. (2014). *Social physics: How good ideas spread - The lessons from a new science*. New York, NY: Penguin.

115) Pickard, G., Pan, W., Rahwan, I., Cebrian, M., Crane, R., Madan, A., & Pentland, A. (2011). Time-critical social mobilization. *Science, 334*(6055), 509-512.

116) Mani, A., Rahwan, I., & Pentland, A. (2013). Inducing peer pressure to promote cooperation. *Scientific Reports, 3*, 1735.

117) Pentland, A. (2014). *Social physics: How good ideas spread - The lessons from a new science*. New York, NY: Penguin.

118) Pickard, G., Pan, W., Rahwan, I., Cebrian, M., Crane, R., Madan, A., & Pentland, A. (2011). Time-critical social mobilization.
Science, 334(6055), 509-512.

119) Mani, A., Rahwan, I., & Pentland, A. (2013). Inducing peer pressure to promote cooperation. *Scientific reports, 3*, 1735.

120) Tsao Foundation. (n.d.). Integrated Care System. Retrieved October 21, 2016, from http://tsao-foundation.org/what-we-do/comsa/integrated-care-system

121) Stanford Vaden Health Center (n.d.). Peer health educators.
Retrieved October 21, 2016, from https://vaden.stanford.edu/about/training-and-service-opportunities/peer-health-educators

122) Brown, J. S., & Duguid, P. (2000). *The social life of information*. Cambridge, MA: Harvard Business Press.

123) Stanford University (2016, September). "Artificial intelligence and life in 2030." One hundred year study on artificial intelligence: Report of the 2015-2016 study panel. Stanford, CA: Stanford University. Retrieved October 21, 2016, from https://ai100.stanford.edu/2016-report
Stanford University's "Artificial Intelligence and Life in 2030" highlighted that "Contrary to the more fantastic predictions for AI in the popular press, the Study Panel found no cause for concern that AI is an imminent threat to humankind."

124) Lee, C. E., & Satku, K. (Eds.). (2015). *Singapore's health care system: What 50 years have achieved*. Singapore: World Scientific.

125) Ministry of Health, Singapore. (1993, October 22). Affordable health care: A white paper. Retrieved October 21, 2016, from https://www.moh.gov.sg/content/dam/moh_web/Publications/Reports/1993/Affordable_Health_Care.pdf
"The key question of health care financing is who pays for it – individuals, the Government, insurance companies, or employers. This belief is mistake, because no matter who pays for health care in the first instance, ultimate the burden is borne by the people themselves. If the Government pays, it must collect taxes from the people to do so. If insurance companies pay, they must collect premiums from those who are insured. If employers pay, they must add this to their wage costs, and trade it off against other components of the wage package. The real issue is therefore not who pays, but which system best encourages people to use health care economically, and encourages health care providers to minimise costs, inefficiency and over-servicing."

126) Speech by Minister for Health, Mr Gan Kim Yong, at the MOH Committee of Supply Debate 2016. (2016, April 13). Retrieved October 24, 2016, from https://www.moh.gov.sg/content/moh_web/home/pressRoom/speeches_d/2016/speech-by-minister-for-health--mr-gan-kim-yong--at-the-moh-commit.html

127) Crow, D. (2016, July 18). Biotech dives into Sardinia gene pool for secret of long life. Retrieved October 24, 2016, from https://www.ft.com/content/22684864-4b86-11e6-8172-e39ecd3b86fc

128) IBM Research. (n.d.). Computational creativity. Retrieved October 21, 2016, from http://www.research.ibm.com/cognitive-computing/computational-creativity.shtml

129) IBM Research. (2013, November 22). Computational Creativity [Video file]. Retrieved October 21, 2016, from https://www.youtube.com/watch?v=mr-1JAnairs

130) Jain, A., & Bagler, G. (2015). Spices form the basis of food pairing in Indian cuisine. arXiv preprint arXiv:1502.03815.

131) Perez, S. (2015, August 3). Soylent debuts its ready-to-drink meal replacement shake. Retrieved October 21, 2016, from https://techcrunch.com/2015/08/03/soylent-debuts-its-ready-to-drink-meal-replacement-drink-soylent-2-0/

132) Devitt, E. (2016, August 23). As lab-grown meat and milk inch closer to U.S. market, industry wonders who will regulate? Retrieved October 21, 2016, from http://www.sciencemag.org/news/2016/08/lab-grown-meat-inches-closer-us-market-industry-wonders-who-will-regulate

133) Goldberg, H. (2014, July 11). People are still totally confused about local vs. organic. Retrieved October 21, 2016, from http://time.com/2970505/organic-misconception-local/

134) Agri-food & Veterinary Authority of Singapore. (n.d.). Supporting Local Produce. Retrieved October 21, 2016, from http://www.ava.gov.sg/explore-by-sections/food/singapore-food-supply/supporting-local-produce

135) Lim, J. (2015, May 25). Appetite for local produce growing. The Straits Times. Retrieved October 21, 2016, from http://www.straitstimes.com/singapore/appetite-for-local-produce-growing

136) Yotka, S. (2015, August 13). Exclusive! Inside the museum at FIT's newly remodeled archives with Valerie Steele. Retrieved October 21, 2016, from http://www.vogue.com/13293935/museum-at-fit-clothing-archives-fashion-history/

137) Sherman, L. (2013, November 18). For brands big and small, fashion archives can be a powerful asset. Retrieved October 21, 2016, from https://www.businessoffashion.com/articles/intelligence/for-brands-big-and-small-fashion-archives-can-be-a-powerful-asset

138) Tan, C. (2006). SARS in Singapore-key lessons from an epidemic. *Annals of the Academy of Medicine Singapore, 35*(5), 345.

139) Tan, C. C. (2005). Public health response: A view from Singapore. In Peiris, M., Anderson, L. J., Osterhaus, A. D. M. E., Stohr, K., & Yuen, K. Y. (Eds.), *Severe acute respiratory syndrome* (pp. 139-164). Oxford: Blackwell Publishing.

140) Lee, C. E., & Satku, K. (2015). Challenges in healthcare. In C.E. Lee, & K. Satku (Eds.). Singapore's health care system: What 50 years have achieved (pp. 375-386). Singapore: World Scientific.

141) Mate, K. S. & Compton-Phillips, A.L. (2014, December 15) The antidote to fragmented health care- Ideas and advice. Retrieved October 21, 2016, from https://hbr.org/2014/12/the-antidote-to-fragmented-health-care

142) Thomas, J. S., Ee, O. S., Seng, C. K., & Peng, L. H. (2015). A brief history of public health in Singapore. In C.E. Lee, & K. Satku (Eds.).
Singapore's health care system: What 50 years have achieved (pp. 33-56). Singapore: World Scientific.
From pp. 41-42:

"Further, cities such as Singapore are key nodes in infectious disease as they are hubs for national, regional, and global spread; bridge human and animal ecosystems... The 'networked disease' lens posits that developed-world cities are key facilitators for the global movement of pathogens."

143) Horby, P. W., Pfeiffer, D., & Oshitani, H. (2016). Prospects for emerging infections in East and Southeast Asia 10 years after Severe Acute Respiratory Syndrome. *Emerging Infectious Diseases, 19*(6), 853-860.

144) Washer, P. (2011). Lay perceptions of emerging infectious diseases: a commentary. *Public Understanding of Science, 20*(4), 506-512.

145) Lee, C. E., & Satku, K. (Eds.). (2015). Singapore's health care system: *What 50 years have achieved*. Singapore: World Scientific.
From pp. 155-156:
"Although there is no international consensus... 'allied health professions'... in Singapore.. refer to healthcare professionals who work alongside the doctors and nurses in the public healthcare system; for example, radiographers, physiotherapists, occupational therapists, clinical psychologists, speech therapists, podiatrists, audiologists, medical social workers, dieticians, amongst others... [they] are integral members of various multi-disciplinary healthcare teams."

146) Cuddy, A. (2015, December 12). Your iPhone is ruining your posture — and your mood. Retrieved October 22, 2016, from http://www.nytimes.com/2015/12/13/opinion/sunday/your-iphone-is-ruining-your-posture-and-your-mood.html
"Technology is transforming how we hold ourselves, contorting our bodies into what the New Zealand physiotherapist Steve August calls the iHunch. I've also heard people call it text neck, and in my work I sometimes refer to it as iPosture."

147) Grossman, C., & McGinnis, J. M. (Eds.). (2011). *Digital infrastructure for the learning health system: the foundation for continuous improvement in health and health care: workshop series summary*. Washington, D.C.: National Academies Press.

148) Osman, F. A. (2015). Healthcare providers' attitudes toward using the technology of smart health cards. *Journal of Ubiquitous Systems & Pervasive Networks, 6*(2), 11-17.

149) World Health Organisation. (2013, November 11). Global health workforce shortage to reach 12.9 million in coming decades. Retrieved October 21, 2016, from http://www.who.int/mediacentre/news/releases/2013/health-workforce-shortage/en/

	Number of physicians per 1000 population 1998	Number of physicians per 1000 population 2011	Nurses and midwives per 1000 population 1998	Nurses and midwives per 1000 population 2011
USA	2.1	2.5	9.37	9.8
Cambodia	0.1	0.2	0.9	0.9
Norway	2.7	3.7	13.4	17.3
Singapore	1.6	1.7	5.2	5.8
Vietnam	0.5	1.2	1.1	1.2

150) Campbell, J., Dussault, G., Buchan, J., Pozo-Martin, F., Guerra Arias, M., Leone, C., … & Cometto, G. (2013). A universal truth: no health without a workforce. Geneva, CH: World Health Organisation.

The World Health Organisation (WHO) predicts a global shortage of close to 13 million healthcare workers by 2035. The view from experts is that the "the biggest obstacle to improving health is the lack of health workers."

151) Ziebland, S., Coulter, A., Calabrese, J. D., & Locock, L. (Eds.). (2013). *Understanding and using health experiences: improving patient care*. New York, NY: Oxford University Press.

152) [Personal interview]. (2016).

Pandemics- A doctor we interviewed told us that because of his experience going through SARS, he has become more committed as a healthcare worker. In general, infectious diseases are usually new and unknown, and we might not be able to tell the difference between a normal human variation from an abnormal one, and we will have to be prepared for the unexpected because we do not know what we do not know.

153) BBC Radio 4. (n.d.). The Reith lectures, Dr Atul Gawande- 2014 Reith lectures. Retrieved October 22, 2016, from http://www.bbc.co.uk/programmes/articles/6F2X8TpsxrJpnsq82hggHW/dr-atul-gawan-de-2014-reith-lectures

In an interesting example of increasing specialisations, in the 2014 BBC Reith Lectures, Dr Atul Gawande describes the following:

"We have made tremendous discoveries, but find it's extremely complex to deliver on them. My mother went for a total knee replacement and I counted the number of people who walked in the room in three days and it was 66 different people. And so the complexity of making 66 people work together…"

154) Monllos, K. (2015, October 5). Why brands like Coca-Cola and Bud Light are making packaging personal. Retrieved October 21, 2016, from http://www.adweek.com/news-gallery/advertising-branding/why-brands-coca-cola-and-bud-light-are-making-packaging-personal-167340

155) Mundy, S. (2016, June 13). India ecommerce growth found in translation. Retrieved October 21, 2016, from https://www.ft.com/content/163dc810-2efe-11e6-bf8d-26294ad519fc

156) Diamonds, P. (2016, January 6). These 11 technologies will go big in 2015. Retrieved October 21, 2016, from http://singularityhub.com/2015/01/06/2015s-11-biggest-new-technologies-to-watch/

157) Hart, B., & Risley, T. R. (2003). The early catastrophe: The 30 million word gap by age 3. *American Educator, 27*(1), 4-9.

158) Marulis, L. M., & Neuman, S. B. (2010). The effects of vocabulary intervention on young children's word learning a meta-analysis. *Review of Educational Research, 80*(3), 300-335.

159) Teng, A. (2016, May 17). Bilingual babies 'learn languages faster'. *The Straits Times*. Retrieved October 21, 2016, from http://www.straitstimes.com/singapore/education/bilingual-babies-learn-languages-faster

160) National University of Singapore. (2016, May 23) Bilingual babies know when the rules don't apply. Retrieved October 21, 2016, from http://www.futurity.org/bilingual-babies-mandarin-1168542-2/

161) Ikea Singapore. (n.d.). Soft toys for education- Kids design for a good cause. Retrieved

October 21, 2016, from http://www.ikea.com/ms/en_SG/good-cause-campaign/soft-toys-for-education/kids-design-for-good-cause/index.html

162) Coldewey, D. (2016, August 17). Picture this clothing turns your kid's crayon art into a sweet dress. Retrieved October 21, 2016, from https://techcrunch.com/2016/08/17/picture-this-clothing-turns-your-kids-crayon-art-into-a-sweet-dress/

163) Cadoret, R. J., Yates, W. R., Woodworth, G., & Stewart, M. A. (1995). Genetic-environmental interaction in the genesis of aggressivity and conduct disorders. *Archives of General Psychiatry*, 52(11), 916-924.

164) National Human Genome Research Institute. (2015, August 27).Genome-wide association studies fact sheet. (n.d.). Retrieved October 21, 2016, from https://www.genome.gov/20019523/genomewide-association-studies-fact-sheet/

165) Hudson, S. E. (2014, April). Printing teddy bears: a technique for 3D printing of soft interactive objects. *Proceedings of the SIGCHI Conference on Human Factors in Computing Systems*, 459-468. New York, NY: ACM.

166) Ibid.

167) Guo, W., Xu, C., Wang, X., Wang, S., Pan, C., Lin, C., & Wang, Z. L. (2012). Rectangular bunched rutile TiO2 nanorod arrays grown on carbon fiber for dye-sensitized solar cells. *Journal of the American Chemical Society, 134*(9), 4437-4441.

168) Yang, Z., Deng, J., Sun, X., Li, H., & Peng, H. (2014). Stretchable, wearable dye-sensitized solar cells. *Advanced Materials, 26*(17), 2643-2647.

169) Pan, S., Yang, Z., Chen, P., Deng, J., Li, H., & Peng, H. (2014). Wearable solar cells by stacking textile electrodes. *Angewandte Chemie International Edition, 53*(24), 6110-6114.

170) Lee, Y.H., Kim, J.S., Noh, J., Lee, I., Kim, H.J., Choi, S., Seo, J., Jeon, S., Kim, T.S., Lee, J.Y. & Choi, J.W. (2013). Wearable textile battery rechargeable by solar energy. Nano letters, 13(11), 5753-5761.

171) Zhang, Z., Yang, Z., Wu, Z., Guan, G., Pan, S., Zhang, Y., Li, H., Deng, J., Sun, B. & Peng, H. (2014). Weaving efficient polymer solar cell wires into flexible power textiles. *Advanced Energy Materials, 4*(11).

172) Chae, Y., Kim, S. J., Kim, J. H., & Kim, E. (2015). Metal-free organic-dye-based flexible dye-sensitized solar textiles with panchromatic effect. *Dyes and Pigments, 113*, 378-389.

173) Hang, C. C., Low, T. S., & Thampuran, R. (Eds.). *The Singapore research story*. Singapore: World Scientific.

174) Design Singapore Council. (n.d.). The future of Singapore design- Design 2025. Retrieved October 21, 2016, from https://www.designsingapore.org/who_we_are/why_design/Design2025.aspx

175) Ibid.

176) Design Singapore Council. (2016, February 25). Design 2025 masterplan. Retrieved October 21, 2016, from https://www.designsingapore.org/Libraries/Docs/Design2025Masterplan_v2.sflb.ashx

177) Design Singapore Council. (2016, March 29).A design masterplan to take Singapore to 2025. Retrieved October 21, 2016, from https://www.designsingapore.org/who_we_are/

news/design_news/16-03-29/A_Design_Masterplan_to_take_Singapore_to_2025.aspx

178) Design Singapore Council. (2016, March 10). Singapore: A thriving innovation-driven economy and a loveable city – by design. Retrieved October 21, 2016, from https://www.designsingapore.org/who_we_are/media_centre/media_releases/16-03-10/MEDIA_RELEASE_Design_2025.aspx

179) Bird, B. (Director). (2004). The Incredibles [Motion picture]. Pixar. Retrieved October 21, 2016, from http://www.pixar.com/features_films/THE-INCREDIBLES Machine washable quote inspired by Edna Mode scenes from the animated feature film *The Incredibles*.

Chapter 7

1) Batty, M. (2013). *The new science of cities*. Cambridge, MA: MIT Press.

2) Ibid.

3) Ibid.

4) Levinson, M. (2016). *The box: How the shipping container made the world smaller and the world economy bigger*. Princeton, NJ: Princeton University Press.

5) Bettencourt, L. M., Lobo, J., Helbing, D., Kühnert, C., & West, G. B. (2007). Growth, innovation, scaling, and the pace of life in cities. In *Proceedings of the National Academy of Sciences, 104*(17), 7301-7306.
Urban scaling sets out how different dimensions of cities- economic performance, innovation, crime rates, infrastructure- are governed by the size of the cities, according to laws of nature and mathematics.

6) Albino, V., Berardi, U., & Dangelico, R. M. (2015). Smart cities: Definitions, dimensions, performance, and initiatives. *Journal of Urban Technology*, 22(1), 3-21.

Annex A

1) Kunda, G. (2009). *Engineering culture: Control and commitment in a high-tech corporation*. Philadelphia, PA: Temple University Press.

2) Lim, W. K., Sia, S. K., & Yeow, A. (2011). Managing risks in a failing IT project: A social constructionist view. *Journal of the Association for Information Systems, 12*(6), 414-440.

3) Martin, G., Currie, G., Weaver, S., Finn, R., & McDonald, R. (2016). Institutional complexity and individual responses: delineating the boundaries of partial autonomy. *Organization Studies*. doi: 10.1177/0170840616663241

4) Bertels, S., & Lawrence, T. B. (2016). Organizational responses to institutional complexity stemming from emerging logics: The role of individuals. *Strategic Organization*. doi: 10.1177/1476127016641726

5) Hallett, T. (2010). The myth incarnate: Recoupling processes, turmoil, and inhabited institutions in an urban elementary school. *American Sociological Review, 75*(1), 52-74.

6) Barley, S. R. (1986). Technology as an occasion for structuring: Evidence from observations of CT scanners and the social order of radiology departments. *Administrative Science Quarterly, 31*, 78-108.

7) Broadbent, E., Stafford, R., & MacDonald, B. (2009). Acceptance of healthcare robots for the older population: review and future directions. *International Journal of Social Robotics, 1*(4), 319-330.

8) Jensen, T. B., Kjærgaard, A., & Svejvig, P. (2009). Using institutional theory with sensemaking theory: a case study of information system implementation in healthcare. *Journal of Information Technology, 24*(4), 343-353.

9) Soh, C., & Sia, S. K. (2004). An institutional perspective on sources of ERP package–organisation misalignments. *The Journal of Strategic Information Systems, 13*(4), 375-397.

10) Stewart, A. (1998). *The ethnographer's method*. Thousand Oaks, CA: Sage Publications.

11) Lim, W. K., Sia, S. K., & Yeow, A. (2011). Managing risks in a failing IT project: A social constructionist view. *Journal of the Association for Information Systems, 12*(6), 414-440.

12) Nahar, N., Lyytinen, K., Huda, N., & Muravyov, S. V. (2006). Success factors for information technology supported international technology transfer: Finding expert consensus. *Information & Management, 43*(5), 663-677.

13) Lofland, J., & Lofland, L. H. (2006). *Analyzing social settings*. Belmont, CA: Wadsworth Publishing Company.

14) Ibid.

15) Ibid.

16) Rubin, H. J., & Rubin, I. S. (1995). Keeping on target while hanging loose: Design qualitative interviews. In H. J. Rubin & I. S. Rubin (Eds.), *Qualitative Interviewing: The Art of Hearing Data* (pp. 42-64). Thousand Oaks, CA: Sage Publications.

17) Emerson, R. M., Fretz, R. I., & Shaw, L. L. (1995). *Writing ethno-graphic fieldnotes*. Chicago, IL: University of Chicago Press.

18) Lofland, J., Snow, D.A., Anderson, L., & Lofland, L, H. (2006). *Analyzing social settings*. Belmont, CA: Wadsworth Publishing Company.

19) Stewart, A. (1998). *The ethnographer's method*. Thousand Oaks, CA: Sage Publications.

20) Golden-Biddle, K., & Locke, K. (1993). Appealing work: An investigation of how ethnographic texts convince. *Organization Science, 4*(4), 595-616.

21) Klein, H. K., & Myers, M. D. (1999). A set of principles for conducting and evaluating interpretive field studies in information systems. *MIS Quarterly, 23*(1), 67-93.

22) Eisenhardt, K. M. (1989). Building theories from case study research. *Academy of Management Review, 14*(4), 532-550.

23) Emerson, R. M., Fretz, R. I., & Shaw, L. L. (1995). *Writing ethno-graphic fieldnotes*. Chicago, IL: University of Chicago Press.

24) Boyatzis, R. E. (1998). *Transforming qualitative information: Thematic analysis and code development*. Thousand Oaks, CA: Sage Publications.

25) Saldaña, J. (2015). *The coding manual for qualitative researchers*. Thousand Oaks, CA: Sage Publications.

26) Ritchie, J., Lewis, J., Nicholls, C. M., & Ormston, R. (Eds.). (2013). *Qualitative research*

practice: A guide for social science students and researchers. Thousand Oaks, CA: Sage Publications.

27) Miaskiewicz, T., & Kozar, K. A. (2011). Personas and user-centered design: How can personas benefit product design processes?. *Design Studies, 32*(5), 417-430.

28) Pruitt, J., & Grudin, J. (2003, June). Personas: practice and theory. In *Proceedings of the 2003 conference on designing for user experiences* (pp. 1-15). New York, NY: ACM. doi: 10.1145/997078.997089

29) Blythe, M. (2014, April). Research through design fiction: narrative in real and imaginary abstracts. In *Proceedings of the SIGCHI Conference on Human Factors in Computing Systems* (pp. 703-712). New York, NY: ACM. doi: 10.1145/2556288.2557098

30) Weick, K. E. (1989). Theory construction as disciplined imagination. *Academy of Management Review, 14*(4), 516-531.

Annex B

1) Robotics Virtual Organization. (2013). A roadmap for U.S. robotics: From internet to robotics. (2013). Retrieved November 1, 2016, from https://robotics-vo.us/sites/default/files/2013%20Robotics%20Roadmap-rs.pdf

2) Ibid.

3) Mataric, M. J., Okamura, A., & Christensen, H. (2008). *A research roadmap for medical and healthcare robotics.* Paper presented at the NSF/CCC/CRA Roadmapping for Robotics Workshop (pp. 1-30).
Arlington/Washington, DC.

4) Robotics Virtual Organization. (2013). A roadmap for U.S. robotics: From internet to robotics. (2013). Retrieved November 1, 2016, from https://robotics-vo.us/sites/default/files/2013%20Robotics%20Roadmap-rs.pdf

5) Bischoff, R., Guhl, T., Wendel, A., Khatami, F., Bruyninckx, H., Siciliano, B., ... & Ibarbia, J.A. (2010, June). euRobotics- Shaping the future of European robotics. In *Proceedings of the International Symposium of Robotics/ROBOTIK* (pp. 728–735).

6) Robotics Virtual Organization. (2013). A roadmap for U.S. robotics: From internet to robotics. (2013). Retrieved November 1, 2016, from https://robotics-vo.us/sites/default/files/2013%20Robotics%20Roadmap-rs.pdf

7) Ibid.

8) Ibid.

9) Cooper, P. (2014, December). National product verification programme: A roadmap for UK manufacturing consultation document. Retrieved November 1, 2016, from http://www.npvp.org.uk/wp-content/uploads/2014/07/NPVP-Roadmap-Report-Version-Final.pdf

10) Robotics Virtual Organization. (2013). A roadmap for U.S. robotics: From internet to robotics. (2013). Retrieved November 1, 2016, from https://robotics-vo.us/sites/default/files/2013%20Robotics%20Roadmap-rs.pdf

11) Bischoff, R., Guhl, T., Wendel, A., Khatami, F., Bruyninckx, H., Siciliano, B., ... & Ibarbia, J.A. (2010, June). euRobotics- Shaping the future of European robotics. In *Proceedings of the*

International Symposium of Robotics/ROBOTIK (pp. 728–735).

12) Mataric, M. J., Okamura, A., & Christensen, H. (2008). A research roadmap for medical and healthcare robotics. Paper presented at the NSF/CCC/CRA Roadmapping for Robotics Workshop (pp. 1-30).
Arlington/Washington, DC.

13) Bischoff, R., Guhl, T., Wendel, A., Khatami, F., Bruyninckx, H., Siciliano, B., … & Ibarbia, J.A. (2010, June). euRobotics- Shaping the future of European robotics. In *Proceedings of the International Symposium of Robotics/ROBOTIK* (pp. 728–735).

14) Robotics Virtual Organization. (2013). A roadmap for U.S. Robotics: From internet to robotics. Retrieved November 1, 2016, from https://robotics-vo.us/sites/default/files/2013%20Robotics%20Roadmap-rs.pdf

15) Ibid.

16) Ibid.

17) Ibid.

18) Ibid.

19) Ibid.

이 연구 프로젝트와 저서가 빛을 보기까지 많은 분들의 도움 없이는 불가능했을 것이다. 우리는 이 글을 빌어 도움을 주신 모든 분들에게 감사드린다.

- 지하 활용 연구 개발 프로젝트를 통해 Land and Liveability National Innovation Challenge/L2NIC 본 연구를 지원해 준 싱가포르 국토개발부 Singapore Ministry of National Development/MDN 와 싱가포르 국립연구재단 National Research Foundation Singapore/NRF.

- 연구와 행정을 지원해준 '혁신도시들을 위한 리콴유 센터' Lee Kuan Yew Centre for innovative Cities/LKYCIC 와 싱가포르 국립대학교 Singapore University of Technology and Design/SUTD.

- '경제학 & 사회 Economics & Society' 학회지를 통해 공동연구 개발 기회를 제공한 싱가포르 경제학회 Economics Society of Singapore/ESS.

- 디지털 혁신의 다면적 도전과제와 기회를 제공해준 KPMG.

- 세계 도시 정상회담^{World Cities Summits}에서 '디지털 세상의 도시들^{Cities in a Digital World}' 세션의 공동의장을 역임하고, 여러 차례 미래에 대한 흥미로운 토론을 나누었던 영국 왕립 서베이어 협회^{Royal Institution of Chartered Surveoyrs)RICS}.

- LKYCIC/SUTD와 파트너가 되어 싱가포르 테마섹 홀딩스(^{Temasek Holdings}의 주최로 매년 열리는 '에코스퍼리티 영 리더 다이얼로그^{Ecosperity Young Leaders Dialogue}' 국제 학생 대표단의 미래에 관한 워크샵을 조직한 싱가포르 기술 기부 프로그램^{Singapore Technologies Endowment Program}.

- 아이디어 구체화 프로그램을 통해 미래에 대한 견해를 공유해준 Victor-Cedar Alliance^{VCA}

또한 본 연구를 위해 노고를 아끼지 않으신 다음의 분들에게도 감사를 표한다.

- 연구를 보조해주었고 미래에 대한 통찰력을 나누어준 Chow Jia Hui, Norakmal Hakim Bin Norhashim, Huang Jiayi, Madeline Wong과 Jia Jun 그리고 지금은 동문이 된 SUTD 학생들.

- Neo Boon Siong 과 Dr. Lian Wee의 난양기술대학교^{Nanyan Technological University}의 난양경영대학원^{Nanyang Business School} Asian Business Case Centre 소속의 동료들.

- 연구 초기 로봇공학과 관련해 우리와 함께했던 Akshay Rao와 Tan Ning.

- 싱가포르 경제학회^{Economics Society of Singapore/ESS}의 경제학 & 사회^{Economics & Society} 학회지의 편집을 자원한 Eileen Tay.

- 싱가포르 국립대학 내 시스템과학 연구소^{National University of Singapore-Institute for System Science/NUS-ISS} 스마트 헬스 리더쉽 센터^{Smart Health Leadership Cetre}의 연구소장 Tamsin Greulich-Smith.

- 페르소나의 사용과 사람들의 힘으로 이루어진 의료^{People-powered health}에 대한 그들의 경험을 공유해 준 NESTA(예전 영국 과학 기술과 예술을 위한 국립

기부프로그램) 소속 Jessica Bland와 Lydia Nicholas.

- 워크샵과 이후의 토론들 통해 도출된 공감슈트와(Empathy suit) 슈퍼케어^{SuperCare}에 대한 아이디어에 열정을 보여준 싱가포르 국립대학교^{National University of Singapore} 교수 Seeram Ramakrishna.

- 디자인과 디자인적 사고에 관련된 연구에 관한 본인의 경험과 생각을 나누어준 싱가포르 경영 대학교^{Singapore Management University}의 부교수 Ted Tschang.

- MIT 학부 2학년 학생이자 싱가포르 국립대^{SUTD}에 교환학생으로 이 연구의 인턴으로 일했던 Kathleen Schwind.

- 이 연구의 다양한 단계에서 인턴으로 참여한 Ramu Uma와 Aron Poh.
- 디자인에 대한 헌신적인 자세로 우리에게 큰 영감을 준 Malou Ko.
- 디테일에 대한 헌신적인 자세로 큰 영감을 준 Nathalia Tan.

- 지속가능한 미래 프로젝트(역시 L2NIC를 통해 NRF, MND의 지원을 받은)의 조교수 Lyle Fearnley, Dr Corinne Ong와 Quek Ri An과 LKYCIC의 스마트시티 연구소의(도시 혁신의 Chen Tianqiao 프로그램의 지원을 받은) Dr Andy Zheng. 이 모든 분들과 우리는 디지털 혁신과 순환경제의 재활용 직무의 공유경제와 디지털 혁신의 영향에 관해 탐구했다.

많은 기관들과 여러 연구자들이 본 연구를 위해 너그러이 그들의 전문성과 시간을 할애해준 덕분에 《부의 로드맵》이 보다 의미 있는 연구가 될 수 있었다.

재정지원

이 연구에 활용된 자료들은 싱가포르 국립대[SUTD] 소속 혁신도시들을 위한 리콴유 센터[LKYCIC]에서 진행된 도시의 미래 프로젝트의 일환으로 싱가포르 국토개발부[Singapore Ministry of National Development/MDN]와 싱가포르 국립연구재단[National Research Foundation Singapore/NRF]을 통해 지원되었다.

또한 위 재정지원은《부의 로드맵》외에 다음의 연구 및 과제를 위해서도 활용되었다.

1) 종료과제

- 미래 스마트 의류를 위한 스타일리쉬하고 신축성 있는 태양열 직물(Flexible Solar Textiles)(2016년 섬유 협회 컨퍼런스).

- 어떻게 컴퓨터리제이션[Computerization]을 통해 전문가들의 공예를 탈바꿈시킬 수 있는가: Accountis의 예(자세한 요약은 De Lange X 컨퍼런스의 포스터 소개에 포함되어 있음).

- 디자인 법칙을 사용성의 균형과 인지능력 유지를 위한 디자인 법칙 구축을 위하여(2017년 인간-컴퓨터 상호작용에 관한 국제 컨퍼런스)

- 에듀방: 다음 세대 비디오 쉐어 구상하기(2017년 컴퓨팅 시스템 내 인적 요소에 관한 비디오 쇼케이스 ACM SIGSCH 국제 컨퍼런스)

2) 준비과제

- 역사적 고찰을 통한 기술 트렌드와 수술 로봇의 전망 결정, 1995년과 2015년 사이 출판물의 통계적 분석[Bibliometrics]과 비교 분석

- 특허 데이터 마이닝[Data mining]을 통한 로봇 애완동물의 성장 혁신 분석

- 멀티 레이어링 시스팀을 통한 웨어러블 스마트 의류 모델 디자인

- 디지털화와 자동화가 급증하는 상황에서 어떻게 전문가들은 그들의 직업과 커리어의 미래를 이해하는가

- 헬스케어를 위한 웨어러블 기술 미래 사용 시나리오와 적용 탐구

준비 과제 중 다음에 소개될 과제의 경우 이미 공적인 자료에서 언급되었다:

- 수업 설계 지도^{Lesson Design Map}는 싱가포르의 싱가포르 경제 학회^{Economics Society of Singapore/ESS}의 2016년 – 인간과 환경 Vol.1 경제학 & 사회^{Economics & Society}에 출간되었다. 수업 설계 지도는 학문적 개념들과 주제들이 세분화되고 재구성되어 어떻게 학생들이 패스트패션, 환경, 경제학과 다른 과목들 간의 연관성 도출을 도울 수 있는지 보여준다.

- 공감슈트^{Empathy Suit}는 어떻게 스마트 섬유가 미래에 인간 중심의 '웨어러블'을 통해 사람들 사이를 더 친밀하게 만들 수 있는지에 대한 실례로 Tabla!(뉴스 출판)에 인용되었다.

이 연구에 논의된 의견, 연구 결과의 결론과 권고사항(그리고 추가적인 연구/출판)은 연구에 참여한 저자들의 것이며 싱가포르 국토 개발부^{Singapore Ministry of National Development/MDN}와 싱가포르 국립연구재단^{National Research Foundation Singapore/NRF}의 공식적인 견해는 아님을 밝힌다.

작가 소개

푼 킹 왕^{Mr. Poon King Wang} 싱가포르 국립대^{Singapore University of Technology and} ^{Design/SUTD}의 '혁신도시들을 위한 리콴유 센터'^{Lee Kuan Yew Centre for innovative Cities/} ^{LKYCIC}의 연구소장을 맡고 있다. 푼 킹 왕 소장은 SUTD의 전략적 계획^{Strategic} ^{Planning} 부서의 총괄직과 SUTD의 산업기반혁신센터^{Industrial Infrasturcture innovation} ^{Centre}의 소장직도 겸임하고 있다. 그리고 본 연구의 총괄책임자이다.

이효원^{Dr. Hyowon Lee} 싱가포르 국립대 정보시스템기술과 디자인^{Information} ^{Systems Technology and Design} 학과의 조교수이다. 주요 연구 분야는 HCI 2.0^{Human-} ^{Computer interaction}과 인터액션 디자인^{Interaction Design}, 유용성과 사용자 경험^{User} ^{experience/UX}이다. 그리고 이 연구의 공동 총괄책임자이다.

림 위 키아트^{Dr. LIM Wee Kiat} 혁신도시들을 위한 리콴유 센터'^{Lee Kuan Yew Centre} ^{for innovative Cities/LKYCIC}의 연구원으로 이 연구 프로젝트의 공동 총괄책임자를 맡

고 있다. 현재 싱가포르 난양 기술대학교^{Nanyan Technological University}의 난양 경영대
학원^{Nanyang Business School}에 연구원으로 재직 중이다. 사회학으로 박사학위를 받기
전 싱가포르에서 6년간 텔레커뮤니케이션과 국방 분야에서 연구와 계획을 담당했
다. 연구 분야는 위기와 재해에 관한 체제 변화^{Organisation change}, 기술, 위험의 교차
점에 있다.

모한 라제쉬 엘라라 ^{Dr. MOHAN Rajesh Elara} 싱가포르 국립대^{Singapore University of Technology and Design/SUTD}의 엔지니어링 제품 개발^{Engineering Product Development} 학과
의 조교수이다. 제어, 인간-로봇 상호작용, 주행, 인식에 관련한 디자인과 연구에
중점을 둔 재형상 로봇공학^{Reconfigurable robotics}에 관심이 있으며 이 연구의 공동 책
임자이다.

채영진^{Dr. Youngjin (Marie) CHAE} 혁신도시들을 위한 리콴유 센터'^{Lee Kuan Yew Centre for innovative Cities/LKYCIC}의 연구원^{Research Fellow}으로 기능성 의복과 웨어러블 전자공
학에 필요한 기술집약적 디자인^{Technologically-intensive design}을 연구하는 연구 과학자
이다. 그리고 이 프로젝트의 연구이다.

가야트리 발라수브라마니안 ^{Ms. Gayathri BALASUBRAMANIAN} 혁신도시들을 위한
리콴유 센터'^{Lee Kuan Yew Centre for innovative Cities/LKYCIC}의 연구보조이다. 어떻게 인간
기술의 상호작용^{Human-technology interaction}이 기술의 급속한 진보에 따라 진화하는
지 그리고 이러한 진화가 유저의 능력에 끼치는 영향과 기술의 장기 사용에 따른
부정적 결과를 극복하기 위한 기술 설계 방법에 대하여 관심을 가지고 있으며 이
연구의 연구보조이다.

용 아론 웨이 키트^{Mr. Aaron YONG Wai Keet} 혁신도시들을 위한 리콴유 센터^{Lee Kuan Yew Centre for innovative Cities/LKYCIC}의 수석 산업 디자이너로, 인간 중심의 디자이
너이다. 그는 미래 페르소나와 시나리오의 프로토타이핑^{Prototyping}을 통해 미래 가

공품을 개념화하고 디자인했으며 이 연구의 수석 산업 디자이너이다.

영 레이먼드 위^{Mr. Raymond YEONG Wei Wen} 혁신도시들을 위한 리콴유 센터^{Lee Kuan Yew Centre for innovative Cities/LKYCIC}의 연구원^{Research Officer}이다. 기술과 재형상 로봇공학^{Reconfigurable robotics} 분야에서 진화해왔는지와 디자인에 중점을 두고 어떻게 최신기술과 로봇의 진화가 우리의 활동의 영향을 끼치는지에 대한 이해에 관심을 가지고 있으며 이 프로젝트의 연구원이다.